当合规成为习惯，你就能远离经营风险！
再现世界经济从无序走向有序的时间简史。

教会你塑造健康企业的实用宝典

合规 效益 管理 企业 发展 经营

企业合规管理实务

孟博 著

中国经济出版社
CHINA ECONOMIC PUBLISHING HOUSE
·北京·

图书在版编目（CIP）数据

企业合规管理实务／孟博著．--北京：中国经济出版社，2023.9

ISBN 978－7－5136－7336－5

Ⅰ．企…　Ⅱ．①孟…　Ⅲ．①企业法－研究－中国　Ⅳ．①D922.291.914

中国国家版本馆 CIP 数据核字（2023）第 094150 号

责任编辑　孙晓霞
责任印制　马小宾
封面设计　任燕飞设计工作室

出版发行　中国经济出版社
印 刷 者　北京富泰印刷有限责任公司
经 销 者　各地新华书店
开　　本　710mm×1000mm　1/16
印　　张　20.25
字　　数　280 千字
版　　次　2023 年 9 月第 1 版
印　　次　2023 年 9 月第 1 次
定　　价　88.00 元
广告经营许可证　京西工商广字第 8179 号

中国经济出版社　**网址** www.economyph.com　**社址** 北京市东城区安定门外大街 58 号　**邮编** 100011
本版图书如存在印装质量问题，请与本社销售中心联系调换（联系电话：010－57512564）

序 PREFACE

伴随着经济的快速发展以及全球化的演进，社会的高度文明对企业经营提出了高标准、严要求，无论是大型经济体还是中小企业都必须合法合规经营，经济发展没有法外之地。对于企业经营者来说，合规经营是企业稳定经营、持续发展的保障，规规矩矩做企业、实实在在做业务才能有效地规避倾覆的风险。

改革开放之初，为了给企业创造可以“速跑”的环境和条件，那时的口号是“不管黑猫白猫，捉到老鼠就是好猫”。宽松的政策环境让中国经济的发展仅用30余年的时间就跑完了西方发达国家150年的路。

经济腾飞让民生财富迅速得到积累，但同时也使得一些创业者、商家习惯了不合规的经营方式，习惯了在政策边缘“走钢丝”，习惯了野蛮式生长。滚滚向前的历史车轮不会因谁而停滞，更不会因为谁而倒转。社会在发展、历史在进步、文明在呐喊，一切的无序终将要趋向有序，一切的不合规终将要走向合规，这是大势所趋，这是民生所愿，这是国之大道。

在改革开放28年之后，银监会在2006年出台了《商业银行合规风险管理指引》，“合规管理”的号角首先从我国金融行业吹响了。紧接着，保监会也响应合规号召颁布《保险公司合规管理指引》，将合规体系以条文化的形式深入渗透到保险业。这两项法规的先后颁布，拉开了我国合规体系建立的序幕。

2014年10月23日，中共十八届四中全会通过了《中共中央关于全面推进依法治国若干重大问题的决定》，这意味着“合规管理”具有了法制化的评估方式与保障。同年，《合规管理体系指南》颁布，继之到2018年发布了《企业境外经营合规管理指引》。这一系列政策的出台让我们看到，“合规管理”这个词正在逐步浸入我们的生活之中，特别是对企业管理者提出了严格的要求。

2021年6月，最高检、司法部等九部门联合印发的《关于建立涉案企业合规第三方监督评估机制的指导意见（试行）》对中国的“合规管理”具有里程碑的意义。该指导意见对第三方评估机制的含义、适用对象、适用范围进行了明确的规定，并明确指出，涉案企业如果能在第三方组织的监督下完成合规整改目标，检察机关可以视情况作出不起诉的决定。

“少捕、慎诉”，这是中国司法精神的进步，“合规不起诉机制”是利国安民的科学举措，这一机制的提出，在于帮助企业隔离风险、预防犯罪，甚至能够创造更多的社会价值、经济价值以及管理价值，同时也给社会释放了一个明确的信号：给不合规的企业留出整改的机会，这是大国责任、大国担当的明确体现；习惯了“走钢丝”的人一时间难以习惯“走路”，甚至根本不会“走路”，于是“企业合规”的相关机制、机构、企业合规师等应运而生，帮助企业获得更好的发展，并逐步形成具有中国新时代特色的思维方式与经营模式；为了企业的健康成长，国家以国家力量和方式为企业配置了保障其合规经营的第三方机构，这无疑给正在“走钢丝”的企业架起了一架从高空安全着陆的“梯子”，这是中国社会进入“新时代”的必然发展方向。

合规管理是企业为了实现依法经营、防控合规风险所建立的一种治理机制，企业合规化是为了保护企业利益而设置的风险防控机制，它要防控的不是一般意义上的法律风险，而是可能受到行政处罚或者刑事追究而承担的合规风险。推动企业合规化建设，提升企业合规管理能力受到相关部门的空前重视。2021 年，企业合规师进入《国家职业大典》，其人才缺口约为 900 万人。

对于企业家来说，合规管理必须成为一种习惯，这也是企业做大做强的保障。本书从理论以及合规管理的历史发展讲起，将合规管理的实务操作以及案例分析穿插其中，向读者陈述合规管理的必要性以及如何进行合规管理，为企业经营者提供了实用性非常强的建议。本书偏重于从刑事合规方向来讲述企业的合规风险，为企业及企业经营者拉响了警报，督促其重新审视当下的经营行为，将企业合规管理制度、管理办法、管理流程与企业已有的管理体系进行深度融合。无特殊说明，本书中提及的“合规”特指“刑事合规”。

只有合规管理才能规避合规风险，企业合规是企业治理体系是否完整、治理能力是否成熟的一个重要标志，也是国家治理体系和治理能力现代化的重要组成部分。

企业刑事合规直接关乎企业犯罪治理，是实现国家治理体系与治理能力现代化的重要组成部分，无论是在程序上还是在实体上，都需要更多关注与指导，更为重要的是，必须引起企业管理者的重视，依法治企，将合规管理做好，避免不必要的刑事合规风险。

企业经营的目的是获取利润，合规管理为企业的经营保驾护航！

孟　博

2023 年 5 月于北大国发院

目　录 CONTENTS

CHAPTER 1
第一章

企业刑事合规的缘起与发展

1

第一节　背景：刑事合规管理迫在眉睫

什么是企业合规?

对于“合规”或“企业合规”，很多组织给予了不同的解释和规定，各个组织的规定内涵与外延都有差别。笔者认为更简单、全面的规定应该是企业行为符合法律及其内部制度和商业道德的要求。根据2017年证监会颁布的《证券公司和证券投资基金管理公司合规管理办法》，企业遵守的规定主要是法律法规和企业的规章制度，商业道德作为不成文的社会规范。

那么为什么在2020年中国有了刑事合规的要求?

2020年随着新冠肺炎疫情汹涌而来，各组织、各企业的营商环境与经营状况遭受了严重威胁，尤其是小微企业在此高压环境下为“苟且偷生”而选择“铤而走险”的现象频发，导致在短时间内企业与企业负责人的违法违规行为猛增。而合规作为可持续发展的基石，也是企业走向世界的通行证。

为此中央于2018年、2020年先后颁布了“六稳六保”政策，“六稳”是大局、“六保”是前提，通过维护中国经济这个大局以实现“稳中求进”。此外最高人民检察院（以下简称最高检）也积极响应中央政策的号召，为更好地保护中小企业权益和营商环境，积极推行企业刑事合规试点工作。自2020年3月起第一批的顺利开展，再到2021年4月第二批的深入探索，使得社会各界刑事合规的意识与能力不断增强。随着合规改革的不断推进，通过积极探索与督促合规管理的方式，以达到促进“严管”制度化、防范“厚爱”被滥用的目标，逐步开启了中国企业刑事合规的进程。

一、合规管理在海外的发展

（一）代表国家：美国、英国、德国

美国作为合规制度的发源国，其合规管理最早可以追溯到20世纪60年代，最初引入是为避免反垄断处罚；后来逐步传播到金融业，用以预防员工个人行为违法违规给银行企业带来非必要损失。直至20世纪90年代，合规措施的适用范围已经扩展至所有行业，例如《量刑指南》的颁布促使在企业设立有效的合规体系和制度情况下可以考虑从宽处罚。该指南在很大程度上激发了企业建立合规体系的积极性，以试图满足能够获得减轻刑事责任的条件。除《量刑指南》之外，对美国合规体系建设显有助益的法规还包括《反海外腐败法》《萨班斯法》等。1977年颁布的《反海外腐败法》中的“长臂管辖权原则”禁止美国境内外的企业对外国公职人员行贿，同时提出了三个基本问题用以审视企业建立合规体系的效用，即“企业合规体系是否设计得很好？其是否被诚实地执行了？它有用吗?”这使得企业合规管理体系的完整度直接决定与影响其结案方式，例如和解、不起诉、缓刑等。

与美国《反海外腐败法》相媲美的是英国的《反贿赂法》（*UK Bribery Act*），其不仅适用于在英国有住所的企业，还适用于在英国境内有经营活动的自然人或法人（包括对英国出口的企业）。此外，在合规层面如若企业没有采取合规措施，则应当对员工实施贿赂行为承担刑事责任。反之，即使企业员工实施贿赂，在企业建立适当有效的合规体系前提下，企业就有减轻甚至免除企业责任的可能性，即所谓的“合规抗辩制度”。此规定

一经出台就立刻掀起了企业争相建立合规体系的热潮。

德国的三次具有里程碑意义的司法实践更是为企业合规之路奠定了坚实基础，即“柏林清洁公司案”“西门子－鲁伯格案”“军工企业逃税案”。德国合规体系的建设主要针对公司治理方面，将企业合规的任务落实到公司管理层、董事会等，明确规定董事会应当遵守法律规定和公司内部行为守则，并促使企业集团共同遵守。

（二）代表组织：联合国、经合组织、国际商会、国际标准化组织

从国家和各类组织角度来看企业合规的发展进程，更能反映出刑事合规全球化、系统化、规模化的发展趋势。

联合国推动企业合规建设也是从反腐败领域开始的，然后向外延伸至反垄断领域。例如，《联合国反腐败公约》自2006年2月12日起对我国生效，它也是唯一一份具有法律约束力的国际性反腐败文件。经济合作与发展组织（OECD）同样在反腐败方面作出很大努力，例如1997年11月21日通过了《禁止在国际商业交易中贿赂外国公职人员公约》，规定需要定期通过同行评审监督机制监督执行情况。而国际商会（ICC）于2013年出版的《国际商会道德与合规培训手册》，以实践者、经营者的角度，全方位展现了企业合规的实践参考，为合规从业人员脱离概念性、理论性角度提供了指导。国际标准化组织ISO在合规领域促进企业合规建设标准化、规模化方面作出了突出贡献。早前发布的ISO19600：2014《合规管理体系——指南》和ISO37001：2016《反垄断管理体系——要求和使用指南》为企业建立、落实、监督和改善有效的合规管理体系提供了指引，并且扩大了适用范围。虽仅有建议性参考效力，但我国受其影响下由标准化研究院制定的《合规管理体系指南》就以此为蓝本，涵盖多项合规建立标准与行为指导，手把手教授不同规模下的企业建立合规体系与管理制度。

结合不同国家、不同组织两个角度，对合规体系作出深刻影响以及重大贡献的法律法规如表1－1所示。

表 1-1　国家、国际组织对合规体系建设作出突出贡献的法律法规一览表

<table>
<tr><th>发布领域</th><th>发布时间</th><th>发布国家/机构</th><th>法律法规</th></tr>
<tr><td rowspan="4">国家层面</td><td>1977 年
1991 年
2002 年</td><td>美国</td><td>《反海外腐败法》
《量刑指南》
《萨班斯法》</td></tr>
<tr><td>2010 年</td><td>英国</td><td>《反贿赂法》</td></tr>
<tr><td>2013 年</td><td>德国</td><td>《德国产品安全法与合规要求》</td></tr>
<tr><td>2016 年 12 月 10 日</td><td>法国</td><td>《萨宾第二法案》(Sapin Ⅱ Law)</td></tr>
<tr><td rowspan="4">组织层面</td><td>2005 年 12 月 14 日</td><td>联合国</td><td>《联合国反腐败公约》</td></tr>
<tr><td>2010 年 2 月 18 日</td><td>经合组织</td><td>《内控、道德与合规，最佳实践指南》</td></tr>
<tr><td>2013 年</td><td>国际商会</td><td>《国际商会道德与合规培训手册》</td></tr>
<tr><td>2014 年 12 月 19 日
2016 年 10 月 15 日</td><td>国际标准化组织</td><td>ISO19600：2014《合规管理体系指南》
ISO37001：2016《反贿赂管理体系——要求及使用指南》</td></tr>
</table>

二、我国合规管理的起源和发展

不同于欧美各国，我国合规管理体系的引入最早发生于金融行业。2006 年银监会出台《商业银行合规风险管理指引》，首次引入“合规管理”这一概念，其中明确要求商业银行需要建立合规绩效考核制度、合规问责制度以及诚信举报制度等。随后，保监会也响应合规号召颁布《保险公司合规管理指引》，将合规体系以条文化的形式深入渗透到保险业。这两项法规的先后颁布，拉开了我国合规体系建立的序幕，使我国企业合规体系“规范化、系统化、全面化”的建立工作也逐步提上日程、引起人们重视。2014 年 10 月 23 日，党的十八届四中全会通过《中共中央关于全面推进依法治国若干重大问题的决定》，将我国的法制化建设又提升到了全新的高度。

随着合规建设工作的不断深入，企业合规的内涵和外延也不断丰富。根据《合规管理体系指南》的规定，合规概括起来就是企业需要履行的全部合规义务，包括合规要求及合规承诺。而在《企业境外经营合规管理指引》中，所谓“合规”，是指企业及其员工的经营管理行为需要符合有关法律法规、国际条约、行业准则、商业管理、道德规范和企业依法制定的章程及规章制度等要求。由此可见，企业合规的内涵之一在于通过遵循、遵守或者满足特定的要求，以期确保企业及其员工的行为合乎规范，避免出现刑事风险的积极的状态和防范手段。合规的外延可以分为两个层面：一个层面即企业外部合规，要求企业符合法律法规、国际条约、行业准则、法院判决、行政决定等外部的行为规范；另一个层面即企业内部合规，要求企业积极遵守自己制定的规章制度、操作指引、业务流程等，遵守企业自己所做出的合规承诺。两者关系具体如图1－1所示。

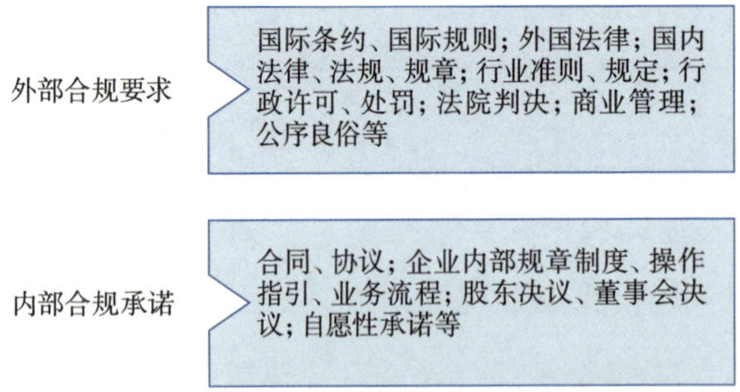

图1－1　外部合规要求与内部合规承诺关系

综上所述，企业刑事合规是指企业及其员工的经营行为应合乎我国刑法等相关的法律规定，要求企业不得出现违法犯罪的行为。

我国合规体系建设开始于金融行业，银监会发布的《商业银行合规风险管理指引》、保监会颁布的《保险公司合规管理办法》以及证监会发布的《证券公司和证券投资基金公司合规管理办法》三个规定成为合规体系建设的开端。从内容相似度而言，这三个规定均对合规规范进行了明确规定，除法律、行政法规、部门规章及其他规范性文件外，还将职业道德、行为准则等纳入合规规范之中。此外，《商业银行合规风险管理指引》还对合规部门的职责进行了划分，将合规培训、制定合规手册、进行合规风险评估和测试等内容划入合规部门的职责中。同时，在保险这一特殊行业中，《保险公司合规管理办法》除了对合规部门的职责进行了确定，还对董事会和总经理的合规职责进行了明确规定：董事会要对公司合规管理承担最终责任，总经理要负责合规的执行工作并及时向董事会报告。

我国在2017年颁布了《合规管理体系指南》（以下简称《指南》），在《指南》中多次强调了合规的重要性。企业建立一套有效的合规管理体系可以为其带来诸多潜在益处，比如增加商业机会、提升企业社会形象、降低不合规导致的风险及经济损失等。《指南》对“合规”二字的定义进行了阐明，这意味着企业要想实现合规必须履行全部的合规义务，即法律法规、强制性标准、法院判决、指导案例和司法解释、党内法规、签署合同产生的义务等。

此后国家发展改革委又根据《指南》为蓝本，于2018年发布了《企业境外经营合规管理指引》（以下简称《指引》）。《指引》中阐述了“合规”的基本概念，即企业及其员工的经营管理行为符合有关法律法规、国际条约、监管规定、行业准则、商业惯例、道德规范和企业依法制定的章程及规章制度等要求。《指引》还明确了合规管理的三个基本原则：独立性原则、适用性原则及全面性原则。此外，《指引》还对合规管理框架进行了规定，从企业的决策层、高级管理层、执行部门三个层级划分合规管理结构；同时建议企业可根据业务性质、地域范围、监管要求等设置相应的合规管理机构。从具体责任承担机构上企业的合规事务可通过设立合规委员会、合规负责人、合规管理部门等来确保合规体系的有效运行（见表1-2）。

表1-2　中国合规体系建设突出贡献法律法规一览表

发布时间	发布国家/机构	法律法规
2006年10月26日	银监会	《商业银行合规风险管理指引》
2014年	市场监督管理总局、国标委	《合规管理体系指南》（ISO 19600：2014）

续表

发布时间	发布国家/机构	法律法规
2015 年 12 月 8 日	国务院国资委	《关于全面推进法治央企建设的意见》
2016 年 12 月 30 日	保监会	《保险公司合规管理办法》
2017 年 12 月 29 日	市场监督管理总局、国标委	《合规管理体系指南》(GB/T 35770－2017)
2018 年 7 月 13 日	国务院国资委	《中央企业违规经营投资责任追究实施办法（试行）》(国务院国资令第 37 号)
2018 年 11 月 2 日	国务院国资委	《中央企业合规管理指引（试行）》
2018 年 12 月 26 日	国家发展改革委等七部门	《企业境外经营合规管理指引》
2022 年 8 月 23 日	国资委	《中央企业合规管理办法》
2022 年 10 月 12 日	市场监督管理总局、国标委	《合规管理体系 要求及使用指南》(GB/T 35770－2022)

2018 年国务院国资委发布了《中央企业合规管理指引（试行）》（以下简称《指引（试行）》），其目的在于推动中央企业全面加强合规管理、加快提升依法合规经营管理水平、着力打造法治央企以及保障企业持续健康发展。《指引（试行）》对中央企业的合规内容进行了规定，即中央企业及其员工的经营管理行为符合法律法规、监管规定、行业准则和企业章程、规章制度以及国际条约、规则等要求。《指引（试行）》还对董事会、监事会、经理层的职责进行了明确的划分，并要求中央企业必须建立合规委员会。此外，还规定法律事务机构或其他相关机构为合规管理牵头部门，组织、协调和监督合规管理工作，为其他部门提供合规支持。

三、企业刑事合规管理在中国的推进已经“势不可当”

随后合规体系建设逐渐扩展到刑事司法领域，我国的检察机关推动企业合规与依法适用认罪认罚从宽制度和检察建议相结合。具体来看，对涉企案件坚持和落实“能不捕的不捕、能不诉的不诉、能不判实刑的提出判缓刑的量刑建议”等司法政策，同时还通过检察建议督促企业进行合规建设、履行合规承诺。2021 年 6 月，最高检、司法部等九部门联合印发《关于建立涉案企业合规第三方监督评估机制的指导意见（试行）》，对第三方评估机制的含义、适用对象、适用范围进行了明确的规定；涉案企业如果能在第三方组织的监督下完成合规整改目标，检察机关可以视情况作出不起诉的决定。

近年来随着企业刑事案件多发，为增强企业守法意识、降低企业犯罪率，最高检逐渐将企业刑事合规不起诉机制提上日程。自 2020 年以来，最高检采取了一系列措施，积极探索将企业合规建设和司法实践相结合的途径和方法。

所谓“合规不起诉机制”，是指人民检察院在办理涉企犯罪案件时，对符合企业合规改革试点适用条件的，交由第三方监督评估机制管理委员会选任组成的第三方监督评估组织，对涉案企业的合规承诺进行调查、评估、监督和考察，考察结果作为人民检察院依法处理案件的重要参考。

2020 年初，最高检在上海、江苏、山东、广东的 6 家基层检察院开展了企业刑事合规的不起诉试点工作。经过一年的实践，刑事合规不起诉机制的试点工作取得明显成果。2021 年 4 月，最高检发布《关于开展企业合规改革试点工作的方案》，并启动了第二批企业刑事合规不起诉改革试点。在第二批试点工作中，试点单位也积极贯彻非伦理道德类犯罪“少捕、慎诉”的原则，并逐步形成很多代表性的刑事合规案例，最高检也在 2021 年 6 月 3 日发布了企业合规改革试点第一批典型案例。

鉴于上述试点工作的顺利开展，2021 年 6 月，最高检、司法部等九部门联合印发《关于建立涉案企业合规第三方监督评估机制的指导意见（试行）》，对建立健全独立监管人的制度，丰富和发展涉案企业的合规补救、预防机制等具有十分重要的意义，也将企业合规的重要性提升到了一个新的高度。

2021 年 12 月 15 日，为进一步加强企业合规改革试点工作，积极推进第三方监督评估机制适用，最高检发布了第二批企业合规典型案例。第二批案例与第一批相比，涉及的罪名更多、内容更丰富，尤其对企业合规不起诉的应用和实践进行了更加深入的探索。

首先，从罪名来讲，最高检发布的第一批案例只涉及四个罪名，即污染环境罪、虚开增值税专用发票罪、非国家工作人员行贿罪以及串通投标罪；而第二批案例将企业合规不起诉的应用扩展到了五个新的罪名，即假冒注册商标罪，销售假冒注册商标商品罪，重大责任事故罪，走私普通货物罪以及掩饰、隐瞒犯罪所得罪。

其次，从内容来讲，在最高检第二批案例中，试点检察院探索出了很多企业合规不起诉机制应用的新经验。例如，创新采用了异地适用第三方监督评估机制；检察机关介入侦查环节，帮助清理“挂案”；成立巡回检查小组，对第三方组织开展“飞行监管”；在安全犯罪中，由点到面，强化安全意识；实现刑事司法与行政管理衔接贯通以及在非试点地区适用企业合规不起诉机制。

四、小结

企业合规本质上属于公司治理的一部分，而开展工作的前提与基础是需要对其外延与内涵进行充分识别与归类。从最初的反腐败、反垄断领域开始，逐步向金融、保险、医疗等各领域、各行业发展延伸，使得企业刑事合规制度的内涵不断丰富，逐步呈现全面化、体系化的特点。合规作为企业可持续发展的重要机制，我国刑事合规制度的引入与实践也是向全球化发展接轨的体现。自刑事合规机制试点工作被引入以来，中国企业也迅速成长，逐渐形成了具有中国特色的思维方式与经营模式。从目前两批试点工作的结果来看，中国企业在“走出去”的浪潮下开始从“要我合规”向“我要合规”转变，那么刑事合规对于企业的利好作用就需要企业充分了解与认识。

2

第二节　目的：合规管理成为企业安全的“免费午餐”

实践中不难看出，我国刑事合规建设主要是由检察机关主导进行的，其目的是通过让企业建立完善的合规制度，推动企业刑事合规与依法适用认罪认罚从宽制度和检察建议相结合。刑事合规的有效作用不仅可以体现在检察机关提高案件处置效率，落实“少捕、慎诉”司法精神；另外也能帮助企业隔离风险、预防犯罪，甚至能够创造更多的社会价值、经济价值以及管理价值。因此，推行企业刑事合规的目的，涵盖了检察机关和企业两个维度。

一、合规企业可以不被起诉

根据《关于建立涉案企业合规第三方监督评估机制的指导意见（试行）》规定，“人民检察院在办理涉企犯罪案件时，应当注意审查是否符合企业合规试点以及第三方机制的适用条件，并及时征询涉案企业、个人的意见”。这意味着合规不起诉机制的适用是由我国的检察机关来决定的。此外，通过合规不起诉试点改革情况不难看出，目前大部分检察机关都是在审查起诉阶段适用合规不起诉机制，并将企业合规的整改结果作为“不起诉”决定的重要参考。

根据我国《刑事诉讼法》规定，不起诉的情形主要可以分为三大类：法定不起诉、酌定不起诉（相对不起诉）以及证据不足不起诉。其中“酌定不起诉”是指人民检察院根据犯罪嫌疑人的年龄、犯罪目的和动机、犯罪手段、危害后果、悔罪表现以及一贯表现等进行综合考虑后，可以决定不予起诉。随着合规试点工作的不断深入，刑事合规逐渐成为检察院在酌定不起诉制度中行使裁量权的重要参考因素之一。

二、合规企业可以不被逮捕

认罪认罚从宽制度，是指如果犯罪嫌疑人自愿供述自己的犯罪事实，并同意检察机关的量刑意见、签署具结书，法院则可以选择依法从宽处理的制度。2019 年 10 月 24 日，最高检联合最高人民法院、公安部、国家安全部、司法部召开新闻发布会，共同发布《关于适用认罪认罚从宽制度的指导意见》（以下简称《意见》）。《意见》除明确规定认罪认罚从宽制度的基本原则、适用范围和适用条件外，还对办案过程中速裁程序的启用、适用条件、程序等内容进行了规定。这表明检察院在提高案件处置效率、认罪认罚以及降低犯罪频率三个不同层面进行了积极的探索。在刑事合规不起诉机制被引入后，刑事合规也成为连接三者的桥梁，缓解了检察机关面临的难题（见图 1－2）。

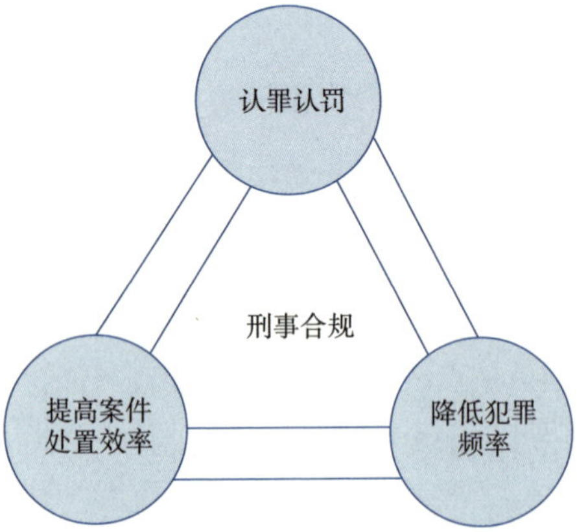

图 1－2　刑事合规三个层面

2016 年，全国人大常委会通过了《关于授权在部分地区开展刑事案件认罪认罚从宽制度试点工作的决定》，明确在北京、上海等 18 个城市开展认罪认罚的试点工作。2019 年 10 月 24 日，《意见》的发布标志着我国认罪认罚制度的正式实施。

《意见》中明确规定："认罪"是指犯罪嫌疑人、被告人自愿如实供述自己的罪行，对指控的犯罪事实没有异议；"认罚"是指犯罪嫌疑人、被告人真诚悔罪，愿意接受处罚，并签署认罪认罚具结书，法院可以根据认罪认罚具结书的内容以及检察机关的量刑建议对犯罪嫌疑人、被告人作出判决。从《意见》中可以看出，认罪认罚从宽制度的适用必须满足"认罪"和"认罚"两个条件，尤其是要求涉案企业签署认罪认罚具结书。而合规不起诉机制则无此强制性要求；只要涉案企业自愿认罪，同时作出合规承诺，提交合规整改计划，检察机关便可以根据其整改表现作出不起诉决定。因此合规不起诉机制实际上是将我国的认罪认罚从宽制度扩展到了刑事合规领域，相当于将刑事合规作为认罪认罚从宽制度适用的条件之一。

保护市场经济主体的刑事司法政策与认罪认罚从宽制度在法律制度的形式上存在明显的共同性，即"从宽"。从宽不仅包括实体上的从宽，还包括程序上的从宽，"也就是对认罪认罚的犯罪嫌疑人、被告人适用轻缓的强制措施，作出轻缓的程序性处理或者适用更为便利的诉讼程序"。例如，在批准或者决定逮捕时如果有认罪认罚的情节，一般将被认定为没有社会危险性，通常可以适用监视居住或取保候审等非羁押性强制措施；在程序上侦查机关可以依法撤销案件，人民检察院可以不起诉、提出缓刑建议，人民法院可以适用速裁程序等。

此外，在最高检发布的第二批指导案例中可以看出，虽然《意见》将涉案企业合规第三方监督评估机制的适用范围限定在"人民检察院在办理涉企犯罪案件时"中，但也有试点检察机关提前介入侦查阶段，或者在侦查阶段启用合规不起诉机制，并将企业合规整改的结果作为“不批捕”的重要参考。

三、合规企业可以判缓刑

企业合规被赋予的多种定义层出不穷，加之其可以起到检测、预防企业刑事犯罪的作用，使得有学者认为刑事合规的本质是以民事制裁、风险管理、企业优化升级为载体的缓刑政策，这也侧面印证了合规后具有使企业获得缓刑的积极作用。

这一利好结果的现实依据可以追溯至20世纪美国检察院颁布的《司法手册》（*Justice Manual*）。企业应该对其员工和代理人的犯罪行为承担刑事责任，而检察官实践中如何对刑罚进行斟酌则需要参考《司法手册》，其中就包括以签署合规计划为前提的暂缓起诉（Deferred Prosecution Agreements，DPA）与不起诉（Non - Prosecution Agreements，NPA）两种典型方式。此外1984年美国颁布的《量刑改革法》创设量刑委员会，其中就涉及对组织的缓刑和罚款事项，合规成为重要的考量因素之一。

我国《刑法》第七十二条规定的缓刑制度仅适用于自然人犯罪，无法适用于单位犯罪，导致实践中只有通过对个人判处缓刑的方式，才有可能对企业适用缓刑。如此一来，考虑到企业社会责任的重要性，执法机关往往用行政处罚代替刑事责任。而在刑事合规制度引入后，法院经过庭审，判决企业缓刑，将合规计划的实施结果、整改情况等作为判处缓刑的考察内容。这使企业获得缓刑成为可能，不仅可以为其贯彻落实内部合规改革与整顿现存问题提供机会和理论支持，也为司法机关在追责犯罪中充分观照企业社会责任提供强有力的制度保障。

四、合规企业可以轻量刑

由于刑事责任往往会为企业带来沉重的打击，一旦发生可能会直接导致企业的消亡，而刑事合规的重要作用之一就是帮助企业减轻其可能承担的刑事法律责任。

我国《刑法》第三十条规定，“单位犯罪”是指公司、企业事业单位、机关、团体实施危害社会的行为，法律规定为单位犯罪的，应当负刑事责任。对于单位犯罪，我国《刑法》采取的是双罚制，即对单位判处罚金并对其直接负责的主管人员和其他直接责任人员判处刑罚。在双罚制的施行前提下，一方面，企业可能会因为高额的罚金而走向破产消亡；另一方面，企业的负责人可能会身败名裂、锒铛入狱。

企业刑事合规的逐步推进可以帮助企业将企业责任和个人责任剥离，一旦发生合规风险，企业可以刑事合规为由进行抗辩，将刑事合规作为刑事责任阻却事由，以减轻企业可能承担的刑事责任。

以雀巢公司员工侵犯公民信息案为例。当时雀巢的市场业务经理郑某，为了开拓市场，从多家医院获取了 12 万余条产妇的相关信息，案件中郑某主张其行为属于单位犯罪，但是没有得到法院支持。雀巢公司之所以没有在此案中承担相应的刑事责任，主要是因为企业建立了一套完善的刑事合规体系，并据此对员工进行了合规培训。雀巢公司以合规为由提出抗辩，法院也最终采纳了雀巢公司的抗辩理由。

因此，刑事合规的另一个重要作用在于，能够帮助企业减轻甚至不承担法律责任，这也是越来越多的企业开始将刑事合规体系的建设作为其核心战略的原因之一。

五、合规企业可以隔离企业家风险

企业刑事合规风险，通常是指企业经营过程中出现的由于企业自身或者企业内部人员的刑事违规行为导致的承担刑事责任的可能性。企业建立刑事合规的首要目的在于帮助企业识别和应对刑事合规风险，以最大限度地避免刑事案件的产生。

首先，企业刑事合规往往包括风险识别机制，运用不同的识别方法，根据企业所处行业的特点、自身需求等情况，定位企业可能会面临的刑事合规风险。其次，刑事合规还包含刑事合规风险应对机制，在识别出企业刑事合规风险后，风险应对机制会帮助企业管理风险、处置风险，以避免企业承担相应的法律责任，帮助企业实现合规目标，为企业的可持续发展提供必要条件。

此外，企业文化是指企业在经营管理过程中逐步建立的经营目标、经营方针、核心价值、企业名誉、企业形象等内容的统称。企业文化是企业的灵魂，是企业实现可持续发展的不竭动力。企业刑事合规不仅是一套"冷冰冰"的制度，更应该成为企业文化的重要组成部分；刑事合规不仅可以帮助企业避免风险、减轻责任，更可以助力企业提升文化价值。我国银监会颁布的《商业银行合规风险管理指引》就明确规定，"商业银行应加强合规文化建设，并将合规文化建设融入企业文化建设全过程"。

企业刑事合规的施行，要求企业就国家相关法律法规规定、企业的合规等方面内容，对企业的合规监管人员、高级管理人员、普通员工进行定期培训，不断提高企业员工的法律意识；将企业刑事合规逐渐融入企业的文化建设中，不断提升企业的文化内核。无论对于企业还是个人，要想从根本上避免刑事合规风险的发生，就要从企业文化出发、从个人思想建设出发，逐步营造出"知法、懂法、守法"的合规文化。

3

第三节　适用：“切身相关”还是“事不关己”？

一、适用对象：所有的企业都需要合规管理

（一）适用主体：“单位”与“人”同样适用

我国合规不起诉机制是将企业合规引入公诉制度的改革尝试，企业合规本质上是企业防控风险的管理体系。因此企业合规的对象当然包括企业自身，但是企业的管理者、负责人实施的犯罪行为是否可以作为刑事合规的规制对象目前仍然存在一定争议。

在刑事合规不起诉的改革实践中，某些试点检察院实践中也开始对涉案企业负责人适用刑事合规不起诉机制，并根据企业最终呈现的合规整改效果来决定是否对企业负责人提起公诉，将合规整改结果作为检察机关作出量刑决定的参考依据之一。之所以将企业管理者也纳入刑事合规的适用对象，主要原因有两个：

1. 适用原则：单位犯罪双罚制

我国《刑法》规定了单位犯罪制度，并对单位犯罪采取双罚制度；即在对单位处以罚金的同时，也对单位的负责人处以自由刑、财产刑等刑事处罚。正因如此，很多检察机关往往会将对单位负责人判处的刑事处罚（一般指“自由刑”）作为衡量单位犯罪严重程度的重要标准，这将会导致

企业的犯罪和企业负责人的犯罪经常被绑定在一起。

2. 行为特点：单位行为与个人行为复杂性

很多企业犯罪案件中，企业管理者的犯罪行为与企业自身的犯罪行为越来越难以区分。尤其是民营企业在经营过程中，由于企业自身管理模式不完善、组织结构不健全等问题，导致企业内部管理者和企业的法人人格进行了高度的混同。以实践中高发的经济犯罪为例，偷税、虚开发票、生产销售伪劣产品、破坏金融管理秩序等相关的刑事犯罪，形式上由企业单位实施的犯罪行为往往实质上是由企业管理者实施的。如果合规不起诉机制仅适用于单位犯罪，就意味着检察机关无法对企业管理者实施的众多犯罪案件适用刑事合规机制，那么，将无法达到保护民营企业的立法效果。

此外，在司法实践中，某些地方检察院也明确规定将企业管理者实施的犯罪案件纳入刑事合规机制的适用对象范围内。比如，在辽宁省人民检察院等十机关制定的《关于建立涉罪企业合规考察制度的意见》中，规定涉罪企业合规考察制度既适用于单位犯罪案件，也适用于企业经营者、管理者、关键技术人员等重要生产经营人员与企业生产经营相关的个人犯罪案件。依据《涉企案件刑事合规办理规程（试行）》规定，涉企案件包括但不限于企业（国企、民企与集体）、经营者、员工实施的与经营活动有关的刑事案件。

因此，为了最大化发挥刑事合规机制对企业刑事犯罪的预防和整改效果，企业合规不起诉制度的适用对象不应只是单位犯罪案件，对企业管理者、经营者、直接责任人员实施的与企业生产经营相关的个人犯罪案件也应同样适用。

（二）适用情节：多适用于轻微刑事案件

虽然《关于建立涉案企业合规第三方监督评估机制的指导意见（试行）》并没有明文规定只有轻微刑事案件才可以适用合规不起诉机制，但是，通过最高检发布的两批指导案例可以看出，合规不起诉机制主要适用于涉案犯罪嫌疑人可能被判处三年以下有期徒刑的轻微刑事案件。比如第一批指导案例中的污染环境罪、串通投标罪等。当然，可能对犯罪嫌疑人判处三年以上十年以下的案件也可能会适用合规不起诉机制，但是实践中这样的案例相对较少，而且检察院通常对此类案件的适用选择会更加谨慎，对涉案企业的要求也更加严格。

结合目前我国刑事合规不起诉机制的司法实践，目前试点的检察院一般仅对轻微的刑事案件适用了刑事合规不起诉机制。但如何在较严重、较复杂疑难的刑事案件中适用刑事合规不起诉机制仍然处于探索阶段。如果企业确实涉嫌情节特别严重，但其本身合规整改意愿很强烈，那么其最终是否可以适用合规不起诉机制，将是未来合规实践中亟待解决的问题。笔者认为，对于上述特殊类型的企业仍旧可以考虑适用合规机制，只是在最后决定时不宜再作出不起诉的结果，但仍可以将合规整改结果作为企业量刑的参考依据之一。

二、适用条件：企业在任何情况下都需要合规管理吗？

《关于建立涉案企业合规第三方监督评估机制的指导意见（试行）》对第三方监督评估机制适用的条件作出了明确规定：“（一）涉案企业、个人认罪认罚；（二）涉案企业能够正常生产经营，承诺建立或者完善企业合规制度，具备启动第三方机制的基本条件；（三）涉案企业自愿适用第三方机制。”

但实践中，例如最高检颁布的第二批合规不起诉指导案例，各试点检察院在适用企业刑事合规机制时还是比较审慎的。比如试点检察院会根据具体案件的特殊性将统一的适用条件进行细化和具体化，以综合考量企业的社会贡献、发展前景、认罪意愿、合规承诺等多种因素，再来确定涉案企业是否符合启用刑事合规机制的条件。下面就具体结合最高检发布的第二批合规不起诉指导案例来分析企业刑事合规的适用条件。

（一）强制性条件：企业、个人认罪认罚

企业、个人认罪认罚是《关于建立涉案企业合规第三方监督评估机制的指导意见（试行）》规定的强制性条件。在最高检发布的第二批案例中，所有涉案企业、个人虽都具备自首情节，但自首情节并不是试点检察院认定“认罪认罚”情节的唯一参考因素。

1. 主观恶性不高，认罪态度好

在最高检发布的“案例一（上海J公司、朱某某假冒注册商标案）”中，虽然假冒注册商标罪的主观构成要件为故意，但是涉案企业的管理层和员工法律意识淡薄，尤其缺少对涉及商业秘密、专利权、商标权等民事侵权及刑事犯罪的认识，所以才导致犯罪行为的发生。由于该企业并不存在“知法犯法”的情形，主观恶性有所降低，所以上海浦东区检察院综合其他因素认为其符合启动第三方监督评估机制的条件。同时在最高检发布的“案例四（随州市Z公司康某某等人重大责任事故案）”中，因为重大责任事故罪属于企业人员在生产经营履职过程中的过失犯罪，主观恶性要低于一般的故意犯罪，所以随州市曾都区检察院也参考上述因素对企业适用了第三方监督评估机制。

2. 主动赔偿损失，与权利人达成谅解

除了参考企业、个人犯罪的主观恶性程度、认罪态度，很多试点检察院还会考察企业的具体认罪行为。比如在“案例一（上海J公司、朱某某假冒注册商标案）”中，J公司认罪认罚后，主动赔偿权利人700万元并取得谅解。在“案例四（随州市Z公司康某某等人重大责任事故案）”中，Z公司分别对曹某某等三人的家属进行了赔偿，并取得了谅解。从上述两个案例中很明显可以看出，试点检察院认为认罪认罚不仅体现在自首环节，能够积极采取补救措施、取得权利人的谅解，更能体现企业认罪认罚的决

心和态度。

（二）必要性条件：企业能够正常生产、经营

根据《关于建立涉案企业合规第三方监督评估机制的指导意见（试行）》规定，企业“能够正常生产、经营”也是适用第三方监督评估机制的必要条件。按照字面意思解释，正常生产、经营即企业还能够正常参与市场活动，不存在吊销、注销等停止经营的情况。但笔者认为这里《关于建立涉案企业合规第三方监督评估机制的指导意见（试行）》的重点不在于“生产、经营”，而在于“能够”。所谓“能够”，一方面是指企业具备继续经营发展的条件，另一方面是指企业本身也有继续发展的意愿。最高检的立法原意在于尽量不要因为一次违法行为就剥夺了企业生存的机会，因此我们从最高检发布的第二批案例中可以看到，试点检察院在认定企业是否具备正常生产、经营条件时，会参考很多因素。

1. 行业特点

所谓行业特点，即企业所处何种行业，该行业是否新兴行业，是否受到国家重点扶持等。从最高检发布的“案例一（上海 J 公司、朱某某假冒注册商标案）”和“案例六（海南文昌市 S 公司、翁某某掩饰、隐瞒犯罪所得案）”中可以看出，两家涉案企业都属于高新技术民营企业，是国家政策大力支持、鼓励发展的对象，这类企业将是我国未来经济发展的新动力。考虑到上述因素，试点检察院也给予了这类企业更多的理解和包容。

2. 企业规模

除了行业特点，企业规模也是一些试点检察院参考的因素之一。因为规模较大的企业，不仅能够为当地提供稳定的税收，也能解决很多人的就业问题，如果企业倒闭，可能会影响整个地区经济的发展和社会的稳定。例如在“案例四（随州市 Z 公司康某某等人重大责任事故案）”中，随州市曾都区检察院考虑到涉案企业 Z 公司系外资在华企业，是当地引进的重

点企业，每年依法纳税，并解决了2500余人的就业问题，对当地经济助力很大。如果对其起诉，则可能会给当地经济带来巨大影响，于是在综合其他因素的情况下决定对其适用第三方监督评估机制。

3. 发展阶段

所谓发展阶段，即企业所处的阶段属于上升阶段还是下降阶段。从最高检颁布的案例来看，部分试点检察院对处于快速发展、扩大规模阶段的企业更加具有包容性。比如在“案例四（随州市Z公司康某某等人重大责任事故案）”中，随州市曾都区检察院认为Z公司所属集团正在积极准备上市，如果公司管理人员被判刑，对公司发展将造成较大影响，经过多方权衡决定对其适用第三方监督评估机制。

（三）重要性条件：有建立合规制度的条件和意愿

1. 有建立合规制度的条件

所谓建立合规制度的条件，笔者认为最高检更加侧重的是企业有建立合规制度的需求，即涉案企业本身的违法行为是由其规章制度不健全、内部管理不完善等导致，亟须建立一套完整的合规制度。例如在“案例一（上海J公司、朱某某假冒注册商标案）”中，J公司是因为在合同审核、财务审批、采购销售等环节均存在管理不善等问题，才导致了违法犯罪行为；在“案例四（随州市Z公司康某某等人重大责任事故案）”中，涉案企业存在安全生产管理制度不健全、操作规程执行不到位等问题，才导致发生了重大责任安全事故。

2. 有建立合规制度的意愿

即企业自愿建立合规制度，未受到外界的强迫，这也是适用第三方监督评估机制的大前提。从最高检发布的案例中我们可以看到，所有试点检察院在对企业适用第三方监督评估机制前，都会事先征询企业的意见，在企业同意后才要求其提交开展第三方监督评估机制的申请书等相关材料。

（四）重要性条件：有建立企业合规制度的承诺

对于企业而言，光有建立合规制度的条件和意愿还远远不够，其还要有建立合规制度的承诺。因为第三方监督评估组织，只是对企业后续合规的整改进行监督和指导，更重要的是企业自己要主动建立合规制度，积极对自身的违法行为进行整改，整改措施和整改效果都要体现在企业合规承诺之中。在“案例四（随州市Z公司康某某等人重大责任事故案）”和“案例六（海南文昌市S公司、翁某某掩饰、隐瞒犯罪所得案）”中，试点检察院在企业申请适用第三方监督评估机制时都要求企业提交了书面的合规整改承诺书。

（五）硬性条件：企业有良好的社会评价

虽然企业的社会评价并不是《关于建立涉案企业合规第三方监督评估机制的指导意见（试行）》规定的适用第三方监督评估机制的硬性条件，但是从最高检颁布的第二批指导案例中可以看出，很多试点检察院在适用第三方监督评估机制前也将企业对社会的贡献度作为重要的参考因素之一。比如企业有没有受到过奖励、有没有依法纳税、有没有捐赠过财产等。部分试点检察院更是围绕企业的社会贡献度、社会综合评价等开展了专门的社会调查，目的就是综合各方因素来确定企业是否符合适用合规不起诉机制的条件。

三、合规管理需要注意哪些问题?

最高检建立刑事合规不起诉机制的目的在于，推动企业合规与依法适用不起诉的结合，为有发展前景、发展意愿的企业提供第二次机会，积极引导企业开展合规建设，不断提高企业的守法意识，以从根本上降低企业的犯罪率。从上文提及的企业刑事合规机制的适用条件来看，试点检察院在适用刑事合规机制时考察的因素虽然有很多，但归根结底，企业如果想要适用刑事合规机制，需要向检察机关传达三个要素：

（1）企业有悔改的态度和行为；

（2）企业有继续发展的条件和意愿；

（3）企业有建立合规制度的需求、意愿和承诺。

企业合规机制的重点不在于适用环节，而在于整改环节。第三方监督评估机制启动后，并不代表企业就可以高枕无忧。更重要的是企业要在第三方监督组织的监督指导下，不断完善自身组织架构、强化流程管理、健全风控机制、加强学习培训，才能逐步建立和完善符合自身需求的合规体系。只有在第三方监督组织评估后认为企业已经完成了合规整改目标，才可能被检察机关作出不起诉决定。

虽然我国检察机关一直在鼓励采用“少捕、慎诉、慎押”的刑事司法政策，但并不代表合规机制就是企业逃避法律责任的捷径，当然也不是检察机关进行“法外开恩”的手段。企业合规机制的原则是“宽严相济”，目的是促进企业合规守法经营、预防和减少企业违法犯罪。如果企业不能落实合规承诺，将会受到更加严厉的处罚。

因此，建议企业不要在发生违法行为后才开始建立合规制度，要未雨绸缪，主动建立符合自身需求的合规制度。尤其是关于刑事的合规制度，要把法律作为企业最底层的经营逻辑，增强自身抵御各类法律风险的能力，以实现企业的可持续发展。

4

第四节　内容：刑事合规“牵一发而动全身”

完善、有效的刑事合规体系至少要具备两个基本条件：一是能够通过合规体系的运行预防和制止企业的犯罪行为；二是企业合规要融入企业文化，形成企业的合规文化。企业的刑事合规要围绕上述两个基本条件进行搭建。

企业的刑事合规内容可以分为两大类：一类是针对企业普遍面临的刑事合规风险而制定的一般性刑事合规；另一类是针对企业重点领域制定的专项问题合规。

一、经营实务中的刑事合规

一般性企业刑事合规，是指企业针对普遍存在的刑事合规风险而建立的常态化的刑事合规体系。为了满足上述两个基本条件，一般性企业刑事合规的建立应以合规管理体系为核心，内容应涵盖组织、制度、流程、运行、保障多个环节。如图 1 –3 所示，一般性企业刑事合规的内容应至少涵盖以下几个部分。

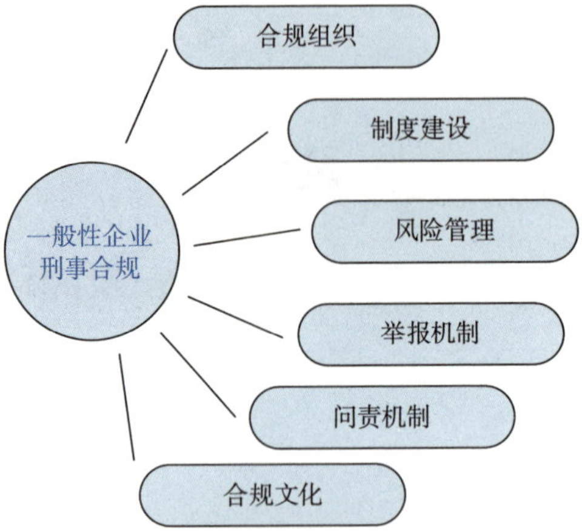

图1－3　一般性企业刑事合规涵盖内容

（一）合规组织

合规组织是企业刑事合规体系建立、运行、改进的载体，从广义上来讲，企业的董事会、合规管理部门、业务部门、职能部门等都应该属于合规组织的组成部分。

1. 层级划分

治理层是指企业的领导层，一般指企业的董事会，董事会应该作为企业合规管理体系的最终责任人，通过宏观政策的把控，监督合规政策的实施，避免企业出现刑事法律风险。管理层是指企业的合规管理部门，独立合规部门是合规管理的职能部门，也是整个合规管理体系的核心环节。有条件的企业应该建立专门的合规管理部门，负责组织、协调、监督各业务部门和职能部门开展合规管理的各项工作。执行层是指公司的职能部门和业务部门，主要负责合规管理工作的落实和执行，按照合规要求完善业务管理制度和流程，主动开展合规风险识别和隐患排查，发布合规预警，定期进行合规自查。

2. 职责确定

笼统来讲，企业合规组织的职责就是确保企业刑事合规制度的高效运行。但是，由于不同企业的企业性质、行业特点、组织架构等不同，也就导致其合规组织的职责有所区分。比如我国大型国企、央企可以参照国务院国资委颁布的《指引（试行）》对合规组织的职责进行划分，该指引的第二章对中央企业合规组织的职能进行了规定。而其他企业也可以参考《指南》第四章的内容，来确定合规组织的职责。表1－3为不同合规组织常见的合规职责。

表1－3　合规组织常见合规职责

治理层	管理层	执行层
1. 统筹合规体系 2. 批准合规计划 3. 健全合规组织 4. 监督合规施行 5. 决定合规任免 6. 明确合规流程	1. 制定合规制度 2. 负责合规实施 3. 制订合规计划 4. 组织合规培训 5. 开展合规考核 6. 改进合规制度	1. 合规日常管理 2. 识别合规风险 3. 配合合规调查 4. 参加合规培训 5. 合规问题举报 6. 合规问题整改

3. 组织建立

合规组织的建立主要分为两大部分，一是根据企业组织架构，建立符合企业特点的合规部门；二是明确企业现有部门的合规职责，比如董事会、监事会、总经理、业务部门、职能部门等，要在其原本职能的基础上附加合规职能。企业建立合规组织一定要结合自身内外部条件的实际情况，因地制宜；外部条件包括法律法规的规定、监管机构的要求、行业协会的指导等，内部条件包括企业的经营模式、组织架构、管理流程等。关于如何建立企业合规组织，本书将在第二章进行详细阐述。

（二）制度建设

企业刑事合规运行的前提，就是结合企业的合规目标、合规义务，建立与之匹配的合规制度。一个完善的刑事合规制度包括基本制度、具体制度、重点领域专项制度、合规管理流程四个要素。

1. 基本制度

基本制度可以理解为需要员工遵守的合规行为规范，适用于企业的所有员工和部门。基本制度应涵盖合规目标、合规原则、合规组织、禁止行为、问责机制、奖励和惩罚等内容。比如，我国国务院国资委发布的《指引（试行）》就明确规定，中央企业应该首先建立普遍的合规行为规范，由全体员工共同遵守。

2. 具体制度

为了确保基本制度顺利施行而建立的具体制度，是基本制度的扩展。具体制度应该包括合规管理制度、组织制度、运行制度、举报制度、审查制度、保障制度等，具体可以根据企业的合规目标来确定。我国国务院国资委发布的《指引（试行）》第二章也明确规定，由合规管理部门牵头制定具体的合规制度。

3. 重点领域专项制度

是指企业根据其所处行业特点、企业性质等情况，针对特定高发风险而制定的重点领域专项合规制度。比如产品质量、劳动用工、财务税收、知识产权、商业贿赂等领域的专项制度。以复星药业为例，仅仅在反腐败制度方面，就有《廉政督察管理制度》《反腐败条例》《廉洁从业管理规定》《工程建设项目廉政管理规定》《反商业贿赂协议》《举报人、证人保护与奖励规定》《举报管理规定》《公务活动中收受的礼金礼品管理办法（试行）》等多部公司制度。

4. 合规管理流程

合规管理流程是指通过进一步细化合规制度的标准和要求，将具体的标准融入企业现有的业务流程之中，以确保合规制度的落实和实施。一要明确刑事合规的管理流程，二要规范企业原有的业务流程，确保合规管理流程和业务流程的协调和衔接。

（三）风险管理

风险管理是定义合规风险、识别合规风险、处置合规风险的管理流程，风险管理的流程如图 1－4 所示。

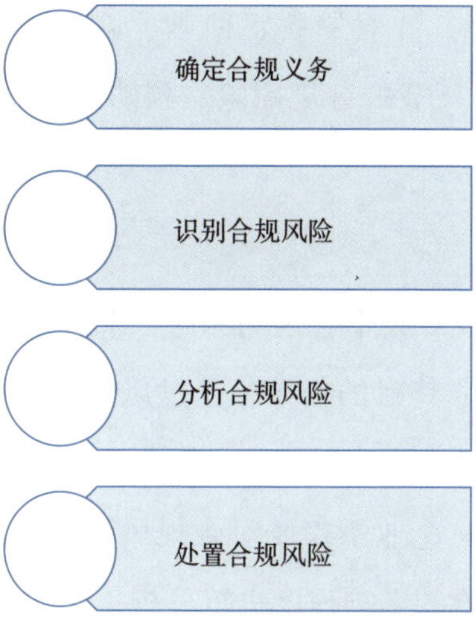

图 1－4　风险管理的流程

1. 确定合规义务

合规风险实际上就是企业违反合规义务而承担法律责任的可能性，要想识别合规风险首先要定义合规风险；而合规义务就是定义合规风险的大前提。企业合规义务一方面主要来自企业所属行业应遵守的外部规定，包括企业所在行业的法律、法规，相关主管机构发布的监管规定、规则、指导等相关规定。另一方面是围绕企业自身的业务流程展开，根据企业内部的业务常用合规义务清单或其余规定、规章等相关内容（合规承诺），涉及业务的研发、销售、投资、人力资源等多个阶段。企业应该结合自身和行业特点不断补充和完善合规义务清单，只有清楚自身的合规义务，才能发现自身潜在的合规风险。

2. 识别合规风险

识别合规风险是合规风险管理体系的核心，要求企业发现、收集、整理、归纳各类合规风险，为后续分析、处置合规风险做准备。企业开展合规风险识别，可以通过建立合规风险识别框架、收集合规风险案例、罗列合规风险清单来实现。比如对于销售类的企业，可以根据销售业务流程建立风险识别机制，针对销售、回款、客户回访等不同环节制作《风险评估表》，对不同环节的合规风险、预防措施、负责人职责等内容进行例举。

3. 分析合规风险

分析合规风险是企业对其不合规的原因、来源、可能承担的法律后果等情况进行分析的过程。其目的在于，通过风险分析来确定风险的等级，方便企业根据风险等级及时采取不同的风险化解和处置措施，以最大限度地避免法律风险的产生。企业不仅要对合规风险产生的可能性进行分析，最重要的是要对合规风险的影响程度进行分析，比如法律责任的类型、可能带来的损失、后续整改的难度等。

4. 处置合规风险

处置合规风险是合规风险管理流程的最根本目的，是企业通过采取一系列措施，从而避免合规风险产生。企业应针对不同的风险类型、风险等级采取不同的处置策略，例如化解风险、转移风险、降低风险损失等。合规风险处置过程中，需要企业制订风险处置计划，合理配置企业资源，明确不同部门的责任，落实奖惩措施。

（四）举报机制

《指南》《商业银行合规风险管理指引》等明确规定企业应该建立举报机制，举报机制也是企业发现自身合规风险的重要渠道之一。

1. 举报主体

企业建立举报机制，举报主体不应该局限在企业内部员工，企业也应该鼓励外部人员对本企业不合规行为进行举报。例如，在反腐合规中，由于员工吃回扣、接受礼品等违规行为隐蔽性强，很难发现，企业可以鼓励其商业合作伙伴对员工的违规行为进行举报。

2. 举报渠道

除了常规的电话举报、信件举报，企业可以积极开拓新的举报渠道，比如电子邮件、网站投诉等，有条件的企业也可以考虑建立专门的接受举报部门，负责收集各类举报信息。

3. 举报保护

担心打击报复是很多举报者不想举报的重要原因，因此企业要想发挥举报机制的效果，就要建立举报人的保护机制。比如可以采取匿名举报、严惩报复行为等措施保护举报人的合法权益。

4. 举报奖励

要想提高举报人的积极性，企业可以设立丰厚的举报奖励，可以是物质奖励，也可以是职位的晋升，形式没有限制，企业可以根据自身情况灵活确定。

（五）问责机制

《指引（试行）》《商业银行合规风险管理指引》等明确要求企业建立有效的合规问责机制，对违规行为及时开展调查、严肃追究违规人员的责任。对于企业而言，企业性质不同可采取的问责措施也不同。非国有性质的企业可以根据员工的违规情况，作出警告、降职、降薪、调岗、解除劳动合同等惩罚措施；对于国有企业而言，除了可以作出上述常规的处分外，还应该结合《中国共产党纪律处分条例》规定，对党员员工作出警告、严重警告、撤销党内职务、留党察看和开除党籍的处分。

问责机制除了能够帮助企业惩治违规行为，还有一个更加重要的作用就是帮助企业明晰个人责任和企业责任。实践中，通常情况下很难对企业员工的个人违规行为与企业的单位违规行为进行区分，为了防止企业为员工的违规行为埋单，问责机制需要明晰不同岗位、不同部门的主体责任，明确违规责任的范围和边界，做好违规人员与企业的风险隔离。

（六）合规文化

企业合规文化是指，企业在合规管理过程中形成的合规理念、合规价值、守法意识等内容的总和。企业合规文化是企业文化的重要组成部分，也是企业合规管理体系的基本要素。我国保监会颁布的《保险公司合规管理办法》以及国务院国资委颁布的《指引（试行）》都明确要求企业在合规建设过程中要推动合规文化建设，培养全体工作人员的合规意识。

企业可以采用多种形式培养企业合规管理文化，比如可以制定合规手册，对合规的意义、内容进行明确说明；也可以在员工入职时要求其签署合规承诺书，让员工自觉遵守自己作出的合规承诺；也可以定期对员工进行合规培训，提升员工履行合规义务的意识和能力。只有采取多种措施为员工塑造“知法、懂法、用法”的文化氛围，才能按照企业的合规要求和目标对外承诺，从根本上减少刑事法律风险的发生。

二、专项问题有关的刑事合规

企业刑事专项问题合规是指，针对企业的专项项目或者重点领域，识别、评估具体项目或者领域中存在的法律风险。具体可以包括合规调查、专项刑事风险评估以及专项刑事风险处置三个环节。企业专项刑事合规的意义在于，针对企业风险高发的专项或者重点领域，通过开展合规调查，使企业了解其自身行为是否构成犯罪以及他人的违规行为会给企业带来何种影响，并通过刑事手段解决纠纷和维护权益。

（一）专项合规流程

1. 合规调查

合规调查可以分为内部合规调查和外部合规调查。内部合规调查是指企业指派公司法务部门或者合规部门，对企业的项目、重点领域、合作伙伴等进行的专项调查活动。外部合规调查是指企业委派律师事务所等独立的第三方机构对企业可能存在的合规风险进行调查的活动。现在也有很多律师事务所在政府的监管下开展“合规尽职调查”业务，其目的就是帮助企业识别风险、提出完善合规体系建议。

2. 专项刑事风险评估

合规调查之后就需要对调查中出现的问题和隐患进行系统的风险评估。现在很多企业在签订重大合同或者作出重大决策时会就有关法律风险问题，委托专门的律师事务所进行风险评估。大多由律师出具专业的法律意见书，对企业专项合规风险进行评估定级，并给出处理意见。

3. 专项刑事风险处置

专项刑事风险处置包括一般的专项刑事合规风险处置以及紧急事项合规风险处置。专项刑事风险评估后，会根据合规风险的严重程度、发生概率、紧迫性等来确定风险等级，如果出现紧急的合规风险，则需要企业及时作出应对策略。其中包括核心证据的保全收集、调查讯问的应对、涉嫌罪名的法律分析、诉讼策略的制定等。因此对于企业而言，除了要建立专项刑事风险处置机制，有条件的还可以聘用合规顾问，及时帮助企业处理紧急的合规风险。

（二）常见专项问题合规

由于专项问题合规风险具有紧急性、突发性、处理难度大的特点，所以企业要结合其所处行业的特点、自身的经营模式来确定合规审查的重点领域。常见的合规专项重点领域如图 1－5 所示，具体如何对重点领域的合规进行审查，本书将在第三章中进行详述。

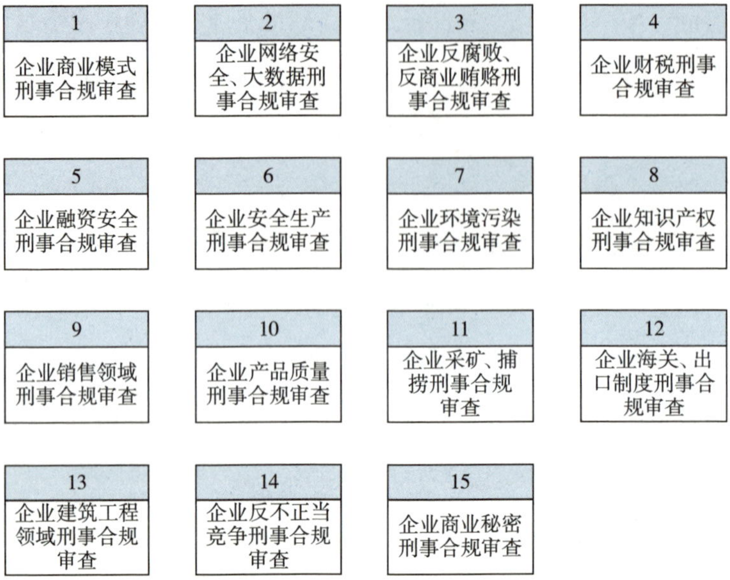

图1－5　常见的合规专项重点领域

三、紧急事项相关的刑事合规

不同于常规事项的规模化、体系化的刑事合规，针对紧急事项的合规处理就需要确保有关突发公共事件预警与应对流程具有及时性、应急性的特征。紧急事项的刑事合规大多分为突发公共事件、自然灾害、不可抗力事件等类型，其旨在关注社会环境的局势、灾害预警与应对，得以有效控制风险与限制损害范围。

在企业内会设置安全委员会、安全委员办事处、各地环境安全保护部等各层级组织或机构，以应对及处理紧急事项，分别负责与履行决策、管理、执行“三层级”的工作（见表1－4）。

（一）突发公共事件

企业会面临的突发公共事件包括相邻地区、国家进行生物实验、大规模杀伤性武器实验，大规模流行病、传染性疾病的暴发，突发政府干预，政府禁令，本地区、国家发生战争，企业所在地区、国家遭受恐怖袭击，导致企业无法及时采取有效措施应对，影响正常生产经营等各类情况。

表 1-4 企业突发公共事件合规管理——“三层级”职责

决策层——安全委员会	组织制定、完善突发公共事件应急救援预案体系；及时指挥、协调突发公共事件的应急救援行动
管理层——安全委员办事处	草拟突发公共事件应急救援总体预案；整合各项应急资源；规范专项预案；汇总分析信息，提供应急决策服务；建立预警机制并统筹企业预警信息发布工作；启动应急演习；组织、协调和指挥相关部门、单位参与应急救援工作
执行层——各地环境安全保护部	草拟各地突发公共事件应急救援专项预案；整合各地各项应急资源；汇总分析信息，提供应急决策服务；建立预警机制并统筹各地预警信息发布工作；组织各地综合应急演习；组织、协调和指挥各地相关部门、单位参与应急救援工作

在各类公共事件发生后，企业内部合规组织应及时建立突发公共事件总体应急预案；应急预案应当包括针对各类突发公共事件的应急方针、政策、应急组织结构及对应的职责，其中不限于各类应急行动、措施和保障基本要求及相关程序。此外，企业内部合规负责人还应当对此事件专设突发公共事件应急领导小组，统一领导企业突发公共事件应急工作，以避免各部门职责相互冲突，出现“搭便车”、互相掣肘的情况。除了应对突发事件的应急领导小组，为减少和预防意外事件的发生，还应下设生产安全事故应急工作小组，作为日常办事机构。突发公共事件发生后，应立即成立突发公共事件应急指挥部以及其他基本应急行动组，负责具体领域、不同行业的突发事件。各基本小组之间应当明确各自的职责，例如，应当明确突发事件发生后的信息报告内容、流程以及各层级岗位联络人的联系方式。此外，还应在事前、事后建立突发公共事件预警与事故报告机制。明确相关部门和岗位对突发事件的监控职责，并对各种可能发生的突发公共事件进行预警。

在突发事件发生后还应当建立企业内部合规应急响应机制，明确应急响应级别、响应流程、启动条件以及对应的处置措施等。突发事件发生后，应当严格按照先前制定的程序要求，建立全面的灾后恢复与重建机制；各层级应当具体贯彻落实，逐步推进善后处置工作。在相关完整的合规突发事件处置机制完成后，还应对特别重大突发公共事件的起因、性质、影响、责任、经验教训和恢复重建等问题进行调查评估；依据评估结果分析现存问题，以改进和优化后续合规机制。

（二）自然灾害

企业面临的自然灾害所包括的合规事项大多是指发生火灾、雷电、洪水、地震、海啸、泥石流、滑坡，毁坏公司基础设施、生产设备，造成人员伤亡和严重财产损失，导致公司生产经营不能正常开展。

与上述突发公共事件类似，也是由三级部门负责相关任务，“三层级”所负责的具体任务如表1－5所示。

表1－5　企业自然灾害合规管理——“三层级”职责

决策层——安全委员会	组织制定、完善自然灾害应急救援预案体系；指挥、协调自然灾害应急救援行动
管理层——安全委员办事处	草拟自然灾害应急救援总体预案；整合各项应急资源；规范专项预案；汇总分析信息，提供应急决策服务；建立预警机制并统筹公司预警信息发布工作；组织综合应急演习；组织、协调和指挥相关部门、单位参与应急救援工作
执行层——各地环境安全保护部	草拟各地自然灾害应急救援专项预案；整合各地各项应急资源；汇总分析信息，提供应急决策服务；建立预警机制并统筹各地预警信息发布工作；组织各地综合应急演习；组织、协调和指挥各地相关部门、单位参与应急救援工作

在灾害应急预案方面，应根据国家法律法规规定，结合企业实际情况，建立健全灾难应急预案，并形成受控文件。相关合规负责人应积极成立应急领导小组、工作小组及专家组，明确各组的具体职责及指挥体系，各小组成员必须事先进行灾难事故处理的培训。建立灾难事故报告机制；通过培训等使灾难应急预案、应急机构及报告机制为全体员工所知晓；广泛开展灾难预防宣传教育活动，让员工掌握避险、互救、自救、减灾、逃

生等基本知识和技能。实行特殊岗位资格认证制度，持证上岗。定期及不定期开展应急预案演习，并记录其结果；对灾害危险源进行辨识及即时监控，并记录其结果；安装预防装置，减少和防止灾难事故发生，对上述装置进行经常性维护管理。在灾难发生后，相应的领导小组、指导小组和专家组应及时到达现场进行指挥并行使相应的职能；相关领导接报后应立即到达现场，实施现场处置指挥工作；灾难发生后，应立即启动应急程序，尽可能降低灾难对公司造成的损失。受伤者伤势严重或无法现场处置的，立即拨打“120”急救中心电话。有程序地处理事故，最大限度地减少人员和财产损失，做好事故现场的保护工作，以便在灾后开展恢复工作。

在灾难恢复阶段，应积极建立健全灾难恢复计划，明确在工作过程中受到严重损坏时保证不间断生产和客户服务管理的职责和程序；成立灾难恢复管理小组并进行培训；灾难恢复计划及灾难恢复管理小组应为全体员工所知晓。灾难恢复管理小组应确定恢复目的及相应的理由和依据，查找出组织可能会遇到的各种威胁和故障，并按轻重缓急进行排序。灾难恢复管理小组要制定恢复方案和明确进行恢复工作的组织。灾难恢复管理小组应第一时间通知客户关于灾难的损失情况，并定期报送灾后恢复方案及其进展情况。对于短期内无法恢复生产的，灾难恢复管理小组应组织转厂生产；对于短期内可以恢复生产的，灾难恢复管理小组应及时与客户沟通，并采取大客户优先供货原则。对灾难事故中出现伤亡的人员，按照国家有关规定妥善进行抚恤、安置并做好其亲属的安抚工作。应急状态终止后，应急机构应对事故原因进行调查并对应急救援能力进行评估，灾难恢复管理小组应对灾难恢复能力进行评估，并对相关应急预案和恢复计划进行修订。应急处置结束后，事发单位应立即组织分析评估经济损失，评估本单位应急反应的人力、器材、组织执行系统等是否能满足应急反应的需要等。灾难事故得到控制或消除后，事故单位应采取或继续实施必要措施防止发生次生、衍生事件或重新引发灾难事故。

5

第五节　原则：先“合法”再“合规”

合规原则是企业合规管理的指导原理和准则，贯穿于整个刑事合规体系之中。根据国家发展改革委发布的《指引》，将涉外企业的合规管理原则分为“三大原则”，即独立性原则、适用性原则和全面性原则。而国务院国资委颁布的《指引（试行）》则将中央企业的合规管理分为“四大原则”，即全面性原则、独立性原则、适用性原则和客观性原则。可见不同类型企业的合规管理原则也各不相同。经过归纳总结，笔者认为企业刑事合规应当包括以下六大原则：全面性原则、灵活性原则、责任性原则、独立性原则、有效性原则及持续性原则。

一、全面性原则

国务院国资委发布的《指引（试行）》中将全面性原则定为企业合规管理的首要原则。所谓全面性原则是指企业刑事合规的范围要覆盖企业的各环节、各业务流程、各业务部门及全体员工。对于企业而言，其经营的每个环节都可能会发生刑事法律风险，只有刑事合规具备全面性原则，才能够帮助企业识别不同的刑事合规风险，最大限度地帮助企业实现长远发展。

全面性原则的核心在于做到“事事合规、人人合规”。首先，企业的管理层，比如董事会、监事会、总经理等高级管理人员，应该充分重视刑事合规的重要性，履行刑事合规的管理职责，达到对刑事合规的整体运行和宏观策略负责的效果。其次，企业各部门、各分支机构也要熟知与本岗位相关的刑事合规内容，学会主动识别刑事合规风险并对自己岗位职责范围内的合规性承担责任。最后，企业的合规部门应该积极宣传刑事合规政策、开展合规培训，营造良好的合规氛围。

二、灵活性原则

灵活性原则与全面性原则相对应，全面性原则虽然是刑事合规的首要原则，但是刑事合规在全面推行过程中也要有所侧重。灵活性原则要求企业结合自身特点、行业情况等具体内容来确定自身刑事合规的重点，以及采取何种专项问题合规措施。

不同的行业，刑事合规的侧重点也有所不同。以大型的央企、国企为例，企业内部的腐败问题，是企业的高发刑事法律风险，也是比较难处置的法律风险。因此很多国企、央企都针对内部腐败问题制定了很多反腐的制度和措施，这正是灵活性原则的体现。对于劳动密集型企业而言，其往往会对安全生产领域的刑事合规付出更多的精力；而销售型企业可能对产品质量领域的刑事合规更加关注。

刑事合规的灵活性原则还体现在企业可以通过采取不同的方法，来帮助企业实现刑事合规。比如企业可以通过采取多种风险识别方法，来帮助企业识别刑事合规风险，常见的方法有识别访谈法、调查问卷法、权力识别法等。

三、责任性原则

国务院国资委发布的《指引（试行）》也对责任性原则进行了明确的规定，要求企业在实行刑事合规过程中要强化责任、区分责任及落实责任。

（一）强化责任

强化责任是指企业的主要负责人为企业刑事合规的第一责任人，同时要建立全员的合规责任制度。对于容易发生合规风险的重点岗位的员工要强化责任考核与监督。比如对于医药行业而言，要强化医药销售代表等高风险岗位的职责。

（二）区分责任

企业在落实刑事合规过程中，要区分个人责任和企业责任，防止企业为个人的不合规行为埋单。企业要明确各个岗位的责任范围，尤其是董事、监事、经理等高级管理人员的责任范围，公司重要岗位出现法律风险时要及时采取风险隔离的措施。

（三）落实责任

企业要不断完善违规问责制度，发现违规行为及时对责任人作出处分。企业一方面要不断细化惩罚标准，及时对员工的违规行为开展问责调查并作出相应惩罚；另一方面还要畅通举报渠道，针对反映的线索和问题，及时开展违规行为调查，并根据调查结果追究违规人员的责任。

四、独立性原则

独立性原则是指企业要建立单独的合规部门或者组织，令其作为刑事合规策略的制定者和监督者，并在独立的环境下单独运行。

独立性原则对于企业而言应该包括四个核心要素：第一，合规部门在企业中应该有独立的地位，不受其他部门的干涉和影响。第二，应当由一名企业负责人来负责刑事合规的运行，负责管理刑事合规部门。第三，刑事合规部门的人员构成要避免出现利益冲突，避免其合规职责与其他职责相互影响。第四，合规部门的员工必须有一定的权力，确保其能够获得履行合规职能所需要的信息。因此，根据上述四个核心要素，可以把刑事合规的独立性原则分为两大部分，即合规负责人的独立性及合规部门的独立性。

（一）合规负责人的独立性

合规负责人应该由一名高级管理人员担任，并且其合规职责与其他职责之间不得出现利益冲突，不得兼任财务、审计等其他核心职责。应该确保其有独立履行合规职能的权力，如知情权、调查权等。此外，合规负责人还要负责合规部门的监督和考核，并按时向公司决策层作报告。

（二）合规部门的独立性

企业的合规部门在企业中应该具备正式、独立的地位，与其他部门之间相互独立，合规部门人员也应该与其担任的其他职责之间不存在任何利益冲突。同时，合规部门应该具备独立的知情权和调查权，以确保其能够履行合规职责。

无论是合规负责人还是合规部门，其独立性应该具备一定的相对性，其在行使权力时也要接受公司管理层的监督，并按时向管理层作报告。

五、有效性原则

有效性原则是指企业在推行刑事合规过程中，要确保刑事合规的有效性。有效性可以分为两个层面，一是合规组织的有效性，二是合规规范的有效性。

（一）合规组织的有效性

企业要赋予合规组织一定的权力，以确保合规组织可以履行合规的职责。同时企业的其他部门，如审计部门、法务部门等，还要积极配合合规组织开展合规建设工作，通过企业多个部门之间的高效协作，以确保合规组织的有效性。

（二）合规规范的有效性

一方面，企业要了解其经营所在地区、行业、产品等相关的外部合规规范。另一方面，要根据外部合规规范以及自身的组织结构、商业模式、业务范围等特点来不断地调整、充实、补充企业的内部合规规范，以确保企业合规规范的有效性。

六、持续性原则

持续性原则是指企业的刑事合规体系是一个动态的、持续的过程，从企业实施刑事合规开始，将一直为企业的可持续发展保驾护航，直至企业消亡。除此之外，企业刑事合规还要在实践中不断丰富、完善、改进，以便更好地运行。

（一）持续更新

企业的刑事合规义务一方面来自外部的法律法规等规定；另一方面则来自企业的合规承诺。二者都不是一成不变的，尤其是外部的合规义务。国家的法律法规、政策方向，企业主管机构的指导意见、监管规则等都可能随时发生变化。这就要求企业持续关注、跟踪上述合规义务的变化情况，持续更新自身的合规承诺，避免因为合规义务发生改变而导致企业出现不合规行为。

（二）持续改进

除此之外，企业的合规管理体系也要不断改进，尤其是合规组织，要积极听取外部意见，不断提升自身合规管理水平，以便更好地保障合规体系的稳健运行。

（三）合规文化

要想从根本上保障企业刑事合规的持续性，就要形成企业刑事合规文化，塑造“知法、守法、用法”的良好氛围。只有企业管理者、企业员工的法律意识提高了，才能从根本上确保企业刑事合规的持续性。

CHAPTER 2
第二章

企业刑事合规体系建设：手把手、步步走、建体系

诚如王弼所言，“无讼在于谋始，谋始在于作制”，现代企业刑事合规的价值和意义也可以从中体现。企业想要在刑事合规方面没有讼争，就需要深谋远虑、未雨绸缪；而其最重要的工作在于“建章立制”，即创建企业刑事合规体系，从根源上减少未来刑事犯罪的隐患。企业刑事合规属于合规范围内最低限度的合规要求，也是公司治理的基础条件之一。因刑事责任乃是企业经营发展的“高压线”，使得刑事合规对于企业来说也是“双刃”的：如果企业能够满足刑事合规的要求，则可以最大限度地发挥熟悉规则乃至运用规则的优势；反之，企业若不符合或不了解刑事合规，就会面临刑事处罚，甚至威胁企业未来的生死存亡。

“刑事合规”一词，简言之就是企业需要“合乎规则”，尤其是刑事方面的规则。企业刑事合规总体上通过对不同法律监管领域的要求、措施、指引的回应，将企业合规的制度规则与实践操作不断结合，同时借鉴与引入刑事法的理念，最后呈现出“企业合规刑事化”的发展趋势。曾有学者戏称，“中国的企业家不是在监狱，就是在通往监狱的路上”。虽内容的确有夸大成分，但也形象地展示了近年来政府层面对企业刑事合规的重视程度不断加深，企业层面各企业家的意识也逐步从“要我合规”向“我要合规”转变。尤其在 2018 年“中兴事件”与“华为事件”相继爆发，使我国政府和企业逐步认识到刑事合规在全球视野下对于企业可持续发展具有重要意义。

对我国大多数企业而言，现阶段刑事合规的问题并非围绕企业已经建立、健全的合规制度能否有效发挥作用，具体实际运转如何优化提升而展开，而是普遍处于拟建立“纸面计划”有效性问题的阶段，甚至部分企业尚未建立基础的刑事合规体系，所以有关刑事合规包括哪些构成制度、各环节需要符合什么构建标准才算有效才是目前的重点。

企业刑事合规的管理体系大致由组织架构、基本制度及配套保障“三大体系”共同组成，如图 2 –1 所示。此外在“三大体系”中又分别下设

“十二项核心要素”，分别是企业刑事合规组织架构、企业刑事合规制度体系、企业合规宣传与培训、合规文化、企业刑事合规风险管理、合规审查、企业合规审计、合规考核与评估、企业违规管理与问责、合规信息举报与奖励、企业合规管理信息管理等基本要素。

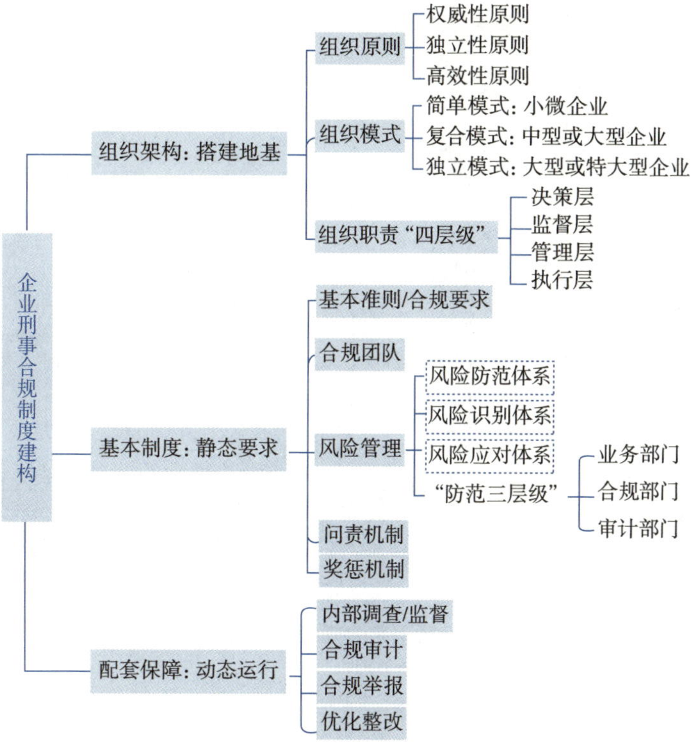

图2－1 企业刑事合规的管理体系

本章内容围绕“三大体系”“十二大核心要素”入手，手把手讲解、分析刑事合规体系的建立全过程，努力实现刑事合规的“全面系统、责任共担、协同联动、客观独立、落地有效”等目标。除上述所介绍的一般、通行的企业刑事合规制度之外，鉴于各企业的业务领域、发展方向各异，公司还应当根据自身实际情况与特点，“量体裁衣”式建立和健全刑事合规管理体系。这就意味着“个性化定制”的刑事合规体系需要既能与企业经营范围、组织架构和业务规模相适应，又能达到内部合规风险控制与外部合规要求有效结合的目标（见图2－2）。

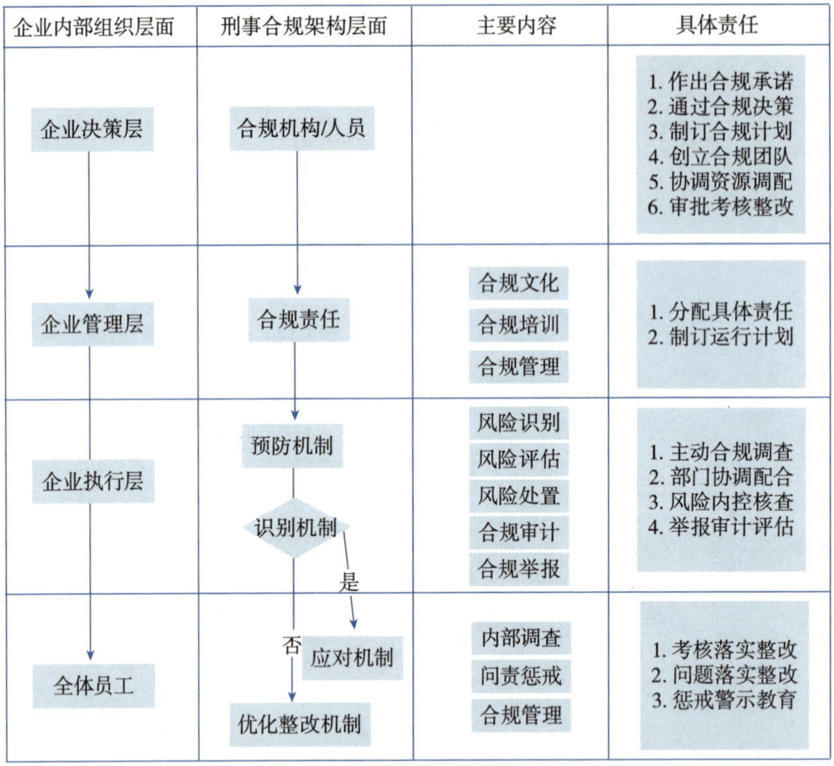

图2－2 企业刑事合规管理体系基本结构

1

第一节 组织架构

随着社会经济的迅速发展、技术手段与生产力工具的日新月异，企业及企业管理者身处企业经营的内外环境也不断发展变化。为使企业在资本市场的浪潮中“扬帆远航”，企业“掌舵人”在选择适合的风险管理方式时，需要了解与筛选各类管理模式和治理方法。然而，实践中企业为达到资金迅速回笼的目的、减少整体运行的成本压力，使得企业管理者几乎没有试错的时间，甚至会面临“下错一步，便满盘皆输”的风险。但不可否认的是，合规组织架构的选择和建设是企业建立刑事合规机制这栋大厦的“地基”式工作，也是提升合规沟通能力、降低各部门组织协调成本、高效开展合规工作的前提。因此，如何在各类合规组织模式中筛选出符合企业规模体量、适合发展目标、顺应监管要求的一款组织架构，是企业实现其价值目标的首要任务和基本保证。

一、何为组织架构?

“欲致其高，必丰其基。”企业刑事合规组织的构建是企业建设合规管理制度进而实施合规管理的基础载体。建立独立、高效、协调联动的企业合规组织，是企业合规管理制度的重要组成部分，也是企业跨越“纸面合规计划”、实际有效实施合规管理、依法治企的根本保障。企业合规管理制度的顺利运转、具体合规工作的有效开展必须以建立自上而下式组织架构为前提，其特点是可以贯穿企业内部组织、机构、业务、流程、人员全方位。

我国企业家“锒铛入狱”的鲜活案例近年来屡见不鲜，很多企业甚至知名国企、跨国公司都难逃厄运，陷入刑事责任的泥潭。一个企业中有效的组织架构模式能够保障刑事合规责任“对接到人、负责到岗”，能够明确不同层级间合规管理职责和汇报路径，以确保企业刑事合规机制高效运行。

很多企业之所以走上违法犯罪的道路，往往是因缺乏适宜、确定、具体的合规组织模式。若企业内部存在有关刑事合规履职主体空缺、履职范围模糊、履职责任抽象等问题，那么在实际合规体制运行中就容易导致合规风险防控、处理等各方面出现无人履职、表面履职、应付履职的现象。

搭建企业合规组织架构，首先需要了解其基本内涵。最早可以溯源到巴塞尔银行监管委员会于2005年提出的企业需要建立合规管理部门以及企业合规组织架构，后者涉及的机构或组织主要包括董事会、高级管理层、合规管理人与合规部门等。搭建企业合规的组织架构就是以合规为目的在企业内部各层级间搭建可以高效进行合规信息交流的关系网络、运行模式。在进行合规组织设计时，应当明确以下内容：需要进行合规交流的责任主体、具体履职内容及其组织类型；将各环节、各阶段合规信息交流履职方和管理对象相匹配，并对履职情况、履职状态、履职问题等逐一进行记录、整合、反馈并不断优化。

二、如何构建组织架构？

（一）组织架构的设计原则——权威、独立、高效

在讨论企业刑事合规制度的组织模式建立标准时，应该首先考虑企业自身的规模和体量。依据2011年国家统计局发布的《大中小微企业划分

标准》，将不同规模的企业依照其行业类别、营业收入、从业人员等指标分为“大型、中型、小型、微型”四大类别。众所周知，合规是有成本的，不同规模下企业经济承受能力、需要符合的合规要求也不同。并非所有的企业都需要设置完整又独立的合规部门或机构，而企业具体采用哪种刑事合规的组织模式，取决于企业的公司结构、经营规模、业务和产品线的运营管理模式，以及政府监管和所在行业所面临的合规风险。如西门子公司，40 多万名员工仅有 6 名合规监管人员，与其企业规模是极不匹配的，因此其合规组织模式的设定被认为是无效的。

刑事合规组织构建需要注重满足企业本身“个性化定制”需求，此外一般性刑事合规组织建立还需要符合通行的“三大设计原则”。设计原则是指导合规组织协调运转的基础，即权威性原则、独立性原则、高效性原则（见表 2－1）。

表 2－1　企业组织架构的“三大设计原则”

权威性原则	履职人员职位要求：在实际履职时需要有较高话语权、决定权
独立性原则	履职内容与范围要求：能够与其他部门基本分离，避免“搭便车”现象
高效性原则	履职方式要求：具体履职时各部门协调配合，降低沟通成本

权威性原则要求在企业内部合规部门或负责人能够有较高的行政级别或职位，能够在具体行使合规职权和公司治理中有较高的话语权和决定权。甚至在必要时需要利用其权威优势对个别合规风险存疑的业务或流程提出质疑或监督，完成对所涉风险的识别、分析、应对；在整合汇总后对公司决策层进行汇报并提出处理建议。如上所述的各环节都需要合规负责人“力排众议”、顶住压力履行合规职责，这意味着对合规履职人员的职位要求必不可少。独立性原则是要求企业合规履职内容能够与公司财务、业务、经营管理等其余领域做到基本分离；否则多个部门同时行使同一项权力时就会出现权力交叉、混同乃至“搭便车”现象，即互相推诿不作为、从“多人管”向“无人管”的趋势发展。权威性原则与独立性原则的

指引使得合规组织地基牢固，而高效性原则保障合规组织得以顺利运行与高效配合。如果将合规事务的制度建设与履职要求镶嵌于企业经营管理的各环节与流程之中，则可以为后续合规管理节省不少时间和成本，从源头上减少了因合规风险内控机制衔接问题而导致违规损害后果持续扩大的可能性。

目前企业刑事合规组织架构主要有三种模式：一是独立模式。企业本身规模与体量较大，或基于该企业所在行业、领域处于重监督、重管制的特殊地位，使得企业常设立独立的、专门的合规部门，以统一与整体地负责企业的合规管理，如关系国民命脉的医药、金融等行业。二是简单或合并模式。常见于企业规模较小或者所涉及合规风险较低，通常不设立独立的合规部门，而是在法律部门下设合规分部或任命合规专员履行合规管理职责，履行基础的企业刑事合规职责。三是混合模式。常见于我国中型、大型企业，通常采用合规部门与其他部门相结合的形式，例如，法律、内控、审计部门等，其中根据合规部门在此模式中所发挥的作用与地位不同又可以细分为不同的运作方式。

（二）看“大厂”的组织架构

1. 简单模式——小微企业渡过难关的重要推手

通常小微企业的合规要求与大型企业显著不同，例如，2014 年，有学者研究了 497 家标准普尔 500 指数公司（在美国多指上市公司）和 100 家小微公司关于合规要求的长度差异，明显发现上市公司的合规要求通常更长一些，平均为 226.7 句，而后者仅有 117.2 句[①]。这意味着小微企业对于合规的要求与组织体系的建立差异性是有需要且有必要的。

不同于刑事合规制度发源地的欧美国家，我国刑事合规制度的适用主

---

① See Maurice E. Stucke. In Search of Effective Ethics and Compliance Programs[J]. The Journal of Corporation Law,769, 821 (2014).

体并非大多聚焦在跨国大企业，所以侧重保护与关注的业务范围也不仅限于境外。面对 2019 年开始席卷全球的新冠肺炎疫情，在经济形势下行和资本市场受创的营商环境下小微企业可谓举步维艰。其中不乏大批小微企业为公司生计而被迫“铤而走险”，在此背景下如若再遭受刑事处罚，则无疑“雪上加霜”。所以面对近年来严峻的经营形势，刑事合规逐渐成为司法机关助力小微企业渡过难关的重要推手与法律层面的制度保障。这也促使很多小微企业在生死存亡之际遇到突发事件后不断呈现出对刑事合规制度建立的强烈需求和动力。

实践中，基于小微企业业务多单一且面临的合规风险程度较低，为便于企业更为直接地参与合规管理、减少合规成本的投入，往往企业内部会设立较为简单、单一的合规负责机构或人员，具体负责合规人员也大多为兼职，合规履职的独立性大多不强。

2. 复合模式——中型或大型企业合规个性化的结果体现

上述简单模式下的企业合规组织形式在我国并非多数，而大多以“复合模式”存在于中型或大型企业刑事合规制度中。以企业内部合规部门与其他职能部门相互配合的方式共同协调、互相联动的方式，完成对企业刑事合规的筛查、管理与应对。在此模式下，根据合规部门与其他职能部门之间所发挥的作用与运作方式的不同，又可以细分为两大类，即合规部门配合其他职能部门、合规部门主导其他职能部门。

（1）合规部门配合其他职能部门——整改速度快、成本低。

在刑事合规制度试点工作的推进下，许多央企或国企作为各领域中的示范标杆，为符合刑事合规改制的要求，在企业原有的法务部下设合规处，将“法律事务部”变更为“法律合规部”。例如，中国中铁股份有限公司新改革的合规管理模式，就是将原有法律部改革为法律合规部。中国中铁股份有限公司在官网中载明，“公司建立由合规综合、专项、参与管理部门组成的‘三位一体’的合规管理模式。合规综合、专项、参与管理部门统称为合规管理部门。合规综合管理部门负责以规章制度综合管理为抓手，建立并持续完善合规管理体系；合规专项管理部门负责合规审核、合规检查、违规查处、合规评价和合规考核等专项管理工作；合规参与管理部门负责各自业务相关的合规管理工作”。

在此模式下，大多数企业将现存的公司法务部或者法律事务部的管理职能与未来需履行的合规管理职能相结合、规整到统一的法律合规部门之中。即在一个法律合规部门里同时对企业的法律事务和合规管理两项职能进行规范、管理、应对。鉴于公司本身就设有法务部，在此基础之上如果增设合规部，相对所需要投入的成本低、更新速度快。

将原有的法律事务与合规事务整合在新设的“法律合规部”统一完成，由一个部门完成两项职能：对内沟通更便利、配合也更顺畅；对外开展合规工作时也有法务部的有力支持，可以节省各部门间的协调成本。

（2）合规部门主导其他部门——独立性强。

除上述两个职能部门结合、合并为“法律合规部”以外，也有将风险管理和审计等多个职能部门整合、合并为“法律合规部”的模式。但与上述模式中所提到的多个职能部门合并、重组的形式不同，前者多需要合规部门扮演配合角色，而在此模式下更需要合规部门发挥主导与支配作用。

以招商局集团①为例，招商局集团采用的合规改革模式就是将法务、审计、风控等多职能部门合并，在原有职能部门的基础上增加了合规管理人员。招商局集团作为国资委合规管理体系建设的五家试点央企之一，早于2016年就开展了合规管理体系的试点工作。其以风险管理部（又称法律合规部）牵头，组织各部门、各下属试点企业建立贯穿治理层、管理层和执行层的合规管理组织体系，完善纵向、横向的合规管理制度体系建

---

① https://www.cmhk.com/main/hggl/hgsc/.

设，开展重点领域的合规管理与合规检查。

鉴于对合规风险的识别与预防可以作为其他业务部门开展后续工作的前置条件与政策保障，这意味着合规负责人需要充分发挥其主导与支配作用，合理调配其余职能部门的合规资源，达到合规风险防控与开展部门业务的动态平衡。

以合规部门为主导，需要其余职能部门配合共同进行合规管理的模式（“GRC 模式”）也在国内部分企业中得到了应用。例如，上汽大众公司就以 GRC 模型建立其合规组织架构。“GRC”全称为“Governance，Risk and Compliance”，是指在此平台下以合规风险管理为导向，通过风险管理模块（Risk Management）、流程控制模块（Process Control）和访问控制模块（Access Control）三个方面为企业提供全方位的风险管理平台、内部控制管理平台和访问权限管理平台。这在很大程度上融合了公司治理、风险控制与合规管理，将公司资源进行最大限度的整合，并依靠其独立性保障合规、审计、风控等多个部门共同开展工作。

3. 独立模式——大型或特大型企业风险隔离的必备良药

在社会分化复杂化的趋势下，如企业规模体量庞大、内部结构复杂，还一味要求企业高层对企业各项事务都能达到事必躬亲、亲力亲为的水平，的确有强人所难之嫌，所以这就意味着在企业内部建立能够独立运转、独立履职的合规部门或机构是有必要的。

在规模较大、合规事务较多的企业内部设立独立的合规部或合规管理委员会，意味着企业内部通常需要建立专业的合规管理部门、任命首席合规官或总监等作为合规管理总负责人。因其具有独立性的特点，所以此部门不仅需要有管理职责，还需满足监督、建议、调查、问责、整改、优化等多项职能。

合规管理总负责人负责领导合规团队开展工作，相较于其他模式下合规部门的履职方式，此模式下合规履职的独立性更强、团队专业能力更强；因与其他职能部门牵扯较少，使得合规工作运转效率更高、沟通成本也更低。当然形成独立高效模式的前提是企业投入大量的资金、人力等资源成本；同时对合规管理人员合规专业能力要求也较高，需要合规人员既要熟悉刑事合规要求，又要了解企业内部各项业务流程。以跨国企业西门子为例，其在公司内部就设立了独立的合规管理部门来负责公司的合规管理工作。

4. 合规组织的具体职责——“四层级”下多角度合规

在对合规组织架构的设计原则、设计模式逐一分解后，有关合规的各项具体职责的划分与承担就落在了“四层级”上，即决策层、监督层、管理层、执行层，“四层级”互相协调与联合运转。目前各部门所颁布的合规管理的国际标准、指南以及我国国内标准指引、指导、政策对合规组织具体职责的规定各不相同。去除各类企业受自身发展阶段、行业业务领域、经营地域环境、所有制性质等影响，各类行业内部的合规组织职责大多围绕“四层级”展开，具体各层级所需承担职责如表2－2所示（以国务院国资委颁布的《指引（试行）》为例）。

表2－2　企业刑事合规组织“四层级”具体职责

所属层级	组织名称	具体职责
决策层	董事会	审批合规管理计划、基本制度建立、年度报告 推动完善合规管理体系建立 决定和任免合规管理负责人 决定合规管理部门具体设置与职能范围 决定合规管理重大事项 依权对违规人员进行奖惩处置
监督层	监事会	监督董事会决策与流程合规性 监督董事和高管合规管理职责履行 对重大合规风险负主要责任 对董事、高管提出罢免建议 对董事会提出罢免公司合规管理负责人建议

续表

所属层级	组织名称	具体职责
管理层	经理层 （高级管理层）	依董事会决定建立健全合规管理组织架构 批准合规管理具体制度规定 批准合规管理计划和具体措施有效实施 明确合规管理具体流程，确保合规“责任到人” 及时制止纠正违规经营行为 依权对违规人员惩戒或追责
执行层	合规委员会	对合规管理组织进行领导和协调各部门工作 定期召开合规会议 研究决定合规管理重大事项或提出建议 指导、统筹、监督、建议、评价合规管理工作
	合规管理负责人	组织制定合规管理战略规划 参与企业重大决策并提出合规意见 领导合规管理所涉及的各项部门开展工作 向企业决策层（董事会等）汇报合规管理重大事项 组织起草合规管理年度报告
	合规管理部门	总体：组织、协调、监督合规管理具体工作，为其他部门提供合规支持
		制订合规管理具体实施计划、基本制度和细分规定 持续关注法律法规等规则变化 制定与实施合规风险识别和预警 建立企业重大事项合规审查与风险应对制度 开展合规运行后各阶段的审查与考核 督促合规体系中违规整改和持续优化 监督与指导各部门合规管理工作 依权接受违规举报，后续进行调查与应对 组织或协调各部门、人事部门开展员工合规培训
	各业务部门	总体：在各部门领域依权履行监察、审计、法律、内控、风险管理、安全生产、质量环保等相关部门合规责任
		贯彻各部门日常合规管理工作 按照合规要求完善业务管理制度和流程 实施合规风险识别、风险排查、风险预警 组织合规审查，及时向上级通报风险问题 开展定期定点员工合规培训 主动和配合相关合规调查等工作 对发现违规问题及时调查并优化整改

合规管理部门设置与具体职责不限于以上类型，以上仅是简单列举，其余类型与组织架构、具体职责的选择要根据公司业务类型、组织结构、组织资源来确定。此外，尽管不强制也不应强制要求所有企业实施一致的合规组织模式，但不同企业在合规组织模式的选择、努力程度、效果上应该量力而行，进行不同程度的合规组织模式建设和具体职责的规划，大型企业应该为中小企业起到引领、示范作用。在刑事合规组织结构、各层级合规具体职责分配确定后，需要以此为地基向上搭建刑事合规的基本制度。

2

第二节　制度建设

制度建设与完善的过程本质上是一种广泛预防的措施，尤其体现在刑事合规制度是“必需品而非选项”发展趋势逐渐确立后；但对企业刑事合规体系的全面搭建或整改往往牵一发而动全身。从客观角度而言，为满足刑事合规的大潮流要求，在现有法务部或内部体系中增设专职或兼职的合规部或人员，乃至形成体系化、系统化的合规培训和企业合规文化，这势必增加企业的成本负担。此外，仅制订过于细致、概括化的纸面刑事合规计划可能会使企业陷入“装点门面”或束手束脚等极端困局，甚至影响企业的正常经营活动。追溯刑事合规制度引入的法律意义，是希望通过刑罚的威慑与激励作用，督促企业主动对经营内部的违法风险与业务做到识别、预防与制止，达到“悬崖勒马”的效果。所以为避免企业家和经营者出现“可为不敢为”的尴尬局面，现代企业一般采纳了刑事合规“客观有效的‘三层级’评价标准”，即搭建个性化“地基”的刑事合规组织架构后，需符合刑事合规基本制度的“静态要求”标准，还要有能达到“动态运行”的配套制度加以保障，此三层要求共同构成了刑事合规体系有效的评价标准，三者关系如表 2－3 所示。

表 2-3　刑事合规制度客观有效“三层级”评价标准

<table>
<tr><td rowspan="4">（一）
组织架构：
搭建地基</td><td rowspan="4"></td><td rowspan="4">组织职责</td><td>决策层</td></tr>
<tr><td>监督层</td></tr>
<tr><td>管理层</td></tr>
<tr><td>执行层</td></tr>
<tr><td rowspan="9">（二）
基本制度：
静态要求</td><td rowspan="6">实体层面</td><td rowspan="3">合规文化与合规承诺</td><td>合规要求</td></tr>
<tr><td>合规义务</td></tr>
<tr><td>专项合规</td></tr>
<tr><td rowspan="3">合规风险管理</td><td>风险识别</td></tr>
<tr><td>风险分析</td></tr>
<tr><td>风险应对</td></tr>
<tr><td rowspan="3">程序层面</td><td colspan="2">核心流程</td></tr>
<tr><td colspan="2">标准化文本</td></tr>
<tr><td colspan="2">行为指引</td></tr>
<tr><td rowspan="10">（三）
配套保障：
动态运行</td><td rowspan="2">合规审查与报告</td><td colspan="2">合规调查</td></tr>
<tr><td colspan="2">问题报告</td></tr>
<tr><td rowspan="2">合规宣传与培训</td><td colspan="2">合规宣传</td></tr>
<tr><td colspan="2">员工培训</td></tr>
<tr><td rowspan="2">合规审计与考核评价</td><td colspan="2">合规审计</td></tr>
<tr><td colspan="2">绩效评价</td></tr>
<tr><td rowspan="2">合规举报与奖励</td><td colspan="2">违规举报</td></tr>
<tr><td colspan="2">考核奖励</td></tr>
<tr><td rowspan="2">违规问责与惩戒</td><td colspan="2">违规问责</td></tr>
<tr><td colspan="2">优化整改</td></tr>
</table>

一、基本制度

追溯刑事合规制度的基础设计理念之一是将员工个人行为的违规与企业单位行为的责任分割，以期达到“给企业减压，给企业家松绑”的理想效果。刑事合规基本制度的构建不仅包括各类合规组织的协调配合，还需要从实体层面对企业合规文化、合规风险管理等体系进行逐步规范。而进一步贯彻落实则需要从程序层面聚焦企业自身重点领域的专项合规的积极配合、核心流程的有效遵守、标准化文本的准确落实、各业务部门行为指引的持续优化等要素。

在对企业合规基本制度设计方案进行策划时，可以从七个方面考虑，见表2－4。

表2－4 企业合规基本制度的设计方案

构建方向	构建内容	构建要求
WHAT	制度内容	符合合规机制目标、年度合规计划目标
WHY	构建原因	满足合规要求：合规义务、合规承诺
WHO	履职主体	明确合规各层级履职责任主体
WHERE	履职范围	完善所需对接履职组织、业务范围、管理活动等
WHEN	履职时间	明确合规履职的起止时间、持续时间
HOW TO DO	履职方式	具体各环节、各流程操作指引、步骤、方法
HOW MUCH	配套资源	提供各部门合规资源、资金支持、专家意见等

二、配套制度

在企业刑事合规“必需化”趋势的驱动下，许多企业经营者对企业合规的效用仍旧存疑，企业经营利益的追逐与刑事合规的要求看似“独木桥”的两端，但实质上并非“鱼和熊掌不可得兼”。企业主动选择满足刑事合规的各项要求也并非对政策的无奈屈从，并不意味着放弃扩大市场规模、赚取高额利益；而是相较于眼前短期利益的盲目追逐，更在于长期“放长线，钓大鱼”的发展战略考量。应该将企业刑事合规真正落到实处，而不仅仅是搭建一个“空中楼阁”，徒增企业的成本负担。那么，在企业刑事合规基本制度建立的基础上，为了达到合规体系有效运转的目的，就需要逐步搭建合规配套制度，即保障合规制度的“动态运行”的要求，具体制度包括合规审查与报告、宣传与培训、审计与考核评价、举报与奖励、问责与惩戒等多阶段制度的相互配合。

三、重点领域专项制度

由于企业所在领域、行业经营范围、盈利模式、运转管理、监管评价部门等的不同，任何一种概括式理论分类都难以涵盖企业从创立到运营的全部刑事风险。因此，除了“放之四海而皆准”可以在一般企业通用的合规制度外，还应以企业自身所在行业与重点领域合规要求为导向，对于重点监管或有特殊要求的领域进行专项合规制度规定。

目前，我国企业涉嫌实施违法犯罪行为的高发地带，主要涉及破坏市场管理秩序和社会管理秩序的经济类犯罪行为，例如，生产、销售伪劣商品，从事商业贿赂，破坏金融管理秩序，危害网络安全和侵犯个人信息等。企业经营者可以聚焦到企业的常见问题和重点领域上，借此剖析企业管理存在的常见合规漏洞，正如中兴公司就针对自身所在行业特有的刑事合规风险，在出口管制、反商业贿赂、数据保护三项专项合规计划的基础上形成三大专项合规管理体系，从而逐步完善其合规部门，打造中国市场品牌。

四、核心流程、标准化文本、行为指引

企业在具体建立体系化的合规计划时不应“泛泛而谈”停留于表面，而是应从核心流程入手。具体核心流程可以对应企业所设计业务的各个阶段，例如，从合规风险识别到筛查、应对，从举报监督、评价到员工合规培训与沟通，从合规专业人员的配置到履行职责的评估监管等大大小小的步骤与流程。一个良好的刑事合规体系，没有什么比构建落到实处的“流程图”更重要，其目的不仅在于阐明法律规则的要求，而且在于对企业核心流程的合规性的精心设计和逐步排查。

除此之外，各企业的合规标准化文本也不应该是“一劳永逸”的，更

应该是以个性化、动态化的态度不断优化与改善，还应依据其业务、行业与企业文化的变化及时更新。如果企业仅依据以前制定好的合规措施《检查与评价表》来评估整个合规体系的有效性，则会产生反效果。

企业合规行为指引的核心内容与要求是构建企业自身商业行为的准则，包括企业内部与外部两个方面。从企业内部来看，行为指引多源自公司章程和部门内部的具体自定规章、部门规范。需要企业依据自身经营领域和发展特点来制定，并且需要定期评估与更新。从企业外部来看，行为指引则更多来自各企业所在行业的法律法规。企业内部与外部的行为指引共同构成各部门具体工作手册与行为准则，以确保各部门的具体业务操作在合规的前提下进行。例如，从目前发展势头依然迅猛的互联网领域来看，大多涉及网络安全、数据隐私侵犯等违规问题，那么刑事合规行为指引就可以如表 2－5 所示来进行规定。

表 2－5　互联网数据隐私安全合规行为指引清单

WHO	谁具体负责数据隐私合规
WHAT	企业已采取哪些措施确保数据合规安全
HOW	所有涉及用户数据主体是否都收到通知并取得相应同意
	是否已获得相应数据保护机关或其他政府机构申报且批准
	申报与批准是否发生了新变化
	数据用户主体是否涉及其他法域、跨国问题
	企业是否已经开通违规举报热线或监测技术
	企业数据收集、应用等各流程是否都遵守了相关法律

3

第三节　合规管理的宣传与培训

一、为何要进行企业合规宣传与培训?

合规宣传与培训体系的建立是进行有效刑事合规的基本要素，其目的是使公司全体员工树立合规意识、掌握基本的合规知识，从而形成潜移默化的合规文化，降低企业经营的风险。此外，合规培训对于宣传合规文化与强化合规意识也十分重要，其不仅包括对全体员工“普法式”合规知识的普及与意识培养，还包括对合规部门人员的专业合规技能培训，以及重点岗位或特定领域人员的专项合规培训，例如，涉及重点领域、不同法域下的合规工作人员的特殊培训。

二、如何开展合规宣传与培训?

在实践中为了使合规培训真正发挥其应有效用，企业对员工进行合规宣传与培训应当遵循持续性、适当性、有效性、可追溯性等基本原则。具体内容可以包括“五步走”（见表2－6）。

表2－6　企业合规宣传与培训“五步走”

可追溯性原则	明确企业合规价值观	合规价值观的确立不仅有助于员工明确企业合规的具体范围、适用领域，还有助于企业与员工培养良好的合规理念，为后续制定具体合规行为的指引奠定基础

续表

有效性原则	普及合规管理组织体系各层级具体合规职责	通过详细介绍本企业合规管理组织的体系，各层级、各部门的具体合规职责，以企业通过的各项合规管理文件为代表，使合规责任落实到人、落实到岗，让员工清楚自己的合规职责与合规汇报路线，助力员工真正参与到合规管理的工作中来，明确自己的定位与价值
适当性原则	重点加强中高层合规培训	鉴于企业中高层在合规建设中的领导作用，更应重点加强其“以身作则”合规意识的培养。同时给予培训以便其在参与公司决策时有能力将合规风险纳入公司经营管理的考量之中，从源头上减少违规的隐患
	不同岗位提供不同培训	个性化定制培训内容有助于员工从“要我合规”向“我要合规”的意识转变，结合不同岗位的合规要求进行培训更有益于降低各部门合规管理的沟通成本与协调时间
持续性原则	加强合规人员全阶段培训	对员工的合规培训不应只局限于某一阶段或单一业务中，而是应覆盖更多领域。尤其是各项专业合规技能，如合规调查、合规信息的识别与分析、合规证据的收集与应对等

三、合规宣传与培训的方式

合规宣传与培训的直接目的就是起到所谓的“传达”作用，即将企业已经通过并设立的纸面式的合规标准、规定、规范传达给各级员工。其传达的形式是灵活多样的，包括通过公布员工守则及围绕其各阶段行为准则进行的相关培训，使合规标准“深入到岗、确定到人”。必要时，也可以采取问题反馈、问卷等形式定期监测、收集信息数据，了解合规标准的传达是否有效，进而采取相应弥补措施。

合规宣传与培训的方式灵活多变有多种体现，尤其是在新冠疫情期间或者企业规模较大、分支机构分布分散不易聚集的情况下，企业可以通过线上宣讲或培训班的方式进行合规宣传与培训，当然培训组织者也要充分认识到不同宣传与培训方式下的优劣点，例如，线下讲座举办的成本费用的考量、线上讲座对网络技术和参会人员实际培训效果的考量等。结合实践中不同的合规宣传与培训方式，大多可以如下方式进行，见表2－7。

表2－7 企业合规宣传与培训方式

<table>
<tr><th>培训方式</th><th>特点、目的</th><th colspan="2">具体要求</th></tr>
<tr><td rowspan="4">利用业务或项目启动会开展合规培训</td><td rowspan="4">在项目开展初期，以合规培训作为指引，更好地将合规文化与意识上传下达。除了安排领导讲话、项目介绍和安排，还可以利用此契机宣传合规文化，传播合规知识</td><td>（1）WHAT——阐述此项目中合规“是什么”</td><td>侧重介绍本项目中所涉及的合规基本概念和内容，以及合规与企业战略、与此业务之间的联系</td></tr>
<tr><td>（2）WHY——明确合规工作的必要性</td><td>明确合规工作的意义和在此项目中的重要性，其目的是说明合规工作既是外部政策规定、监管的要求，也是企业内部主动选择的规范管理、防范风险的战略需要</td></tr>
<tr><td>（3）HOW——解释合规工作该“如何做”</td><td>向各层级部门说明合规工作的规范文件、依据方法、核心流程、计划部署等，让各级员工知晓并认识到自己需要参与到合规工作中，明确自己的职责和义务</td></tr>
<tr><td>（4）WHEN——跟踪并介绍各阶段合规安排</td><td>合理划分并部署合规体系中各级人员的近期与长期工作安排，以近期为例，其内容可以包括合规工作项目进展、合规人员调配、相关部门协调配合等事项</td></tr>
<tr><td>网络线上培训</td><td colspan="3">为符合近期疫情管控或减少人员调配的成本，采用线上培训的方式。比如开发和拍摄合规培训视频，或者把培训资料和文件定期、定点在特定网站公示以便查询下载和学习</td></tr>
<tr><td>举办专项合规培训</td><td colspan="3">为提高员工对专项重点领域合规的防范意识、分析能力、应对能力等，企业可以针对自身合规疑难问题或问题高发领域进行专项合规培训。例如，反腐败培训、反垄断培训、安全生产培训、数据隐私保护培训等</td></tr>
<tr><td>开通合规宣传与答疑热线</td><td colspan="3">受理与解答员工的合规问题</td></tr>
<tr><td>定期举办和设立企业合规活动</td><td colspan="3">例如，设立年度合规日和季度合规日等，举办年度合规知识竞赛、合规文章征集评选等活动，以期集中、规模化解决合规问题，增强员工意识</td></tr>
</table>

四、优秀企业范例

企业介绍：宝马汽车金融（中国）有限公司是宝马集团与华晨宝马汽车有限公司合资成立的汽车金融公司，总部设在北京，总投资额达5亿元。宝马汽车金融（中国）有限公司也是豪华汽车品牌中第一家与中方合作伙伴合资成立的汽车金融公司。

合规规章：宝马汽车金融（中国）有限公司曾于2021年9月积极响应监管部门号召，开展2021年度主题为“金融知识普及月　金融知识进万家　争做理性投资者　争做金融好网民”的合规宣传活动。此外宝马汽车金融（中国）有限公司严格按照《中国银保监会关于银行业和保险业做好扫黑除恶专项斗争有关工作的通知》要求，集中开展“金融放贷”领域涉黑涉恶专项整治工作，持续加强合规宣教工作力度。例如，根据《关于规范民间借贷行为维护经济金融秩序有关事项的通知》中第五条规定“严禁非法活动”：严厉打击以故意伤害、非法拘禁、侮辱、恐吓、威胁、骚扰等非法手段催收贷款。严厉打击套取金融机构信贷资金，再高利进行转贷。严厉打击发放无指定用途贷款，或以提供服务、销售商品为名，实际收取高额利息（费用）变相发放贷款行为。坚决开展扫黑除恶专项斗争，创造安全稳定的社会环境。

宝马汽车金融（中国）有限公司还充分利用线上互动平台的优势，增强对企业合规文化的建设与宣传力度，通过“信用北京查”小程序，将“企业和个人征信自助查询网点”“征信维权业务”“其他征信柜台业务”“企业征信预约查询”四个业务与参与渠道联结互动，使得民众对金融领域合规参与更便捷、更高效（见图2－3）。为了使广大群众了解金融领域的合规行为指引与增强合规意识，宝马汽车金融（中国）有限公司和先锋租赁还推荐以“金融让生活更美好”为主题的《“津”融微课堂》金融知识科普视频，以更直观、传播度更广的方式来进行企业合规宣传。

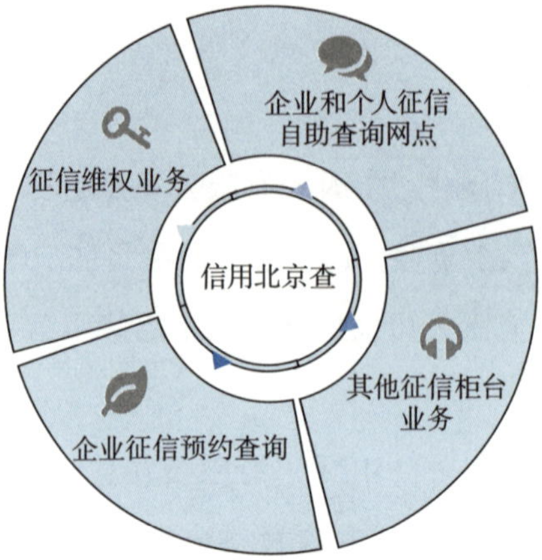

图2-3 “信用北京查”小程序四个业务

在合规宣传与员工培训方面，华晨宝马汽车有限公司在其2015年发布的《华晨宝马汽车有限公司可持续发展报告》中5.4“员工培训和人才培养”一栏中明确载明对员工持续性培训与教育的认可度很高①：“对员工的持续性培训和教育是确保公司实现可持续成功的关键。为了与科技发展保持同步，我们为员工提供与时俱进的学习和发展机会，以满足培训生、技术人员和未来领导人才的不同需求，提高其个人能力。”

从具体制度角度而言，华晨宝马汽车有限公司还在2014年成立了宝马集团中国学院，以实现规模化与定期化对员工进行合规宣传与培训。该学院是将宝马集团在华所有法人实体的培训部门整合在一起，其愿景是通过追求卓越，推动领导人才和员工的职业发展，从而保证企业的可持续发展。值得学习的是，宝马集团中国学院员工合规培训的基本理念以“70:20:10”的公式为基础，促进形成终身学习的文化氛围，其中70%的学习来自在岗实践、20%来自同事反馈、10%来自课堂培训。此理念在一定程度上将合规培训从课堂培训贯彻落实到在岗实践的各个环节，形成合

① http://www.bmw-brilliance.cn/cn/zh/common/download/sustainability_report/BMW_Brilliance_Sustainability_Report_2015_CH.pdf.

规思想建设的闭环。

2016 年，华晨宝马汽车有限公司还启动了改进的、更加注重效果评估的流程来跟踪培训教师质量及其对学员学习效果的影响。对于员工培训与人才培养战略重点关注三个方面：①进一步提高员工素质；②加强领导力文化；③培养未来人才。2015 年，华晨宝马汽车有限公司将合规资源集中在核心目标之一，即通过多个新开发的领导力项目培养下一代成熟的合规领导岗位人才。

4

第四节　合规文化

一、为何要建立合规文化?

尽管为满足纸面上的基本合规制度的建立也一样需要成本与费用的投入，但如果只是“装点门面”式的合规建设而不能真正发挥作用，那么就很有可能沦为公司规避法律责任、逃避刑事处罚的手段。企业在刑事合规体系设立和配套制度完善后如果没有被企业各级员工内化并吸收成为公司合规文化的一部分，此合规计划应当被视为无效，也不能作为企业可以请求刑事处罚从宽的依据与考量因素。因为合规计划的直接目的在于对企业合规文化的培育，终极目的为培养企业及其人员对法律法规的忠诚与信赖程度，以成为主动合规的行为指引。具体而言，合规文化是企业实际合规制度建立后在合规管理中形成的企业独特的合规理念、合规目的、合规方针、合规价值观、合规管理体系、合规管理运行等的总称。合规文化也包括构成企业合规义务的合规要求与合规承诺。同时其建立不仅包括上述所罗列的基本要素，更要有与时俱进、自主合规等意识的树立。

二、了解合规文化的内容

明确合规义务 = 内部合规承诺 + 外部合规要求

任何企业合规管理和建设都是在“层层加码”规定的约束下展开的经营活动，企业合规义务是企业进行营利活动与经营行为的界限与原则，包括企业所在行业法律法规、重点领域监管规范、道德要求、境内外规则等。在“依法治国”发展的大纲领下，企业刑事合规所需满足和遵循的规则数量日益庞大且日新月异，这给企业合规义务的识别与合规风险识别带来极大挑战，需要从专业、客观角度加以重视和规范。

通过对企业各阶段业务的梳理，可以得知企业合规义务主要从两个方面展开：企业内部业务各流程所涉及的一般性合规要求和企业外部所涉重点领域、重点行业监管的专项合规要求，具体合规义务范围确定的流程如图2－4所示。以近期发展势头迅猛的线上购物平台为例，其良好的运营发展需要遵守购物平台所涉及业务各阶段的一般性合规要求，如在进行平台宣传时需要遵守《中华人民共和国广告法》中要求不得使用“国家级”“最好”“最好吃”等绝对性的宣传用语的规定；此外还需要遵守互联网平台所在特殊行业下的专项合规义务，如需要满足《中华人民共和国数据安全法》中对用户数据安全的保护义务的要求。

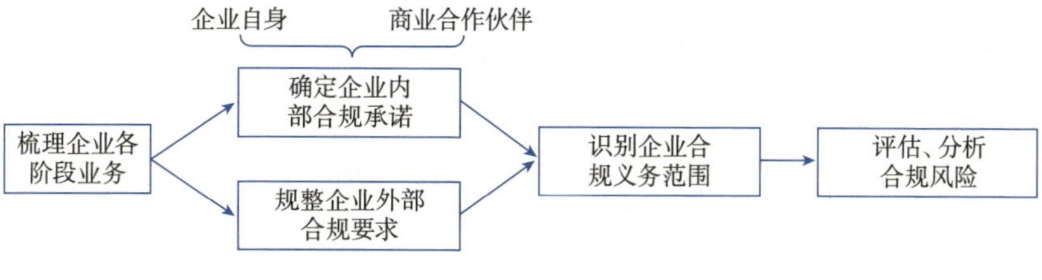

图2－4　企业合规义务识别流程

就企业内部合规承诺的主体而言，有两大主要来源，一是企业自身；二是商业合作伙伴。在具体合规实践中合规文化的有效运行，不仅关涉企业本身，还能推动其子公司、关联公司等商业合作伙伴方合规制度的逐步完善。企业的董监高等高层管理人员针对企业合规机制所做出的承诺、指引、方针、政策、目标等也是企业合规文化、合规承诺内容的一项重要来源。例如，招商局集团董事长缪建民曾在致辞中明确表示：“让合规溶于我们的血液，化为我们的文化，变为我们的优良基因，成为招商局全体员工的自觉行为和核心竞争力，通过持续的努力，实现从‘要我合规’到‘我要合规’‘我能合规’‘共同合规’的不断进取。”

此外，因商业合作伙伴与企业交易业务往来频繁、关联行为较多的特殊地位，商业合作伙伴也需要建立与企业相匹配的合规承诺，用以约束自身行为。如果作为重大交易关联方的合作伙伴没有履行相应的合规义务，作出违规行为，事后对商业合作伙伴进行犯罪处罚认定时不免会牵连到企业，其“连锁反应”与社会影响所导致的后果是不可估量的，极有可能会使企业背负非过错方的处罚。

三、如何建设企业的合规文化？

（一）从“四维度”树立企业文化基本意识

企业的良性发展离不开各个环节的参与者，刑事合规措施的遵守与企业文化的建立也必然会落实到每一个员工和管理者身上。所以，应围绕企业经营活动的各个环节，建立全领域、全流程的企业合规文化，首先需要树立其企业内部各层级的合规意识，具体包括规则意识、风险意识、证据意识和程序意识四个维度（见表2－8）。

表2－8 树立“四维度”意识

规则意识	树立规则意识，需要企业内部各层级有对法律规则与权威的敬畏感与服从性，企业员工需要将合规性的观念时时刻刻关联到具体工作与实践中，避免企业内部员工形成“唯利是图”“唯效益论”的错误观念，而应以合规的要求来规范和约束自己的行为
风险意识	建立企业风险的预警、评估、识别、分析机制，将企业合规风险控制与监督纳入企业合规管理的一部分，从源头上为企业业务经营与开展保驾护航
证据意识	涉及企业重大交易与决策时，各层级人员需及时履行相应的合规职责，尤其以企业高管为代表。对企业运行发展的资料、文书、会议记录予以存档、整理，以保障后续一旦出现问题时有章可查、有法可依，甚至可以作为将企业责任与个人责任分割的有利证据

续表

程序意识	在企业重大事项表决或决策时，如股权整改、投资担保、融资借贷等重要事项，需要坚持程序的合规意识不放松，小到一个签字、大到大额转账，各个流程与环节的程序、手续都必须落实到位、责任到人

（二）分“三步走”形成企业合规文化全流程闭环

合规文化全流程闭环建立示意图如图 2－5 所示。

第一步，制定全面详细的员工行为准则。

根据企业所涉及行业外部合规要求，即现行的法律法规、部门规章等规范性法律文件，以及企业内部先前通过的各阶段下的规范、规则、道德标准等合规承诺，两者结合、归纳共同构成了企业员工较为全面、详细的行为准则。从行为准则的内容特点来看，需要尽量包括企业运营各流程所遇到的合规问题，同时又要避免泛泛而谈、点到为止，要有所侧重。例如，具体行为指引与规范操作标准。此外还需要针对企业主要业务领域、商业模式已存在的重点问题和发展隐患进行归纳整理，吸收其他企业的经验教训。对公权力机关已经颁布的规范性文件与典型案例进行定期归纳整合与分析，对于近期着重整改与关注的领域与行业，在制定员工行为准则时要重点关注并适当提出更高的合规规范加以约束。

第二步，对企业员工培训形成定期化、系统化的管理体系。

企业需要满足本章第三节所提到的对员工培训的相关要求，同时除受到企业系统化培训外，更应该针对潜在的刑事合规的重点领域进行学习和个性化定制培训。必要时可以选择将员工合规培训与学习成果以考核的形式与其薪资挂钩，形成激励，并签署相关的合规责任承诺书与声明文件。在法规、法律政策有新动向和改变时应定期对员工开展补充培训、及时更新，以免合规培训的内容不符合新政的调整动向。

第三步，建立合规匿名举报机制和合规责任追究制度。

合规文化全流程闭环的形成、有效循环运转，离不开成熟且完善的合规举报机制与责任追究制度的相互配合。合规举报机制的成熟发展需要企业内部形成举报违法违规行为“不可耻、不恐惧、不担忧”的“三不”合规文化，以便在企业各层级间如若发现合规隐患在演变成危机之前就可以快速定位、定性，从源头上解决问题。除此之外，对于员工个人的违规行为也要有严格的违规追责制度。例如，国内外知名品牌格力电器就曾在其《企业内控制度规范》第六十三条[①]中有此项规定，“公司建立起责任追究机制，要对违反内部控制制度和影响内部控制制度执行的有关责任人予以查处”。

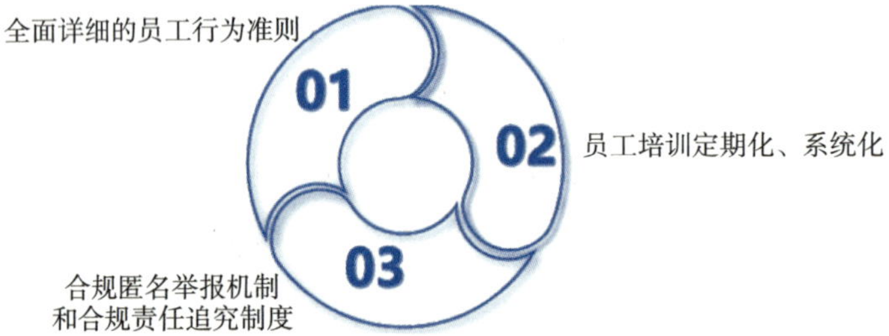

图2－5　合规文化全流程闭环建立示意图

① 详见 http://quotes.money.163.com/f10/ggmx_000651_7188290.html。

5

第五节　风险管理

一、为何要进行合规风险管理？

合规与风险“休戚相关”，“风险”是人类在参与各类社会活动时所带来的各种后果的可能性和不确定性的统称，正如悬在人们头顶的“达摩克利斯之剑”。企业作为社会活动主体之一参与资本市场的利益角逐，正因为企业参与经营活动存在不可预估的风险，同时其与企业的生存和发展休戚相关，才更需要在多重风险下保障企业行为的合规性。企业的刑事合规与刑事风险是合规与风险关系在刑事领域的具体体现。合规风险的存在并不与合规义务所包含的法律法规直接相关，而是大多来自对合规义务的模糊性与履行合规义务的不确定性。如果对企业合规状况不了解，那么对企业所面临的风险便一无所知，后续业务的开展与合规性的保障更“无的放矢”。即使是作为行业“领头羊”的央企也需要按照相关部门规定与要求构建或完善合规体系，如若缺乏相应的风险管理与预警机制，将使现有的合规体系和行为指引最终只能流于形式，成为央企品牌营销或扩充门面的法律制度；甚至只能应付上级部门例行工作检查，不仅与最初设置合规机制的初衷背离，而且给企业经营运转增加成本负担。

企业刑事合规制度建立的初衷，就是最大限度地发挥企业合规的优势并减少甚至避免企业刑事风险，规范与约束企业的经营行为。为避免企业行为或单位个人行为违规从而使企业遭受刑事处罚，国家公权力机关引入刑事法规，以期通过发挥合规的激励作用，配合及时的责任处置机制，推动企业主动对所涉业务中潜在的刑事风险进行识别、分析、评估及应对，事后制定并持续优化合规体系与具体措施。

二、风险管理体系的内容有哪些?

刑事合规是国家目前大趋势下所倡导和必备的政策指引，而合规的直接目的就是规避风险。此外，各类惩罚措施总是摆脱不了事后的根本属性，而预防则存在于事前，是“向前看”的。其基本原理诚如著名刑法学家佐伯仁志所言，“发动制裁会花费各种各样的成本，而尽量引导经营者等自主守法才是最有效率的”。

因此企业在合规框架建设完成后，理想状态下企业刑事合规机制不应只是停留在纸面上的标准化文本、合规手册或培训方案的层面，更应该追求如何更好地促进企业合规文化建设、合规风险预防与监督的运作与实施等。具体而言，企业刑事合规风险管理应该包括三个方面：一是合规风险分析机制，包括合规风险评估、合规尽职调查；二是合规风险识别机制，主要指合规风险预警机制、潜在风险识别机制、违规行为报告机制；三是合规风险应对机制，包括企业内部合规调查和违规行为披露、惩戒。三者关系如表 2 -9 所示。

表 2 -9　刑事合规风险管理体系

合规风险识别机制	合规风险预警机制
	潜在风险识别机制
	违规行为报告机制
合规风险分析机制	合规风险评估
	合规尽职调查
合规风险应对机制	企业内部合规调查
	违规行为披露、惩戒

（一）合规风险识别机制

企业合规管理的目的与合规风险的预防和管理环环相扣，预警和管控合规风险的前提是企业能够识别和评估具体的风险，而不是仅构建合规管理的“空中楼阁”。因此，合规风险识别贯穿合规风险管理的各个阶段，也是合规管理制度的根本要素之一。通过合规风险的识别有助于理解与明确合规义务的内涵和外延，同时有效识别风险也是后续进行预警的重要前提。合规风险识别总体上是以收集、明确、梳理、核准、分类、整合合规风险等行为方式开展工作；其目的是对风险产生的原因、结果影响、后续威胁等进行归纳梳理，总结分析后形成企业合规风险清单，为下一步骤中合规风险的分析与评价提供明确的范围与对象，指导后续合规进程。

与企业经营行为中其他各类风险相比，由于合规风险一般是可以被层层筛查和预估的，刑事合规的风险识别工作难度相对较小也容易被企业预判。但是由于合规风险所覆盖的业务领域与流程很广且繁杂，通常情况下因交易行为的关联性，使得对合规风险的识别工作往往“牵一发而动全身”。这就需要企业依照本身的规模与业务数量，灵活配置与协调现有的合规资源，采用“因地制宜”的识别方法和制度。

（二）合规风险分析机制

合规风险的分析和评价是建立在先前合规风险识别顺利运行的基础之上的。合规风险评估、预警机制是为合规风险分析、事后处置所服务的，但企业需要意识到风险的特征是动态的、非恒定的。这不仅表现为目前状态下被归类为风险的事务，未来阶段就不一定仍是风险；同样地，当下被泰然处之的安全部分，随着业务的开展很可能会演变成实际发生的风险。

实践中大多将风险发生的原因、来源、后果可能性、影响程度等作为分析方向，事后再根据分析结果依据所涉风险的轻重缓急进行价值排序，甚至完成合规风险分析清单或建立相关数据库加以使用。但需要着重说明的是企业进行风险评估、分析时虽然有轻重缓急之分，但实际上并没有可以完全忽略或容忍的“小合规风险”“低合规风险”等称谓。因为刑事合规作为企业经营活动的最低标准，如若企业从事行为越过刑事这条“高压线”，满足了罪名判定的标准或行为，就意味着违规。“违规零容忍”的合规态度应该得到企业合规分析制度的高度贯彻执行，不能在发现合规问题后继续搁置、忽略、漠视，最终导致企业被动接受刑事处罚。对于风险分析的价值排序可以用于为企业后续合理分配合规资源，明确现存合规风险的严重程度与高危区域，及时抓住矛盾中心展开合规处置。

（三）合规风险应对机制

合规风险应对机制是在上述风险评估工作完成后，根据评估结果对现存合规风险作出决定或执行应对措施，以达到降低或消除企业合规风险的目的。通常以改变风险事件的原因、后续结果的可能性、潜在影响的范围等为指标，其范围可以覆盖风险管理机制的各个环节。例如，制定合规风险应对措施、分析合规风险应对现状、审核合规风险应对体系、贯彻合规风险应对计划、整改合规风险现存问题等环节都包含合规风险处理的基本要素。

企业需要建立合规风险应对机制，一方面是出于企业层面的驱动力，如若发现违规行为或潜在危机，企业可以通过合规风险应对机制及时迅速开展内部合规调查，揪出合规问题所在具体领域和环节；另一方面符合对人员归责的要求，通过合规应对机制可以对违规责任人进行惩戒，甚至后续监管与政府部门介入后可以积极提供责任人信息，及时对接和配合相关工作。风险处理机制的设置通过具体的员工奖惩机制和内部调查措施，得以对企业现存合规管理制度的漏洞和缺陷加以弥补，对责任人员和员工起到威慑与预警的积极作用，避免公司合规管理制度被束之高阁。

三、如何构建合规风险管理？

（一）企业风险识别机制——“内容需侧重、方法需多样”

合规风险识别作为合规风险管理体系的首要任务、基础性工作，进行识别工作时应当注意遵循全面性、及时性、客观性、统一性等原则。企业进行合规风险识别的基本步骤如下：构建合规风险识别目录、筛查合规风险环节、收集具体风险或违规案例、汇编总结合规风险清单。

此外，在实践中加强识别与评估企业所面临的合规风险，定期、定时的合规风险评估有利于企业发现先前和未来各阶段下的合规风险。在风险分析结果出具后，根据风险评估报告，聚焦在高频、重点、破坏性大的领域和阶段。此外还可以依据此项经验，重新合理分配合规资源，完善、优化现有防范措施，为企业后续的可持续发展提供强有力的制度支持。实践中，企业实施合规风险识别与分析时既要做到“面面俱到”又要有所侧重，在识别内容上需要特别关注与侧重以下五大方面，如表2－10所示。

表2－10　企业合规风险识别侧重清单

高危领域	环境保护、产品质量、劳动用工、财务税收、知识产权、市场营销等政府机关重点关注、重点审查的业务领域
核心环节	产品研发环节、销售环节、经营决策环节、生产运营环节等涉及高频合规风险环节
重点部门	销售、开发、财务等涉及企业业务开展的核心部门
履职人员	相关合规管理负责人员、企业高管、重要决策岗位等保障合规职责顺利履行的人员与岗位
特殊地区	尤其针对跨境企业，在境外运营合规性把控方面需要重点关注

企业合规风险的根本来源为经营管理、业务行为的各个环节。如果对企业特定高频、高危流程或领域进行逐个排查与梳理，就可以将其存在的缺陷、问题、失误等加以纠正和优化；这一方式也是实践中可以识别企业

合规风险的重要手段之一。但是对于大型、特大型企业而言，因为涉及大量产品与业务线路，如果按部就班地梳理业务流程必然消耗大量的人力、物力成本，存在极大的难度。所以，如若在企业内部现存的刑事合规资源不足以满足风险识别的需要，企业还可以聘请或任命外部专家人员、律师等作出专业、独立且客观的风险评估报告，其余具体风险识别方法如表2－11所示。

表2－11　企业常见合规风险识别方法

企业内部	方法论支持	核心案件文件梳理
		政策法规模拟推演
		小组会议头脑风暴
		核心流程演绎排查
	“实践出真知”	合规内部调查
		多部门联合排查
企业外部	第三方协助	合规专家、律师、会计师等
		合规风险数据库

（二）合规风险分析机制

合规风险评估、预警机制是为合规风险分析、事后处置服务的，但企业需要意识到风险的特征是动态的、非恒定的。其不仅表现为目前状态下被归类为风险的事务，未来阶段就不一定仍是风险；同样地，当下被泰然处之的安全部分，随着业务的开展很可能会演变成实际发生的风险。在实践中为确保风险管理体系中合规风险分析具有及时性、时效性，需要在不断变化的风险中设定某些相对固定或容易衡量的参考指标和考察范围，以便在风险来临时或发生变动时及时作出合规预警与评估（见表2－12）。如若这些指标发生了变动和更新，企业就应该提高警惕，对相应的风险作出分析与应对。例如，实践中企业可以将参考指标分为企业外部与企业内部两个层面，企业内部可以设置业务管理的风险变化、合规承诺的风险变化；外部则可以设置相关部门法律法规与合规义务的风险变化、企业外部营商环境的风险变化、商业合作伙伴的风险变化或第三方的风险变化等。

表 2－12　企业风险分析衡量指标参考

企业内部	业务经营管理风险
	部门规定与合规承诺
企业外部	法律法规与合规义务风险
	外部营商环境风险
	商业合作伙伴风险
	第三方风险

此外，除了采用上述设立的衡量指标进行定性考察外，也可以采取定时、定量的分析方法。以存在生产、销售假冒伪劣产品的合规风险企业为例，可以某生产线上某一核心生产原料的使用数量、销售数量等作为监测对象与衡量指标，如若短时间出现了大幅减少或明显异常的变化，企业合规部门就应该提高警惕，及时核查变化原因并预判未来是否会引起违规行为的发生。同时企业在进行实际监测后取得的数据、文件、资料来源都需要保证准确性与客观性。无论是来源于部门具体人员，还是来源于较为先进的数据处理平台或信息系统，都需要认真核查其有效性，这也是风险评估结果得以后续投入使用、能发挥实际作用的前提。企业在建立相应的合规风险清单或通用业务合规风险数据库后也应及时进行更新、维护、运转，周期至少是半年或一年一次，才能保障是动态且及时更新的状态。

（三）合规风险处理机制

合规风险处理机制包括规避风险、减轻风险、转移风险、在可接受范围内接受风险等方式。《左传》有言，“居安思危，思则有备，有备无患，敢以此规”。企业在建立刑事风险应对机制时，企业刑事合规处理不应仅停留在刑事犯罪风险的事先预防层面。对已经形成的特定、具体风险，企业不能搁置甚至被动等待其从风险扩散至现实威胁与损害，应主动出击和应对。实践中可以预设某些刑事风险发生的标志，例如，特定高管被限制出入境，企业主要银行账户被冻结，经营业务被调查、监管等，企业一旦发现存在不利的“苗头”或风险就应该立即采取合规风险应对措施。对具体风险进行识别和预测，提供相应的解决方案，避免不利后果的扩散。

四、优秀企业范例

公司简介：中国交通建设集团有限公司（以下简称中国交建）是国务院国资委监管的中央企业，由原中国港湾建设（集团）总公司和原中国路桥（集团）总公司合并重组而成。集团注册资本为45亿元，拥有35家全资子公司、20家控股公司和2家上市公司，资产总额近700亿元。2020年，中国交建在《财富》世界500强排行榜位列第78名。

合规规章：为保障顺利实施大海外战略，中国交建建立并实施了海外业务合规风险管理体系，加强对海外业务的风险管理。建立海外业务合规风险管理体系的基本工作思路是：通过深入调研与全面对标，找出合规风险较高的业务及关键环节。建立合规监督机制，设置独立的合规管理组织体系。梳理并设置合规审批权限，实施合规风险分级分类管理。建立由员工自查、管理部门负责人审查、合规官审查和合规官交叉审查组成的四道合规管理防线，形成全员参与、职责清晰、全程监督的合规管理格局。

中国交建的海外合规风险管理体系主要从组织架构、内控措施两个角度进行建设，同时对于企业内部具体业务又构建了“四道防线”，对风险进行层层阻拦和管理应对，具体措施如表2-13所示。

表 2-13　中国交建关于建立海外业务合规风险管理体系措施

	具体措施	合规要求	实践指引
深入调研全面对标	1. 研究合规要求，对现状分析	研究国家相关法律法规、世界银行合规要求、国际合规惯例以及国际最佳实践，对集团合规管理现状进行细致分析	识别出“八大高风险领域”，具体包括采购、投标、合同、付款、捐赠与赞助、业务招待、员工行为和第三方管理
	2. 对海外业务单位深入调研	召开合规专题研讨会等，对风险较高业务流程及环节，分析现有合规管理工作与有关要求及国际最佳实践的差距	得出合规管理薄弱环节，以此作为后期改进方向：业务流程、业务内容、控制措施、人员情况
海外合规风险管理体系设计	1. 构建海外合规风险管理制度体系和组织架构	制定《海外业务合规风险管理办法》等 9 项办法及配套操作流程指引：确定海外业务合规风险管理的基本政策、工作体制与机制	为保证现实可操作性，每项方法均配有操作流程指引。详细规定控制环节、控制目标、管理职责、控制措施、实施步骤，以及信息传递路径，确保按照方法规定实施合规管理
		设立包括决策层、经营管理层、职能部门直至海外办事处的合规管理组织机构，赋予各层次职责与权限	集团、集团所属单位及海外分（子）公司、办事处三个管理层级设立合规官
			合规官按职能报告路径，就重大合规事项向上级合规官独立汇报沟通
			组织机构遵循独立性原则，保证其公允性和客观性
	2. 综合运用内控措施控制高风险事项	综合运用授权控制、不相容职务分离控制、预防性控制与发现性控制等内控措施方法进行合规风险防控	例如，业务招待管理，按照事项和金额设置合规审批权限并审批授权控制
			随招待金额提高，审批层级由两级增加到五级，通过多层次把关防范违规行为

续表

	具体措施	合规要求	实践指引
建立合规风险“四道防线”	第一道防线：明确员工合规职责及行为合规要求	将员工行为合规作为集团基本政策、细化行为准则，签订合规声明、落实合规责任	
		严控高风险岗位聘用关：进行背景调查，对高风险岗位员工的选拔和任用，纪检监察部门需签署廉政鉴定意见，本人签订合规声明和廉洁从业承诺	对新员工教育背景、工作经历、个人诚信等基本信息进行严格审查，面试增加个人诚信、合规意识方面的考察并说明合规政策
		合规培训：针对不同对象，分层次、分类别进行培训，使其全面准确理解合规要求，知晓违规责任及处罚后果	
		建立合规操守考核制：纳入年度绩效考核，强化合规意识及合规义务履行	
	第二道防线：对高风险事项进行合规审查	对高风险事项进行事前合规审查，从源头上防止发生违规事件	招聘高风险岗位员工需进行背景审查，看其是否存在违法犯罪、受到行业禁入限制等
			选择合作方需合规尽职调查：了解该地营商环境、受益人、董事及高管、声誉以及诉讼等
			业务招待前需合规审批：考察礼品款待价值是否符合正常标准；其场合、对象、频率、接受者职位和社会地位是否符合基本原则
	第三道防线：设置合规官	集团及所属单位及 3 人以上的海外分（子）公司、办事处设合规官。 集团各级合规官均有就重大事项直接向上级合规官报告的权利	识别、评估、监测、报告合规风险，提出风险防范和应对方案
			对第三方聘用、采购招标、投标、合同管理、业务招待、业务付款等中高风险环节进行合规审查
			受理内外部投诉和举报、对违规事件进行组织调查等
	第四道防线：构建合规交叉审查	定期抽调合规官对海外各单位进行合规交叉审查，既对合规管理流程的执行情况进行审查，也对合规官的履职情况进行审查	

6

第六节　审查与报告制度

一、企业为什么要进行合规审查与报告？

（一）刑事合规审查与调查机制

刑事合规风险管理体系建立后如发现现存或未来的合规风险，随后企业履行合规制度优化与整改的措施之一就是及时开展合规内部调查。企业开展内部审查与调查的直接原因是明确定位合规问题所在的环节和负责人，如若存在履职违规情况可以借此对责任人加以惩戒，起到威慑与惩罚作用。此外，企业经过内部审查履行其尽职调查的义务，通过承担义务来换取监管部门犯罪量刑时的谅解和从宽优待。

判断企业行为是否满足其合规承诺与合规要求，最有效的方式就是进行内部审查与调查。通过对企业经营行为、政策甚至当地习俗的调查，能够有效减少“花瓶式”合规计划的数量，更有针对性地得到现有合规机制是否符合有效性标准要求的答案。建立刑事合规法律风险的全面审查与调查机制，以对企业全部经营管理和业务流程开展定期的风险调查，使企业各层级充分认识到法律事务与风险防控的必要性，进而使企业内部对各环节、各流程下的法律风险有全面的认识，从而完善风险预防机制，避免企业后续陷入刑事合规风险。

（二）刑事合规报告机制

因企业刑事合规风险是动态变化的，面对日新月异的外部环境，企业必须在合规风险方面建立定期、定点、定量的报告制度，并以报告内容作为后续持续推进合规机制不断优化与整改的根据。同时合规报告可以有效防范和化解合规制度中的合规风险，加强各部门合规信息沟通与配合，为合规专业化建设提供制度保障，提高合规风险管理能力。合规报告是指企业内部合规报告负责人向报告接受组织或机构提交的，有关企业内部一定时间或期限内涉及合规信息、特定风险管理、违规事项、合规内部调查等一系列合规管理事项的报告，其构成了企业刑事合规组织架构中获得有效合规信息沟通的重要内容。根据合规报告的内容、次数、频率等，合规报告可以分为定期报告与即时报告等。

二、企业进行合规审查与报告的内容有哪些?

（一）刑事合规审查与调查

企业进行刑事合规审查与调查大致可以从三个阶段开展并分别发挥不同作用，即事前、事中、事后。具体而言，在违法行为或合规风险发生前进行的“事前”审查与调查（如报告机制）等能够为后续合规进行提供一定范围的规划和方向，发挥勾勒合规“蓝图”的军师作用；“事中”合规审查与调查工作则是发现风险后的“工程师”，以维修和运营现有零件的缺损和问题；“事后”合规调查为合规风险惩戒机制起到良好的承接作用，划分责任源头与承担主体、厘清风险发展脉络、优化现存问题。

（二）刑事合规报告

符合健全以及良性运转的报告机制需要确保报告人身份、报告所涉问题、报告引起后果、报告后反馈等各个阶段都能得到制度的良性运转和保障。符合要求的内部报告机制应该覆盖法律风险的全流程、全阶段，才能使员工跳脱出原有企业层级架构，创造新的风险解决途径。刑事合规报告应当遵循时效性、真实性、有效性、保密性四大原则（见表2－14）。

表2－14　企业合规报告应当遵循四大原则

时效性原则	企业合规报告负责机构应在规定期限内，及时提交合规报告
真实性原则	合规报告反映的信息应当真实、客观、准确，不得对报告事项进行隐瞒或故意掩饰、遮掩
有效性原则	对合规报告反映的合规问题，负责机构或组织应当及时采用适当的优化和整改措施，提供整改反馈意见，有效化解或降低合规风险
保密性原则	合规报告以结果为导向，严禁将合规报告内容及相关信息向第三方或报告以外的人员透露

三、企业如何进行合规审查与报告？

（一）合规风险的内部审查与调查

尽管我国企业合规试点工作不断推进，对于合规制度的建设普遍展开，但实践中对于企业合规的内部调查与审查却并未得到足够重视。风险内部审查与调查可以从三个层面着手，即调查主体的独立性、使用手段的边界性、结果转移的稳定性（见表2－15）。

表2－15　企业内部审查与调查原则

调查主体的独立性	调查负责人身份独立
	调查行为独立，以调查结果为导向
使用手段的边界性	调查手段非强制
	不以牺牲其他法益为代价
结果转移的稳定性	调查结果涉及境外流转需保障合规合法

调查主体的独立性直接关系合规审查结果的效力，也决定了调查结果是否可以作为后续向检察机关申请刑法从宽优待的法律依据。内部调查主体问题首先关系谁来主导、谁来负责，看似细枝末节实则关涉巨大风险。参与企业内部调查的负责人无论是从程序上，还是从实体上都需要满足独立性要求。具体来说，调查主体的任命需满足企业内部的一致决策、共同

意志的体现，需符合企业内部决策程序各环节的法定要求。同时调查主体的行为需要以调查结果为导向，不得作出与调查结果无关、相悖的行为；或者其身份不满足独立性要求：与被调查方存在实际利益、关联关系足以影响其调查结果的客观性。

内部调查手段需要有边界性与原则性，不得以牺牲其他法益为代价。企业进行合规调查需注意的是其调查手段与措施本身必须具有合法性、边界性，例如，在调查过程中对员工人身权、健康权、隐私权等基本权利的保护与尊重。与拥有强有力政策支持的公权力机构如公安局、检察院的刑事侦查程序不同，企业进行内部合规调查目前并没有法律政策的授权可以采用强制性手段，这就意味着企业进行内部合规调查时需要在保障涉及人员基本权益的前提下有序合法进行。尤其是企业电子化办公推行后，通过线上信息平台来对员工进行监控与管理是大多企业采用的监管方式，但若涉及员工的隐私权，如员工的个人邮件、网页信息浏览等，企业不得以进行内部调查为由随意进行调查和滥用。

企业内部调查后的报告与结果的移转也需要符合相关规定，尤其是在调查报告的内容涉及跨境或多分支机构的情况下，企业更需要关注合规的要求不仅限于企业本身，更在于调查报告所涉及的全流程和法域。例如，若企业的分支机构设在境外，需要对企业内部调查报告跨境转移，就可能涉及《保守国家秘密法》的限制甚至会触发关联性犯罪。在某些特定和重点监管的行业和领域，对“国家机密”的定义和范围就有极大的不确定性和模糊性，这导致企业在开展内部调查后，在对结果和报告进行流转处理时要充分了解跨境的规定，以免产生额外的风险。

（二）企业合规的内部报告机制

合规内部报告机制的有序运行也是企业合规制度有效性的指标之一，其建立的基础是需要确保举报人身份的保密性、对报告人提出问题后采取解决方案的及时性、提供反馈方案的有效性、报告后影响的健康性等。此外，内部报告机制还应当覆盖企业经营可能发生和已经存在的所有法律问题或风险，这样才能使员工在依据内部报告机制时可以摆脱企业原有层级和职位限制下跨域“预设”的举报机制。在内部报告机制中也应设立相应的评价体系，如定期对员工进行合规调查，明确员工是否对报告机制熟悉并能主动投入使用。具体方式可以宣传手册或调查问卷的方式，其中涉及的问题要以通俗性和可操作性为导向，给予员工最直接的关怀和询问，才能得到对合规报告机制客观的评价与具体的回复，常见的询问方式如表 2－16 所示。

表 2－16　合规内部报告机制询问方式

员工层面	员工是否熟悉企业内部报告机制的运作方式
	员工是否有意愿主动使用内部报告机制
	员工在报告后是否收到及时的反馈和处理结果
	员工是否害怕报复而拒绝使用内部报告机制
	员工是否在报告后受到不良影响
企业层面	企业对员工内部报告机制的普及采取了哪些措施
	企业是否对报告问题设置了完整的解决方案
	企业是否能够对报告问题作出及时归责或处理
	企业近期通过内部报告机制获得多少问题报告
	企业内部机制负责人是否正确和顺利履职

对于合规报告得到后的报告提交路线，可以采取矩阵式或放射式汇报程式。例如，下文中提到的中国太平洋保险（集团）股份有限公司的合规报告机制就采取矩阵式报告路线。具体措施为各级机构的业务或管理部门向合规管理部门或合规负责人提交合规报告，同时需要向本部门负责人报告。当下一级机构的合规管理部门或合规负责人向上一级机构的合规管理部门或合规负责人提交合规报告时，应当同时向该机构负责人汇报。集团公司和各公司合规管理部门向公司合规负责人报告时可以直接向公司总经理、董事会风险管理委员会或董事会报告。合规负责人对总经理和董事会负责，可分别向总经理和董事会及董事会风险管理委员会报告，同时应向

中国银保监会及时报告公司的重大违规行为。

此外需要强调的是，对合规事项或风险报告只是该机制的基础环节；关键部分则是需要对该报告进行全流程跟踪和分析。跟踪报告是对合规风险事项的情况进行实时监管、了解事态进展情况的重要措施，其主要内容包括当下阶段流程的汇报、已确定的责任机构或人员、已形成的损失和风险隐患、已采取的补救措施产生的效果、未来风险和确定损失的变化情况等。

对某些非重大违规风险或事件的报告，除即时报告、初步报告、跟踪报告以外，还应该有结案或反馈报告来加以规范和约束本次报告的问题或事件，为以后合规工作提供工作建议。以结案报告为例，作为合规风险报告事项的最终程序和终结报告，其主要内容如表 2 – 17 所示。

表 2 – 17　企业合规风险结案报告的主要内容

报告所涉事项概述	对本次所涉报告事项的基本事实、事件情况、发生各阶段状况、最终结果、确定的损失或影响进行阐述和介绍
所涉问题原因分析	对本次事项所涉问题的原因分析，具体涉及哪些合规管理的薄弱环节、漏洞、风险点等，是否存在规章制度和预防制度不完善的问题以及尚未有效解决和贯彻落实的问题
后续问题解决措施	针对上述所涉问题，积极采取补救措施与整改方案，例如资产保全、申请诉讼等用以减少或挽回不良影响和后果；对暴露出的漏洞与薄弱环节的整改方案，避免风险事项的不良事态扩散
责任认定归结制度	在基本事实认定清楚、确定的基础上，梳理与划分所涉各环节和各组织人员应承担的责任，并从直接、间接两方面区别责任的主次和后果大小，对有关责任人员进行归责和处理

依据上述规定，若企业内部合规报告负责人不及时提交合规报告、提交的合规报告不符合要求，或者存在漏报、瞒报重大风险事项的情况，上级主管部门或者企业内部决策层应当及时给予通报批评，进行归责认定与惩戒处理。

四、优秀企业范例

公司简介：中国太平洋保险（集团）股份有限公司是一家总部设立在上海的全国性股份制商业保险公司。其前身是中国太平洋保险公司，是经中国人民银行批准后于1991年5月13日成立的；其是中国大陆第二大财产保险公司，仅次于中国财险，也是第三大人寿保险公司，仅次于中国人寿和中国平安。

合规规章：作为国内保险龙头企业，中国太平洋保险（集团）股份有限公司与旗下各子公司就曾在2008年颁布了《中国太平洋保险（集团）股份有限公司合规报告管理办法（试行)》，其中第七条明确规定了各类企业合规定期报告所需包括的内容，如表2－18所示。

表2－18　企业合规报告内容参考

半年度/年度报告	1. 合规管理状况概述
	2. 合规政策的制定、评估和修订
	3. 合规负责人和合规管理部门的情况
	4. 公司内部管理制度和业务流程情况
	5. 重要业务活动的合规情况
	6. 合规评估和监测机制的运行
	7. 面临重大合规风险及应对措施
	8.《合规政策（试行)》规定的重大违规事件及其处理
	9. 合规培训情况
	10. 合规管理存在的问题和改进措施
	11. 其他
季度报告	可参考半年度/年度报告 要反映本季度发生的合规风险事项与合规管理事项
月度报告	内容需满足合规报告主要信息

7

第七节　审计与考核评价

一、为何要进行合规审计与考核评价?

（一）合规审计

合规审计是企业内部审计部门和审计负责人依据企业所在的行业、领域所需要符合的国家法律法规等合规义务对企业各阶段、各层级经营管理活动与业务是否合规进行调查的一种经济监督活动。合规审计以维护企业外部合规义务的庄严性、企业内部合规承诺的有效性、企业财产和业务的合规性为主要目的。企业合规审计可以作为企业刑事合规制度得以进行全面评价与监督的重要手段，同时可以保障企业合规制度顺利实行；实践中大多以重点审查合规体系的运行情况、合规程序的执行情况，对企业重点财务控制和其他手段结合的方式开展合规审计。

各职能部门根据其合规情况和审计发现的问题督促后续措施的制定，组织合规负责人配合审计部门完成企业内部审计评价工作，内部审计部门应该主动提供审计发现的合规体制的缺陷及建议，促进企业合规机制良好地运行。此外在审计部门完成相关审计工作后，可以依据企业内部或外部审计指引标准、决定等，对其中违反合规义务、合规承诺的组织、机构、员工给予惩处。对于严重违法违纪违规的人员或机构，可以采取必要措施来避免不良后果进一步扩大、损失结果不断累积，例如，停止资金支持、冻结银行贷款等。对于相关违规人，审计部门或机构有权、有责将其交由司法机关依法调查与惩处。

（二）合规考核评价

在合规管理体系建立并投入运行一段时间后，有必要对现行制度的有效性和运行效果进行评估和验证；其按照特定的原则、方式、程序和标准对刑事合规体制、组织、机构、人员进行监管、检验、核查、评价。在企业内部设置有关合规的考核与绩效评价机制，是考察企业是否已经对现存违规责任人或组织作出具体的奖惩措施的重要参考因素，同时也是政府和法院依据企业作出的合规义务与合规承诺对企业内部合规机制有效性进行考察的参考标准。其直接目的就是对公司各层级的合规管理工作进行评估，推动企业制度体系和管理体系的优化整改、增强其有效性，培育良好的企业合规文化。

企业应该对奖惩机制的合理性和有效性进行定期汇总和评估，甚至必要时可以与相关部门联合发布指导方针或员工评价手册，以便使员工知晓、熟悉奖惩机制的运作方案和评价标准。当任何员工或组织因履职存在问题或风险时，相关负责人应及时启动合规归责机制，同时需要向企业管理层及时报告相关信息与处理建议。企业管理层和决策层需要对严重违规的人员进行严肃处理和纪律处罚，在员工层面起到威慑与预防作用，在企业层面也可以对企业的合规文化进行巩固和加强。

二、合规审计与考核评价的内容有哪些？

（一）合规审计

从合规审计的时间、频率、事项等评价标准来看，可以将审计类型大致分为全面合规审计、专项合规审计，定期合规审计、临时合规审计，事前合规审计、后续处理合规审计等。合规审计作为内部审计的方式之一，可以作为单独、专项的审计报告形式，也可以作为整套审计计划的附件，例如，财务审计或业务审计的一部分。

合规审查与合规审计两者有不同的侧重：合规审查注重检查业务部门内业务发生处理和流程是否合法合规，偏向问题和风险的发现阶段；而合规审计侧重一定时期内特定问题的事后审计，例如，公司财务账目等问题，偏向问题的事后处理和解决阶段。企业在进行合规审计时应当注重独立性原则、客观性原则、公正性原则，其工作主要包括开展企业总部及下属分支机构的定期审计、专项审计、人员审计等各项审计工作。

从审计主要内容上来看，可以分为合同合规、财务合规、营销合规、安全合规、其他合规等多项审计内容，具体的审计内容可以参考表2－19。

表2－19　企业合规审计的审计内容与要求参考

审计类型	审计内容	具体合规要求
合同合规审计	程序合规	签订、变更、履行、终止等活动是否满足授权审批
		合同双方印章是否符合要求
		合同委托人、代理人、担保人是否符合要求
		合同生效合规性，是否需要登记备案
	内容合规	合同内容是否在双方资质和经营范围内
		合同条款、性质是否合规，是否履约困难、违规违法、符合本企业规章要求
		合同履行期限、付款条件、违约责任是否按约定执行
财务合规审计	企业内部	税金核算、缴纳合规性
		可疑、核心、大额交易合规性
	企业外部	关联交易、内幕交易、信息披露合规性
营销合规审计	基础要求	各项资质证照合规性：是否齐全、有效，范围是否全部覆盖
	业务要求	促销类活动是否符合合规要求：原因、方式、价格、规则、期限、范围等是否符合相关义务
		产品质量与服务水平合规性与相称性
		营销用语、宣传标识、广告媒介等是否合规

续表

审计类型	审计内容	具体合规要求
安全合规审计	制度保障	是否具有完整合规的安全生产制度（生产产品、投入产出等）
	配套措施	企业业务完成后，废品、废弃垃圾等排放是否合规
		企业相关安全配套措施是否合规（生产设备、消防设施等定期维护、保养等）
其他合规审计	企业就其余问题进行的合规审计与评价	

（二）合规考核评价

企业的合规制度考核评价需要从合规制度建设的完整性、制度运行的有效性、核心业务流程的合规性三个层面，企业、员工两个角度来开展（见表2－20）。

表2－20　合规考核评价内容

考核角度	企业层面
	员工层面
考核内容	合规制度建设的完整性
	制度运行的有效性
	核心业务流程的合规性

从企业这一考核角度来说，如若是大中型规模企业，在集团、各分支机构等全范围内开展合规制度考核评价工作并非易事。因完整的合规考评体系涉及企业制度的方方面面且“大而冗杂”，需耗费大量资源成本、时间精力与相关配套机制相互配合，才能真正完成合规考核的流程。所以需要将一整套考核评价体系以具体化、确定化、区块化方式呈现，以减少实际开展考评业务时各部门之间相互扯皮、掣肘、推诿所浪费的资源成本。

从合规制度的完整性来考核，可以依据表2－21逐级、逐层、逐组进行考察与评价。

表 2－21　企业合规制度的完整性考核评价

合规制度名称	合规制度要求	所涉具体合规要素	合规考核结果		考核结果分析
			合格	不合格	
合规领导力	企业内部董监高是否能够起到以身作则的示范作用，积极遵守其合规承诺	企业合规规章			
		企业董监高合规承诺			
		企业董监高合规工作履职情况			
		企业董监高合规示范作用与行为准则			
合规文化	企业是否将合规文化融入企业各层级，使员工明确其合规要求并将其作为行为指引	企业员工合规指引			
		企业合规文化宣传与培训建设			
合规制度组织模式	企业合规组织模式是否可以合理利用与调动合规资源，将合规职责覆盖到各层级、各岗位，保障其有效贯彻落实	合规治理架构			
		合规职能设置模式（兼职/专职/部门）			
		其余资源调配模式（“三道防线”业务、职能、审计部门）			
		合规团队专业能力培训与建设			
合规义务	企业能够对合规义务进行梳理、认定，将合规义务对应到具体业务、岗位、人员	合规义务识别与梳理（包含企业内部合规承诺与外部合规要求）			
		合规义务“上传下达”（匹配到人到岗）			
合规风险管理	企业完成合规风险识别、分析、应对等一系列合规风险管理要求	企业合规风险识别、分析、评价制度建立与运行			
		企业第三方、商业合作伙伴风险尽职调查			

续表

合规制度名称	合规制度要求	所涉具体合规要素	合规考核结果		考核结果分析
			合格	不合格	
合规内控与报告	企业完成对合规内控各个环节、岗位、流程的要求，对合规风险起到预防、控制的作用，实现合规的可持续发展	清晰合理合规目标			
		及时完善合规风险应对机制与管理			
		对重点领域、核心环节、关键岗位的全面及专项合规管理（如具体操作规范、合规指引等）			
		企业商业合作伙伴持续监控与风险管理			
		企业合规问题报告与调查管理			
合规绩效管理与评价	将绩效管理对应到各部门与单位，以期发挥合规激励作用	企业合规绩效考评			
		企业员工合规履职考评			
		企业合规工作报告分析考评			
		企业合规审计管理			
合规持续优化与整改	对于已发现或潜在风险、问题，及时采取措施减低或避免损失，对原有制度缺陷进行优化整改	企业违规归责处理			
		企业问题优化措施管理			
		企业违规整改措施管理			
合规体系信息化整合	对合规制度下所有信息与资料进行归档，保存记录，建立有效且实时的数据库	企业合规可视化、体系化建设			
		企业合规记录归档			
		企业合规证据保存			

三、如何进行审计与合规考核评价？

（一）企业内部审计机制

合规审计大多是注册会计师在确定了被审计企业后，以其是否遵循和符合特定的法律法规、行业标准、程序规则等为审计内容展开工作，例如，某大型企业进行招投标程序的合规性审计、某房地产工程的合规性审计、某物流公司运输过程的合规性审计等。简言之，合规审计就是为了确定某一被审计机构或组织是否遵循了相关监管方针的综合性评价与审核方式。

实践中，企业进行审计的流程主要包括制订审计目标及计划、收集汇总审计资料、开展现场实地勘察、编撰审计工作底稿、完成最终审计报告、整理审计数据档案、配合其他部门工作等，如图 2 –6 所示。

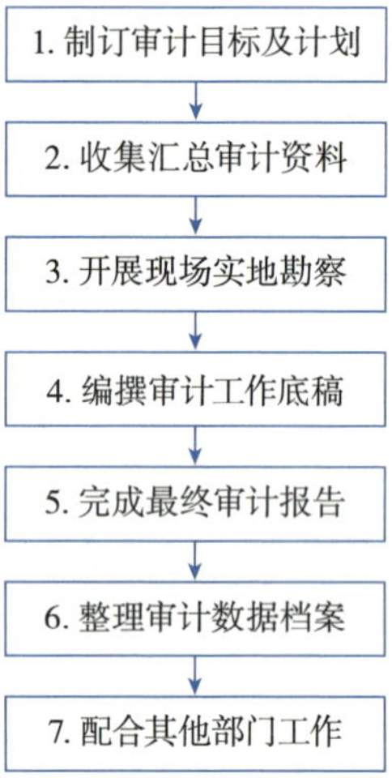

图 2 –6　企业内审机制的基本流程

（二）合规考核评价

合规考核评价一般一年至少执行一次，其评估对象为企业决策层、管理层、核心执行层，例如，合规总监、合规主管、合规部甚至各部门、各层级和全体工作人员。评价内容包括合规管理现存阶段、合规各层级具体履职情况评价及现阶段经营管理情况评价等。从考核步骤来说，实践中一般可以采取如图 2 –7 所示的基本流程进行合规考核。

从合规考核的内容上看，企业对现存刑事合规体系进行考核评价时，

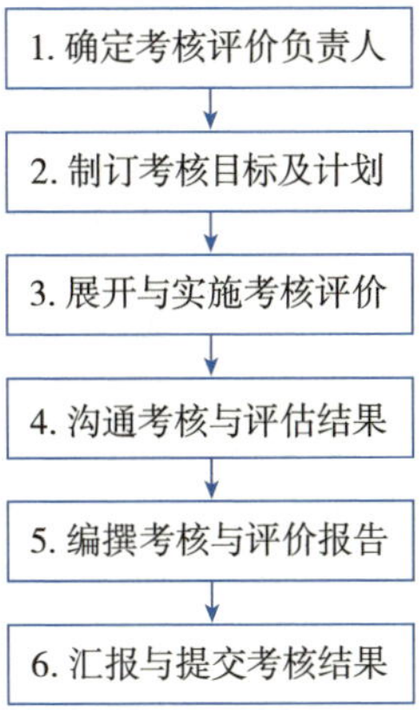

图 2－7　企业考核评价的基本流程

需要对企业整个合规机制的有效性进行考核。例如，企业可以通过定性、定量、定点的方式对合规机制进行半年度评价或年度评价。定性评价可以对现存制度进行不同等级的划分评价，例如，可以按优秀、良好、及格、不合格等级评价；如果评价结果的分数越高则表示现存体系下制度的有效性越高，企业也可以按照所发现问题所造成的违规损失范围、伤员数量、违规涉及案件性质与危害程度等指标来定量评价。对实际评价机制、具体要求、评价结果与分数的呈现方式可以表 2－22 作为参考。

表 2－22　企业合规制度评价参考

评价机制	具体要求	评价结果				评价分数			
		优秀	良好	及格	不及格	8～10	6～8	4～6	0～4
企业合规文化环境	合规方案是否明确且全面								
	本年度合规制度制定情况								
	合规指南的全流程覆盖、运行情况								
	合规团队建设情况								
	合规组织体系模式运行情况								
	企业董监高以身作则情况								
	本年度合规计划完成情况								

续表

评价机制	具体要求	评价结果				评价分数			
		优秀	良好	及格	不及格	8~10	6~8	4~6	0~4
企业合规履职评价	合规培训情况								
	合规咨询服务								
	合规内部调查情况								
	合规审计情况								
	合规报告情况								
	合规监测情况								
	合规举报情况								
合规配套措施评价	各项业务合规建设情况								
	合规体制与合规要求实时性情况								
	合规体制与合规承诺一致性情况								
合规机制运转评价	合规机制执行情况								
	合规具体环节执行情况								
	年度合规风险汇总报告情况								
	年度合规违规事件分析情况								
	合规制度修订与完善优化情况								

除了对整体层面下企业合规体制进行评价外，还应该有评价侧重和专项合规考核的机制。例如，对企业核心业务活动的合规性、合规有效性进行考核。考核内容围绕业务流程、各环节活动的合规情况，以业务阶段为载体，包括有关合规制度的建立情况，合规责任的划分情况，合规制度的可执行、可操作情况等。

企业内部的奖惩机制应当及时对涉事人员进行归责与处置，如果发现涉及具体犯罪行为，应当及时交由司法机关或有关部门进行处理。例如，目前仍旧存在通过盗用或贩卖消费者信息开办多级会员卡套现的方式来获利的现象，当相关企业与特定负责人没有履行相应的合规义务时，企业需要给予有针对性的惩戒措施。任何宽松或模糊的合规纪律管理模式都会让企业员工甚至政府法院对企业内部现存的合规计划有效性产生疑虑与担心；对于产生严重违规的员工，如若企业作出漏报、隐瞒甚至包庇的行为，而非主动移交给相关责任机关，同样审批机关也会对企业合规机制的有效性产生强烈质疑。

8

第八节　违规管理与举报问责

一、为何要进行违规管理与举报问责？

（一）违规管理机制

企业一旦出现了违规违法行为，就应该及时作出对有关违规违法事项的应对与处理。积极配合有关部门调查，采取有效及适当的补救措施；对违规违法行为进行总结、归纳、分析，同时用于后续对现有合规机制的更新、整改、优化。企业通过这种良性循环的方式对刑事合规体制进行风险控制与违规管理，使制度内各个环节成为有效、长久的闭环，在持续改进中有效预防与应对刑事风险，最终确保企业以可持续与合规的方式运营发展。

企业违规管理机制的各个环节的推进有利于引导企业员工自觉合规意识的建立，促进员工间互相约束、互相监督，推进合规风险管理及时预防与识别，乃至推进企业合规文化的建立。

（二）举报问责机制

有责必究是任何组织得以保持内部良性运转与道德文化的关键。通过企业刑事合规问责机制的建立、健全，可以在发现和识别问题与风险后对责任人与违规人进行归责与惩处，这也是制度设置的最初目的之一。此外企业合规机制的实施有时也可能被恶意利用，成为企业董监高逃避责任的“合法”挡箭牌；即利用董监高的职位便利，通过权力调整、授权、怂恿下属等方式达到其非法目的。由于公司内部各层级“等级森严”，上层通过人员权力倾轧、威逼利诱来转移甚至嫁祸风险；此外企业层面合规体系的存在也可能会使得董监高的决策流于形式化、网络化，成为掩盖企业高层或单位组织犯罪、违规、违法的工具。所以为了避免此类后果的发生，除常规合规报告以外，公司需要建立可以突破企业内部层级阻碍的举报与问责管理机制。

二、违规管理与举报问责的内容有哪些？

（一）违规管理机制

对于企业出现的违规行为，企业应该建立健全违规管理机制，其内容围绕违规事项，其主要环节由违规举报、违规调查、违规处置等组成。违规举报虽作为举报问责制度的一部分，前者内容侧重于违规事项。其方式有实名举报和匿名举报两种，目前很多大型企业都已经设立了违规举报渠道，例如，24 小时举报热线电话，甚至会提供不同语种的接听服务，还包括接受违规举报的电子邮件和专用信箱等。

违规调查是在合规负责人收到违规举报信息后展开的违规调查，例如，我国国务院国资委曾对央企提出违规管理机制的设立要求，在《指引（试行）》征求意见稿（第二十条）中规定纪检监察部门负责受理违规举报、违规调查和处置。调查范围一般先从企业外围开始，再逐步缩小至企业内部，最后在掌握了具体证据与责任人后，再与所涉个别员工进行约谈和调查。在违规调查中如若涉及专业技术和专业技能，需要企业法务部门、财务部门、信息技术部门等参与违规调查的，则要积极寻求帮助与专业支持。

违规事项的应对与处置是在上述违规调查环节结束后，向合规负责部门、人员或其他决策机构提出违规调查结果与解决建议，由企业内部决策机构依权作出所涉违规事项的应对决定后，相关部门再根据决定内容负责具体推进、落实。

（二）举报问责机制

合规举报与问责作为合规管理的一部分，也属于企业刑事合规机制的配套机制，其建立健全也是保障合规管理体系得以有效运行的重要因素。合规举报环节大多是举报人通过书信、电子邮件、电话、口头等多种举报方式，向有关合规部门或负责人反映合规情况、问题，提出有关意见、建议或举报违规违法事项。

为了保障与保持合规举报问责体制的有效运行与畅通，企业有必要提供相应的举报渠道与手段，其不限于配备相应的技术、人员等资源支持；主要目的是在企业内部和员工层面形成“安心、放心、用心”的举报渠道与举报环境，这是企业内部各层级成员主动参与到合规举报与问责机制的前提。例如，对于举报人的反打击报复就是对举报人保护的有力措施；同时也决不能姑息利用举报渠道恶意污蔑诽谤他人的行为，企业可以针对举报人制定专门的保护办法，作为企业合规举报问责机制的一个部分。

反观合规举报阶段之后的问责机制，多偏向于企业对相关违法违规责任人进行的原因查处、纪律处分等手段，对企业员工或相关组织负责人有训诫、警告、降职、降级、离调、解雇、向有关部门报告违法情况、对违规人员提起诉讼追回损失等多种方式。

以经过贿赂丑闻后“涅槃重生”的西门子公司为例，其在自己官网上对合规举报机制的安排清晰且明确，在保障合规举报渠道畅通的前提下还搭建了相应的合规举报平台。西门子在官网中规定，“为了获得有关违反合规的情况，我们为内部和外部各方提供了各种报告方式。合规举报渠道‘Tell Us’、全球特派调查官和会计投诉都是受保护的渠道，西门子员工和外部利益相关者可以使用这些渠道（如果需要，可以匿名）提出可能存在的违规问题”。

三、如何进行违规管理与举报问责？

（一）违规管理机制

企业合规制度的违规管理与处理虽然是企业刑事合规将近末尾的环节，但期望其实现预期的目标、得到有效运转，则需要与现存合规管理体制的其他环节协调配合。即得以违规管理的前提是需要依靠前述合规风险管理机制中的识别、分析环节，只有在认清其待解决问题后，消除产生违规或违法的根本原因，才能避免再次发生或在其余地方发生。

实践中当发现企业存在不合规、不合格环节或问题后，对其进行违规管理时，企业内相关组织与负责人应该做好以下四个方面的工作与应对措施，见表 2－23。

表 2－23　企业违规管理机制内容

组织面对违法违规事项时的应对措施是什么？
组织运行中发现违法违规事项是否保留好相关证据？
组织加强对违法违规信息的分析与归纳，是否能举一反三、引以为戒？
组织是否因某次违规违法事项将先前合规工作全盘否定？

整体而言，在合规的违规与管理机制中，具体可以参考的步骤与流程如图 2－8 所示。

从图 2－8 中不难发现，当企业发现违规违法事项后需要依据此事项的紧急程度、危害范围、所在领域等指标进行评价分析；而非都按照相同标准、模式对所有问题和风险进行管控与处理，若没有“个性化定制”的处理方案则会造成企业合规资源、精力成本的极大浪费。在违规处理整套流程完毕后，建议将违规违法的问题与风险记录存档、保留，以文字化资料与信息整合，作为后续对现有体制不断优化的参考依据。

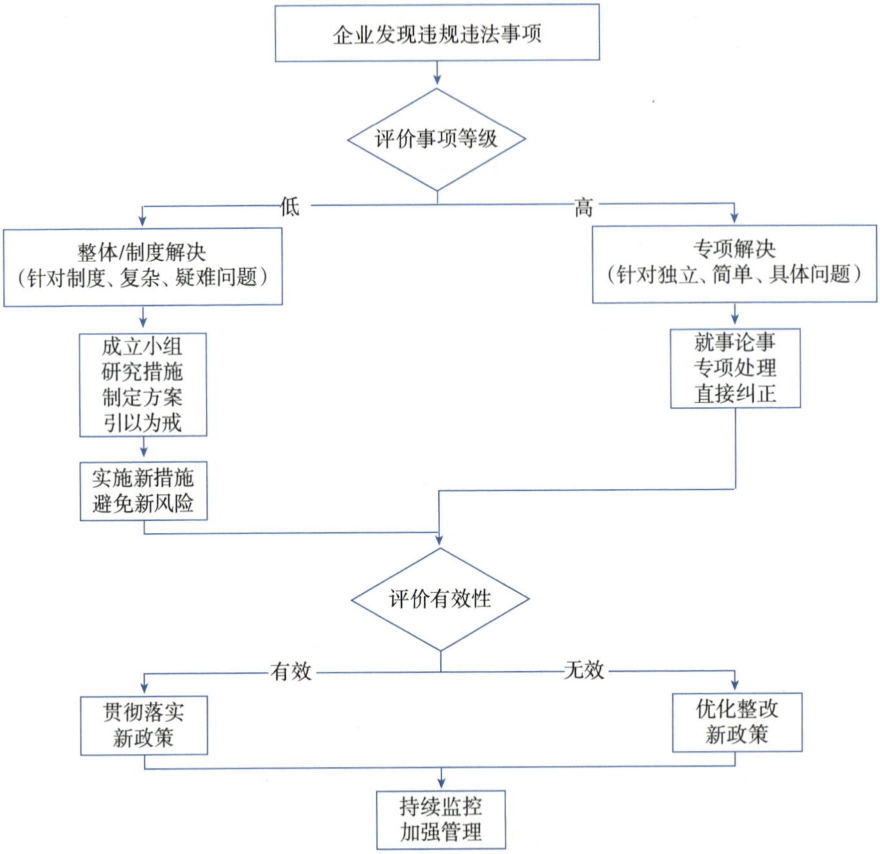

图2－8　企业违规管理机制的步骤与流程

违规管理与纠正措施的核心在于贯彻执行，发现问题只是此流程的起点。为保证违规管理后的优化与纠正措施能够有效执行，需要相关负责人、组织机构加以控制。其措施不限于明确违规管理中具体涉及有关人员的职责，如负责违规问题内部调查、违规问题管理、违规问题改善措施与解决方案、落实贯彻解决方案、监督解决方案、违规问题后续文件化管理归档等，将违规管理的责任“落实到人、贯彻到岗”。

（二）举报问责机制

为保障举报制度的顺利运行，合规举报可以采取实名举报或匿名举报多种方式进行信息收集。此外企业可以通过开设举报热线、专设举报邮箱、聘请第三方专家团队等配套措施，以鼓励企业内部与企业外部对涉及的有关合规问题进行举报。举报人的范围不应局限于企业内部的机构、组织、员工，还应该包括企业外部所涉及的利益关联方、商业合作伙伴、第三方等各个角度，起到对企业合规的全方位监督与管理的作用。

合规有关部门收到相关举报信息后，应当围绕此举报事项积极展开合规调查、核实举报信息、收集与保存相关证据等，并将核实与收集分析后的结果告知举报人，进行及时反馈与处理。在完成对违规问题与风险的管理后，应当立即停止违规行为，以减轻法律责任与缩小损失范围。必要时组织可以启动合规内容调查，如反贿赂、反垄断、反舞弊等，相关负责人应该积极配合调查。同时应该第一时间寻求专业人员的帮助与支持，通过归责制度及时找到问题的根源，提供有关证据、为企业进行辩护，寻求减轻企业法律责任的可能性。

在合规举报与归责处理机制的全流程中要注重对举报人、举报信息、举报结果的保密管理，如若需要开展内部调查和证据收集，也需要坚持隐蔽性、边界性原则，才可以保证得到的结果是客观且有效的。得到相应的举报分析报告与反馈结果后，对结果的处理也需要围绕举报事项仅限特定的负责人知晓；相应地，获得信息的一方也应该承担其保密义务，不得随意分享与转载。为避免企业内部高层利用其职权之便，对下层合规人员施压被迫泄露举报信息，合规部门可以制定相应的规避制度、规章，从源头上减少合规举报渠道客观性被侵害的可能性，严格限制或监督高层调取举报信息的行为。

为了提高企业员工举报的积极性，企业必要时还可以制定激励政策，以鼓励员工与相关利益方勇于举报。例如，对积极举报者给予奖金奖励、职务晋升、岗位调迁等方式支持；对违规违法行为明知但漠视、故意视而不见的员工给予相应的惩罚措施；对采取打击报复的当事人应当采取严惩的态度，“以正视听”，避免损害员工合规举报的积极性。

四、总结

“与其临渊羡鱼，不如退而结网。”刑事合规这一法律概念虽不属于我国“土生土长”的法律制度，但其基本运作模式与我国企业法益保护的价值趋向相同，所以近年间“刑事合规”被逐步引入与推进。我国刑事合规制度大致是采取国家公权力机关与企业的“合作模式”，发挥企业合规管理“刑事化”趋势，使得双方的合作能够在控制与治理企业违规违法犯罪领域达到双赢的理想效果。

随着近年来刑事合规试点工作的不断深入，我国企业内刑事合规制度的建立也不断完善与规范。从最初对企业合规组织与架构的建设开始，将企业的规模、领域、行业、业务等特点作为多重考量的评价指标，完成“量体裁衣”式合规组织模式的搭建；以企业内部决策层、管理层、执行层“三层级”的合规职责明确与划分，作为后续合规团队开展工作的合规承诺与合规要求的依据；在合规风险管理体系中贯彻预防、识别、应对各阶段的合规工作，发挥业务部门、合规部门、审计部门“防范三层级”的作用；通过合规内部调查、内部审计、报告与举报等机制，发现潜在问题和风险后积极进行问责与奖惩，并在事后对现存合规机制进行优化整改。简言之，通过对以上所列举各个环节与机制的完善与健全，才能共同构成与协调促进企业刑事合规制度的全面系统、有效运转与责任共担的发展目标。

不可否认的是，从企业合规与“刑事化”的不断联结发展趋势来看，凭借刑罚威慑力与强制力的特殊性质，其确实在企业合规领域的全球发展中发挥了不可或缺的作用。合规乃是企业得以可持续发展的基石，也是可以向外拓展商业活动版图、走向全球化发展舞台的通行证。

改革开放不仅使营商环境的“春风袭来”，而且也促使我国企业的合规意识从“要我合规”的被动态度逐渐向“我要合规”的主动姿态演进。“他山之石，可以攻玉”，中国企业在纷繁复杂的资本市场角逐下逐渐形成了具有中国特色的企业合规模式。从刑事合规的有效性评价机制来看，是以企业规模的衡量指标作为参考依据的。例如，跨国、境外经营活动企业需要满足的刑事合规有效性评价标准是很严格的：不仅需要遵守国内所需的合规义务，还应当遵守所在国与经营国的合规要求；既要满足全面性、系统性的合规标准，又要有所侧重满足专项合规的要求。反观境内企业也要根据其企业规模作出相应努力，例如，央企应该满足本章所介绍的十二项合规机制建立的要求，即预防机制、识别机制、应对机制所涉及的各项环节。大型、特大型企业应该坚持向央企刑事合规机制建设的高标准靠拢；而小微型企业合规机制目前以具备预防、识别、应对三项核心机制为主要要求，其余要素可以视情况适当降低要求。

2000 年是中国企业合规建设的起步之年，一切企业合规事项尚处于“百废待兴”的局面；而 20 多年后的今天，国内企业合规虽然还没发展到健全和完善的鼎盛阶段，但经过不断的合规实践，也在为世界企业合规建设提供我国特有的智慧。

CHAPTER 3
第三章

企业重点领域刑事合规审查：抓矛盾、解难题

1

第一节　商业模式的创新要找准路径

一、这些商业模式都安全吗？

商业模式在传统意义上属于商业管理学的概念。在管理学中，商业模式关注点在于企业与顾客之间、企业内设的各个部门之间、企业与企业（包括上下游渠道）之间的交易关系或者联结方式。企业通过选择适宜的商业模式，可以更全面地满足客户的需求，更有效地管理组织企业的各种资源、更好地提供具有竞争力的产品和服务，进而创造或保持市场优势地位。“基之固于事物，其义要也。”而商业模式对于刑事合规处于企业经营和发展的坚固基础地位。反之，如若商业模式选择错误，尤其是出现了违法违规问题，即便是企业的经营活动、经营能力再突出，企业的可持续发展之路也举步维艰，甚至会遭受行政处罚和刑事判决。因此，商业模式的刑事合规审查简言之就是分析、管理、避免企业在选择商业模式时将面临的刑事风险，用以引导企业和企业家作出正确的选择，避免因为“根基”违法而导致企业的大厦倾倒。本节将以常见的高风险商业模式为例，讲述如何从“出罪”的角度对商业模式进行刑事合规管理，从而有效地避免和减少企业和企业家面临的刑事法律风险。

二、为什么司法实践是这样的？

（一）提供有偿删帖服务，可能构成非法经营

互联网的日新月异使得网络信息的流通速度更加迅速，现代社会中对自身的名誉、商业信誉也越发重视与维护。一旦互联网中突然的八卦、爆料新闻会对个人名誉、企业信誉造成负面影响时，当事人都会尽快想尽办法进行删帖等操作，尝试对损害结果加以控制，避免危害进一步扩散。在此有利可图的趋势催化下，很多有偿删帖的代办个人或单位层出不穷。当事人为了尽快缩小负面影响、抹掉不利信息，通常不会花费时间去审查删帖机构是否拥有相应的合法经营资质。这导致了不少企业就抓住此项消费市场的痛点：在无任何经营资质的前提下以提供“公关服务”“咨询服务”为名，实质提供有偿删帖服务，并以此作为本企业或组织的经营模式。例如，有些企业明显违反国家规定，以营利为目的，通过设立网站的方式，将互联网中的金融类公司负面信息汇总集合，并由专门团队负责联系相关公司，提供有偿删帖、屏蔽信息等业务。

事实上，从企业商业模式合规角度而言，并无拥有网络信息服务资质的企业可以提供正规、合法的有偿删帖、屏蔽信息等服务；此种行为本身就属于非法经营，如若此类企业长此以往提供此类服务，不久之后就会面临行政处罚。当其对市场经营秩序的破坏程度所造成的影响达到刑事犯罪的立案标准时，企业及其主要负责人还可能会面临被认定为非法经营罪的刑事风险。

（二）以拉人头、缴纳会费、发展会员等形式经营，可能构成传销

2021 年，娱乐圈曾爆料一对明星夫妇的公司涉嫌传销行为，该组织通过“明星效应”进行自我包装，以设置入门费、拉人办卡的形式来达到营利的目的。在公司内部甚至逐步形成多层级的上下线关系，并通过扩大会

员的数量作为计酬或者返利的依据。此种模式下的“TST 秘密”通过多个网络平台大肆宣传，还利用其号召力与影响力邀请了娱乐圈众多明星为其“站台”、宣传。据报道①，该夫妇运营的实体贸易公司通过“加入 TST 一分钱不用投”“鼓励她们（客户）自己开卡，变成自己人牢牢圈住”等宣传方式，不断招代理进行洗脑灌输其传销套路。此外，借助自身明星光环大肆宣扬“拉人办卡、自己当老板”的传销口号、营销策略，并在组织内部上下层级间实施和推广“返利制”复杂薪酬模式。据了解，TST 实行所谓的“返利制”薪资方式，将会员等级分为“红卡”与“蓝卡”（此前还存在“金卡”“银卡”等划分方式），并以此制定配套的详细的奖金制度，其核心以“消费金额”“团队业绩”等作为参考指标，如达到一定等级要求，则下个月发工资时就能获得相应比例的返利回馈。此种传销洗脑式经营模式被知情人士曝光后，工商行政管理部门立刻开展调查。最终湖北省咸宁市工商局认定运营者构成传销行为，并处没收违法所得 3950 万元、罚款 150 万元。

（三）谨防融资租赁业务中的合同诈骗行为

融资租赁②是集融资与融物、贸易与技术更新于一体的新型金融产业。融资租赁的行为方式是指出租人根据承租人对租赁物件的特定要求、对供货人的选择，出资向供货人购买租赁物件，并租给承租人使用；承租人则分期向出租人支付租金，在租赁期内租赁物件的所有权属于出租人所有，承租人拥有租赁物件的使用权。实践中某些公司通过虚设租赁公司、虚构战略合作关系等方式来虚构融资租赁的商业模式，使承租方在与虚构租赁公司签订协议的同时，与其他租赁公司另行签订联合租赁协议。以非法占有为目的，骗取承租方巨额钱财，并以此从中非法牟利。上述商业模式就

① 来自澎湃新闻。

② 来自百度百科。

是以融资租赁为幌子、实则进行合同诈骗的犯罪行为。

三、企业应该如何选择安全的商业模式？

（一）提供有偿删帖服务的非法经营案[①]

2015 年 7 月，迪思公司与安利公司签订了三份百度 SEO（指“搜索引擎优化”）合同。按照双方签订的合同内容，约定迪思公司使用删除、屏蔽、下沉等手段在百度搜索引擎中清理涉及安利公司的负面信息。姜某在担任迪思公司大数据中心负责人期间，为了删除安利公司的负面信息，通过 QQ 平台找到专门从事有偿删帖业务的吴某、何某。具体操作方式是由姜某将其部门搜集的相关帖文链接发给吴某、何某，吴某、何某共同为姜某删除、屏蔽帖文 1800 余条，事后姜某则代表迪思公司向吴某、何某支付删帖费用共计 143 万余元。

合规分析与提示

本案中，迪思公司以负责删除网络上有关安利公司负面信息为由，向安利公司收取巨额费用。吴某、何某向迪思公司专门提供“删除网络上有关安利公司负面信息”的具体删帖业务，并向迪思公司收取巨额费用，上述行为产生的非法删帖经营数额、违法所得数额均巨大，其影响达到了严重扰乱市场秩序的程度。迪思公司、姜某、吴某、何某违反国家规定，以营利为目的，通过信息网络有偿提供删除信息服务，扰乱市场秩序，情节特别严重，符合非法经营罪的构成要件，故其行为均构成非法经营罪。

（二）以生态环保项目为诱饵的组织、领导传销活动罪[②]

2016 年 7 月、8 月以来，侯某从事传销活动谋取非法利益，与王某、黄某合谋，通过李某联络、介绍、商议，由侯某出资缴纳加盟费给伊某，

① 来自(2019)鄂 10 刑终 141 号刑事裁定书。

② 来自查某、科技公司等组织、领导传销活动罪(2021)苏 08 刑终 264 号刑事裁定书。

以黄某实际经营的某科技公司加入伊某任主任的中小企业诚信联盟，获得生态环保项目。后几人共同商定以该环保项目开发为幌子，通过设立某环保联盟俱乐部作为该项目的具体实施机构。对不特定对象即普罗大众宣传：只需消费5000元购买相关产品即可成为该项目会员，并获得推广经营的资格；以直接或间接发展人员的顺序、数量继而组成一定上下层级关系，并以此作为后续获得奖励的参考标准，如所谓的"分享奖""见点奖""层碰奖"等。再不断扩大会员队伍，引诱现有会员继续发展新会员来参会，进而骗取财物。据报道，该组织为增加曝光量、吸引和诱骗更多的人参加该传销组织，曾在该县影剧院召开"某科技公司生态环保项目启动大会"。"启动大会"期间伊某带领所谓的"领导"参加"大会"，为传销组织"站台"，甚至还安排专人对"大会"进行全程拍摄。将视频发布到腾讯视频等网络平台吸引眼球、进行宣传，以增加"会员"对此组织的可信度，据统计共吸引来自全国各地近千名群众参加。截至案发，该传销组织仅在该县境内发展会员人数已超30人、层级达5层。事后经会计师事务所审计，上述传销组织通过银行卡收取会员报单款高达43303813元，拨付会员奖金提现款28854822元，共计非法获利14448991元。

合规分析与提示

本案以某科技公司发展生态环保项目为名，形式上以要求参加者以缴纳"会费"的方式获得加入资格，并按照一定顺序组成上下级关系，共计发展会员超30人、涉及层级5层。经营模式是以发展下线"会员"的数量作为上线的计酬依据，以此恶性循环、引诱参加者继续发展他人参加，达到骗取财物的目的，最终造成严重扰乱经济秩序的不良后果。在本案中非法获利数额巨大，情节严重，其行为符合组织、领导传销活动罪的构成要件，依法被认定为组织、领导传销活动罪。其中伊某明知李某等人欲从事传销活动，行为目的为谋取非法利益，却仍为其提供帮助，系在传销活动实施，传销组织建立、扩大等中起关键作用的人员。此外，查某明知王某等人进行传销活动，为谋取非法利益，仍为王某等人进行网络开发和维护，为传销活动提供帮助。上述行为依法均已构成组织、领导传销活动罪。

四、商业模式审查的刑事合规建议

（一）合同诈骗的罪与非罪

根据我国现行《刑法》关于合同诈骗罪的规定，合同诈骗罪需要同时满足三个条件，即以非法占有为目的、采取欺骗手段、骗取对方财物数额较大。在认定合同诈骗罪时，以上三个构成要件缺一不可。在进行刑事合规审查时应同时注意区分合同诈骗罪与合同经济纠纷：合同诈骗罪受到的是刑事法律法规的约束；而合同经济纠纷则通常导致民商事责任，不属于刑事犯罪的范畴。

1. 是否具有“非法占有目的”

应当根据行为人的行为是否符合刑法所规定的行为类型，并综合考虑事前、事中、事后所涉及的各种主客观因素进行整体判断：①主体资格是否真实；②是否签订虚假合同、使用虚假担保；③行为人有无履约能力；④在签订合同后有无履行合同的实际行为；⑤违约后有无承担责任的表现；⑥取得财物后的主要处置情况；⑦未履行合同的原因。

2. 是否“采取欺骗手段”

合同诈骗罪中的行为人是以骗取财物为目的，常见类型有以虚构项目、虚构商业模式、虚构公司、虚构证明文件或隐瞒真相的方式获得利益，例如，以虚构的单位或者冒用他人名义签订合同的；以伪造、变造、作废的票据或者其他虚假的产权证明作担保的；没有实际履行能力，以先履行小额合同或者部分履行合同的方法，诱骗对方当事人继续签订和履行合同的；收受对方当事人给付的货物、货款、预付款或者担保财产后逃匿的；等等。

反观合同经济纠纷中的行为人则是通过履行约定的民事法律行为而获得经济利益。

3. 数额较大认定标准

以非法占有为目的，在签订、履行合同过程中，骗取对方当事人财物，数额在 2 万元以上的，应予立案追诉。

五、非法经营行为的刑事合规建议

一般的非法经营行为并不会直接被认定为非法经营罪①，只有符合法定情形且情节严重的，才会承担刑事责任。

我国《刑法》在非法经营罪中明确规定的非法经营行为有：①未经许可经营法律、行政法规规定的专营、专卖物品或者其他限制买卖的物品的；②买卖进出口许可证、进出口原产地证明以及其他法律、行政法规规定的经营许可证或者批准文件的；③未经国家有关主管部门批准非法经营证券、期货、保险业务的，或者非法从事资金支付结算业务的；④其他严重扰乱市场秩序的非法经营行为。

实践中关于是否达到“扰乱市场秩序，情节严重”的认定是以经营数额、违法所得数额来作为量化标准。因此，对非法经营行为进行刑事合规管理，主要是从确保个人、单位的经营数额、违法所得数额不超过非法经营罪的起刑点，以及通过正规渠道事先获取或事后取得经营许可、资质、批准等方面入手。

需要注意的是，上述非法经营罪的起刑点根据从事的行业、领域不同不尽相同。例如，上文提到的“提供有偿删帖服务的非法经营行为”，为

① 《刑法》第二百二十五条　非法经营罪。

避免该行为被认定为非法经营罪①，可以采取的刑事合规管理路径有：①遵守国家对《互联网信息服务管理办法》的规定，对企业从事经营性互联网信息服务的应当经有权机关许可并取得许可资质证书，对企业从事非经营性互联网信息服务的应当向有权机关进行备案；②已经发生非法经营行为的，确保自然人的非法经营数额在 5 万元以下，或者违法所得数额在 2 万元以下的；③已经发生非法经营行为的，确保单位非法经营数额在 15 万元以下，或者违法所得数额在 5 万元以下的。

以经营电视网络接收设备（含软件）为例，应确保自然人的非法经营数额在 5 万元以下，或者违法所得数额在 1 万元以下；确保单位非法经营数额在 50 万元以下，或者违法所得数额在 10 万元以下。

以从事非法套现为例，常见方式是通过 POS 机，应确保非法经营数额在 100 万元以下，造成金融机构资金逾期未还数额在 20 万元以下，造成金融机构经济损失数额在 10 万元以下。

以经营烟草专卖品为例，应确保非法经营数额在 5 万元以下，违法所得数额在 2 万元以下，经营卷烟的应控制在 20 万支以下；且曾因非法经营烟草专卖品 3 年内受过 1 次行政处罚的，务必禁止再发生非法经营烟草专卖品行为并再次受到行政处罚的情况。

对于法律、行政法规未对特定行业、领域作出具体数额规定的，从事其他非法经营行为的，应确保非法经营数额在 5 万元以下，违法所得数额在 1 万元以下。需要注意的是，如若 2 年内因同种非法经营行为已经受过 1 次行政处罚，又进行同种非法经营行为的，可能会被认定为非法经营罪。

---

① 《最高人民法院、最高人民检察院关于办理利用信息网络实施诽谤等刑事案件适用法律若干问题的解释》第七条。

六、传销行为的刑事合规建议

所谓传销，是指组织者或者经营者发展人员，通过对被发展人员以其直接或者间接发展的人员数量，或者销售业绩为依据计算和给付报酬，或者要求被发展人员以交纳一定费用为条件取得加入资格等方式谋取非法利益，扰乱经济秩序，影响社会稳定的行为。我国司法实践中关于办理组织领导传销活动的刑事认定以传销组织的层级、人数、骗取财物手段、计酬方式等内容为核心标准。实践中以下三类大多属于典型的传销行为：①组织者或者经营者通过发展人员，要求被发展人员发展其他人员加入，对发展的人员以其直接或者间接滚动发展的人员数量为依据计算和给付报酬（包括物质奖励和其他经济利益），谋取非法利益的；②组织者或者经营者通过发展人员，要求被发展人员交纳费用或者以认购商品等方式变相交纳费用，取得加入或者发展其他人员加入的资格，谋取非法利益的；③组织者或者经营者通过发展人员，要求被发展人员发展其他人员加入，形成上下线关系，并以下线的销售业绩为依据计算和给付上线报酬，谋取非法利益的。

在有权机关查处传销行为的过程中，经查处后确属存在传销行为的，通常会受到工商行政管理部门的行政处罚；如果情节严重涉嫌刑事犯罪的，才会导致被认定为组织、领导传销活动罪，企业或其组织、领导者需要承担刑事责任。对于传销组织的认定也需要结合多个因素进行综合判定，因此我们对企业涉嫌传销行为时的刑事合规管理，主要也是从传销组织的层级、人数、骗取财物手段、计酬方式等角度出发。

（一）传销组织层级及人数的量化控制。

应当将其组织内部参与传销活动人员控制在30人以下且层级数应当控制在3级以下。实践中常将“三层级”称为分水岭，因为在市场营销模式中，常有直销或分销的类型；而分销模式可以分为二级分销或三级分销。三级分销中的第三级类似于“渠道商”的地位，三级分销虽属合法的营销模式，可一旦超过三级，就有面临可能涉嫌传销的刑事风险。因此尤其需要特别注意三点：一是对传销组织内部人数和层级数的计算，以及对组织者、领导者直接或者间接发展参与传销活动人员人数和层级数的计算，包括组织者、领导者本人及其本层级在内。二是组织、领导多个传销组织，单个或者多个组织中的传销活动人员及层级均应按照上述标准严格控制，否则一旦出现单个或者多个组织中的层级已达三级以上的情况，则可能面临被认定为符合传销组织构成要件的风险。三是当原组织者、领导者形式上脱离原传销组织后，继续从原传销组织获取报酬或者返利的，原传销组织在其脱离后发展人员的层级数和人数，也会被计算为其发展的层级数和人数。因此，如果企业及其经营管理者后期已经脱离传销组织的，应杜绝继续从原传销组织获取报酬或者返利的行为。

（二）拒绝通过骗取财物进行非法获利

企业应当通过买卖商品、提供服务等正当、合法的商业途径进行营利活动、创造商业价值；避免通过提供虚假信息、隐瞒真实情况等欺骗手段，向参与传销活动人员收费借此非法牟利。常见的欺骗手段有编造、歪曲国家政策，虚构、夸大经营、投资、服务项目及盈利前景，掩饰计酬、返利真实来源等多种噱头的欺诈形式。需要注意的是，对于企业是否采取欺诈手段的认定则是需要通过企业从事的客观行为进行判断，并不是以参与传销活动人员意识上是否认为被骗为标准，即只要企业在客观上采取了欺骗手段、非法牟利，参与传销活动人员是否明知自己被骗，并不影响法律层面上对“骗取财物”的认定。

（三）区分单纯的“团队计酬”与“拉人头返利”的计酬模式

并非所有的“团队计酬”都会被认定为传销组织的计酬模式；传销活

动中的非法牟利指的是利益来源的非法性，而非利润分配的方式。传统的“团队计酬”只是一种利润分配方式的表述，通常用于销售领域的多层次计酬。“团队计酬”的奖金制度让直销员可以从其本身所吸收、培养、发展的下级组织成员业绩中分享到他应得的奖金①。以销售商品为目的、以销售业绩为计酬依据的单纯的“团队计酬”式传销活动，不会被作为犯罪处理。

反观形式上采取“团队计酬”方式，但实质上属于“以发展人员的数量作为计酬或者返利依据”的传销活动，就可能会被认定为组织、领导传销活动罪。传销组织的典型计酬模式是，组织者或者领导者通过发展人员，要求传销活动的被发展人员发展其他人员加入，形成“上下线”关系，并以下线的销售业绩为依据计算和给付上线报酬，谋取非法利益。而销售业绩的具体表现形式就是按照“拉人头”的数量来计算，也称为“拉人头返利”式传销活动。

七、非法吸收公众存款的刑事合规建议

根据我国《刑法》规定，非法吸收公众存款或者变相吸收公众存款，扰乱金融秩序的，处3年以下有期徒刑或者拘役，并处或者单处2万元以上20万元以下罚金；数额巨大或者有其他严重情节的，处3年以上10年以下有期徒刑，并处5万元以上50万元以下罚金。

企业在经营过程中如果存在以下行为，则可能会被认定为非法吸收存款：①不具有房产销售的真实内容或者不以房产销售为主要目的，以返本销售、售后包租、约定回购、销售房产份额等方式非法吸收资金的；②以转让林权并代为管护等方式非法吸收资金的；③以代种植（养殖）、租种植（养殖）、联合种植（养殖）等方式非法吸收资金的；④不具有销售商

① 来自百度百科。

品、提供服务的真实内容或者不以销售商品、提供服务为主要目的，以商品回购、寄存代售等方式非法吸收资金的；⑤不具有发行股票、债券的真实内容，以虚假转让股权、发售虚构债券等方式非法吸收资金的；⑥不具有募集基金的真实内容，以假借境外基金、发售虚构基金等方式非法吸收资金的；⑦不具有销售保险的真实内容，以假冒保险公司、伪造保险单据等方式非法吸收资金的；⑧以投资入股的方式非法吸收资金的；⑨以委托理财的方式非法吸收资金的；⑩利用民间“会”“社”等组织非法吸收资金的。

对于企业而言，要想避免构成非法吸收公众存款罪，首要任务是避免非法吸收存款的数额或者数量达到国家规定的构罪标准。根据我国法律规定，单位如果非法吸收存款的数额达到 100 万元及以上或者客户数量达到 150 户及以上的，将会构成犯罪。所以对于企业而言，如果其在发现自身存在非法吸收存款的行为，而犯罪数额或者客户数量并未达到上述标准的，应当立即停止相关行为，避免构成刑事犯罪。

2

第二节　数据安全的这些事您做了吗？

一、企业可以不讲数据、网络安全吗？

随着大数据时代的到来，无论是初创企业还是处于中长期发展阶段的企业都在尝试努力通过大量的资本投入、技术投入、引进人才等多领域、多渠道的方式紧跟互联网信息发展的时代潮流，实现向互联网领域的转型和发展。随着“爬虫自动化技术”等信息收集手段的不断提高以及企业间对资源利用、抢占市场的竞争愈演愈烈，使得个人信息的隐私性、保密性遭受了极大的威胁。社会各界针对个人用户信息收集来源、储存、运输、使用的合法性等问题进行了广泛讨论；但无论互联网如何发展也都不应成为包庇违法违规行为的“法外之地”。

针对互联网领域不断暴露出的监管漏洞，我国立法和监管力度也在不断加强。全国人大常委会于2016年11月7日发布的《中华人民共和国网络安全法》、2021年6月10日发布的《中华人民共和国数据安全法》、2021年8月20日发布的《中华人民共和国个人信息保护法》以及2020年5月28日颁布的《中华人民共和国民法典》中也将“信息数据”纳入保护范围，由此可见我国正在快速搭建数据合规的立法体系。

但很多企业由于缺乏合规意识，在大规模进行数据资源争抢时常受到行政机关的行政处罚；涉嫌情节严重的，还将面临刑事处罚。企业一旦冲破数据安全的刑事风险“红线”，企业及其相关责任人员都将可能面临承担刑事责任的风险。

本书将以常见的数据违法现象为例，解答如何在企业开展经营活动的过程中守好数据安全的刑事合规“红线”，从而有效避免和减轻企业和企业家面临的风险。

二、看看这些忽视了数据安全的企业发生了什么

（一）电信运营商拒不履行信息网络安全管理义务，可能构成犯罪

2021 年，首起电信网络虚拟运营商拒不履行信息网络安全管理义务案在昆明市盘龙区人民法院宣判。这是我国电信运营商因手机卡实名制监管不到位，造成电信网络诈骗犯罪严重后果而获刑的“全国第一起案例”。2019 年云南警方成立“ 3·15”专案组，针对网络上“下游诈骗犯罪，中游倒卖虚拟账号，上游贩卖手机、‘黑卡’”的网络黑灰产业链条。经过侦查机关对案件深挖、同步推进、多点打击，专案组发现了中游的盗号、贩号窝点——昆明市“黑兔子”工作室。据悉“黑兔子”工作室从亚飞达公司大量购买手机“黑卡”；此外警方进一步侦查发现该公司是一家电信运营商的一级代理商，其主要业务是帮助电信运营商销售各类电话卡。其为获取高额回报，曾利用注册和控制的 18 家空壳公司，采用签订虚假销售合同、虚假代理等方式，与电信运营商内部人员勾结，获取了大量电话卡。

同时，该公司还为全国 300 余个类似“黑兔子”工作室的犯罪团伙提供大量电话“黑卡”用于盗取微信号和从事电信网络诈骗活动，仅 2018 年就非法提供电话“黑卡”1000 万余张。远特公司作为电信运营商在明知亚飞达公司违规大量贩卖电话卡、使用电话卡从事违法犯罪活动的情况下，仍然故意为之、放任不管，源源不断地为其提供大量电话卡，并违规开通高级权限，客观上为下游各类违法犯罪活动提供了便利。远特公司因明知亚飞达公司在从事违法行为而拒不履行其网络管理责任者的义务，涉

嫌拒不履行信息网络安全管理义务罪被法院依法判决。

（二）公司员工购买个人信息，可能构成犯罪

2011—2013 年，雀巢公司员工郑某、杨某分别担任雀巢公司市务经理、区域经理期间，为了抢占市场份额、推销雀巢奶粉，授意该公司员工杨某红、李某林、杜某娟、孙某通过拉关系、支付好处费等手段，多次从多家医院医务人员手中非法获取公民个人信息。其间，王某敏、丁某芳、杨某等利用其担任妇产科护师的便利，将其在工作中收集的公民个人信息非法提供给杨某红、孙某等，并收取了好处费。

一审法院以郑某、杨某等侵犯公民个人信息罪，判处有期徒刑并处罚金。在一审判决后，各被告人均以其行为是公司行为、本案应属单位犯罪为由上诉至兰州市中级人民法院。在二审中雀巢公司抗辩称，其从不允许员工以非法方式收集消费者个人信息并且从不为此向员工、医务人员提供资金。此外，雀巢公司曾在《雀巢合规宪章》《雀巢指示》等文件中明确规定“对医务专业人员不得进行金钱、物质引诱”。公司还要求所有营养专员接受培训并签署承诺函，企业内部已建立了有效的合规计划，本案中员工行为应属个人行为。

最终二审法院经审理认为雀巢公司已尽到合规管理的义务，被告人违反雀巢公司的合规管理规定，应属个人行为。本案雀巢公司以已建立有效的合规计划为抗辩理由，主张员工行为属个人行为，从而将单位刑事风险与个人刑事风险有效隔离。

（三）某科技服务公司及其股东等人拒不履行信息网络安全管理义务案

2016 年 5 月至 2021 年 6 月，王某某、虞某某作为安徽 A 公司股东及实际经营人，在江苏、浙江、安徽等地设置机房并架设虚拟服务器，其间通过淘宝店铺、公司官网等线上方式向不特定人提供 VPS（虚拟专用服务

器）出租服务。2020 年 5 月，因未落实网络安全等级保护制度，未采取监测、记录网络运行状态、网络安全事件的技术措施，未按照规定留存相关的网络日志，为用户办理网络接入时未要求用户提供真实身份信息，被公安机关作出警告处罚。

2021 年 4 月，A 公司被诈骗案案发，侦查过程中发现登录案涉 IP 的宽带租用方为安徽 A 公司，装机地址为该公司位于本区 A 街道的业务发展点。经鉴定安徽 A 公司位于上述业务发展点的服务器中没有发现保留虚拟机用户登录相关日志，如用户唯一标识、登录时间、退出时间、IP 地址及端口号等。并且上述服务器没有安装第三方软件防范计算机病毒和网络攻击、网络侵入等危害网络安全行为的技术措施。

该公司由于经公安机关责令采取改正措施而拒不改正，位于上述业务发展点的服务器未留存诈骗案犯罪嫌疑人的真实 IP 及登录日志，致使刑事案件证据灭失，情节严重，构成拒不履行信息网络安全管理义务罪。王某某、虞某某作为安徽 A 公司的股东及实际经营人，决定并实施上述犯罪行为，也应承担刑事责任。

（四）通过技术手段收集用户网络数据的非法获取计算机信息系统数据案①

C 公司、周某某、刘某等主要从事网络智能路由器的生产和操作系统的研发工作。2015 年，其将研发的路由器投放市场，该路由器搭载自主研发的 OS 系统，具有收集用户网络数据的功能。除此之外，C 公司还在其销售的其他品牌路由器上安装了 OS 系统及插件。在未向路由器用户明示并取得同意的情况下，周某某等非法收集 100 余万台路由器用户的 ID、MAC 地址、URL、COOKIE 等网络数据，后利用上述数据投放广告、出售牟利。

---

① 来自江苏检察网。

截至2018年9月，周某某等非法获利300余万元。本案周某某等在未取得用户授权的情况下，通过研发的路由器OS系统及插件，收集用户ID、MAC地址、URL、COOKIE等网络数据并牟利，情节较为严重，构成非法获取计算机信息系统数据罪。法院对C公司判处罚金并没收违法所得，分别判处周某某等四人有期徒刑2年6个月至3年。

三、网络安全、数据合规审查的刑事合规建议

（一）企业作为网络服务提供者履行网络安全管理义务的刑事合规建议

1. 企业作为网络服务提供者应当履行的网络安全管理义务

我国《刑法》及相关法律规定，企业作为网络服务提供者应当履行包括保障网络运行安全、网络信息安全等内容的信息网络安全管理义务，严格遵守《中华人民共和国网络安全法》等有关规定。网络运营者开展经营和服务活动，必须遵守法律、行政法规，尊重社会公德，遵守商业道德、诚实信用，履行网络安全保护义务，并接受政府和社会的监督、承担社会责任。

同时，网络运营者应当按照网络安全等级保护制度的要求，履行下列安全保护义务，保障网络免受干扰、破坏或者未经授权的访问，防止网络数据泄露或者被窃取、篡改：（1）制定内部安全管理制度和操作规程，确定网络安全负责人，落实网络安全保护责任；（2）采取防范计算机病毒和网络攻击、网络侵入等危害网络安全行为的技术措施；（3）采取监测、记录网络运行状态、网络安全事件的技术措施，并按照规定留存相关的网络日志不少于6个月；（4）采取数据分类、重要数据备份和加密等措施；（5）法律、行政法规规定的其他义务。

2. 网络服务提供者拒不履行网络安全管理义务的行政监管

企业作为网络服务提供者，当出现涉嫌拒不履行网络安全管理义务的

行为时，为避免企业跨越刑事风险的“红线”，首先应当选择将违规行为最大限度地限制在行政责任范围之内。即当企业出现不履行法律、行政法规规定的信息网络安全管理义务时，经网信、电信、公安等依法承担信息网络安全监管职责的部门责令采取改正措施的，应当立即按照监管部门出具的责令整改通知书或处罚决定书，积极开展整改措施，以达到合规要求。

3. 拒不履行网络安全管理义务的罪与非罪

当企业面临经监管部门责令采取改正措施而拒不改正，同时出现法定情形中任一情形的，将可能面临涉嫌拒不履行网络安全管理义务罪，被判处 3 年以下有期徒刑、拘役或者管制，并处或者单处罚金的刑事责任。

在实践中判断是否属于“拒不改正”的标准时，司法机关会综合考虑监管部门责令改正是否具有法律、行政法规依据，改正措施及期限要求是否明确、合理，网络服务提供者是否具有按照要求采取改正措施的能力等因素进行判断。

四种法定情形是指：（1）致使违法信息大量传播的；（2）致使用户信息泄露，造成严重后果的；（3）致使刑事案件证据灭失，情节严重的；（4）有其他严重情节的。

实践中对“违法信息大量传播”的界定标准是：（1）致使传播违法视频文件 200 个以上的；（2）致使传播违法视频文件以外的其他违法信息 2000 条以上的；（3）致使传播违法信息，数量虽未达到第（1）项、第（2）项规定标准，但是按相应比例折算合计达到有关数量标准的；（4）致使向 2000 个以上用户账号传播违法信息的；（5）致使利用群组成员账号数累计 3000 以上的通信群组或者关注人员账号数累计 3 万以上的社交网络传播违法信息的；（6）致使违法信息实际被点击数达到 5 万以上的；（7）其他致使违法信息大量传播的情形。

此外对“造成严重后果”的界定标准是：（1）致使泄露行踪轨迹信

息、通信内容、征信信息、财产信息500条以上的；（2）致使泄露住宿信息、通信记录、健康生理信息、交易信息等其他可能影响人身、财产安全的用户信息5000条以上的；（3）致使泄露第（1）项、第（2）项规定以外的用户信息5万条以上的；（4）数量虽未达到第（1）~（3）项规定标准，但是按相应比例折算合计达到有关数量标准的；（5）造成他人死亡、重伤、精神失常或者被绑架等严重后果的；（6）造成重大经济损失的；（7）严重扰乱社会秩序的；（8）造成其他严重后果的。

对“情节严重”的界定标准是：（1）造成危害国家安全犯罪、恐怖活动犯罪、黑社会性质组织犯罪、贪污贿赂犯罪案件的证据灭失的；（2）造成可能判处五年有期徒刑以上刑罚犯罪案件的证据灭失的；（3）多次造成刑事案件证据灭失的；（4）致使刑事诉讼程序受到严重影响的；（5）其他情节严重的情形。

综上所述，企业从事提供网络服务的，必须严格遵守我国相关法律、行政法规的规定。企业建设、运营网络或者通过网络提供服务，应当依照法律、行政法规的规定和国家标准的强制性要求；采取技术措施和其他必要措施，保障网络安全、稳定运行，有效应对网络安全事件，防范网络违法犯罪活动，维护网络数据的完整性、保密性和可用性。

同时，企业应该积极建立健全网络环境的监测和举报机制；如遇到用户投诉的，应当立即展开调查，与监管部门积极合作，进一步净化网络环境。

（二）侵犯公民个人信息的刑事合规建议

1. 什么是“公民个人信息”？

以电子或者其他方式记录的能够单独或者与其他信息结合识别特定自然人身份或者反映特定自然人活动情况的各种信息，包括姓名、身份证件号码、通信联系方式、住址、账号密码、财产状况、行踪轨迹等。

2. 企业处理个人信息的合法途径

企业处理个人信息应遵循合法、正当、诚信、必要性、目的特定性、知情同意、个人参与、保证质量、公开透明和安全保障的基本原则。企业处理个人信息应当事先取得个体用户的同意；但在符合如下的法定条件下，可以不需取得个人同意进行处理，且属于合法行为：①为订立、履行个人作为一方当事人的合同所必需，或者按照依法制定的劳动规章制度和依法签订的集体合同实施人力资源管理所必需；②为履行法定职责或者法定义务所必需；③为应对突发公共卫生事件，或者紧急情况下为保护自然人的生命健康和财产安全所必需；④为公共利益实施新闻报道、舆论监督等行为，在合理的范围内处理个人信息；⑤依照本法规定，在合理的范围内处理个人自行公开或者其他已经合法公开的个人信息。

3. 侵犯公民个人信息的犯罪行为

企业经营过程中违反我国法律、行政法规、部门规章有关公民个人信息保护的规定，向他人出售或者提供公民个人信息，情节严重的，将面临承担侵犯公民个人信息的刑事责任。单位犯侵犯公民个人信息罪的，对单位判处罚金，并对其直接负责的主管人员和其他直接责任人员，依照《刑法》等有关法律的规定处罚。

侵犯公民个人信息的行为表现：①违反国家有关规定，将在履行职责或者提供服务过程中获得的公民个人信息，出售或者提供给他人；②窃取或者以其他方法非法获取公民个人信息；③通过购买、收受、交换等方式获取公民个人信息；④违反我国法律、行政法规、部门规章有关公民个人信息保护的规定，向他人出售或者提供公民个人信息；⑤未经被收集者同意，即使是将合法收集的公民个人信息，向特定人提供，或者通过信息网络、其他途径发布公民个人信息，仍属于侵犯公民个人信息的行为。

当企业出现侵犯公民个人信息行为，同时满足下述任一情形时，则符合该行为的刑事立案标准：①出售或者提供行踪轨迹信息，被用于实施犯罪行为的；②知道或者应当知道他人利用公民个人信息实施犯罪，仍向其出售或者提供的；③非法获取、出售或者提供行踪轨迹信息、通信内容、征信信息、财产信息50条以上的；④非法获取、出售或者提供住宿信息、通信记录、健康生理信息、交易信息等其他可能影响人身、财产安全的公民个人信息500条以上的；⑤非法获取、出售或者提供第③项、第④项规定以外的公民个人信息5000条以上的；⑥违法所得5000元以上的；⑦通过履行职责或者提供服务过程中获得的公民个人信息出售或者提供给他人，数量或者数额达到第③~⑥项规定标准一半以上的；⑧曾因侵犯公民个人信息受过刑事处罚或者2年内受过行政处罚，又非法获取、出售或者提供公民个人信息的。

（三）非法利用信息网络的刑事合规建议

在企业日常经营活动中，如果单位存在以下情形，且情节严重的，可能会被认定为非法利用网络信息犯罪：①设立用于实施诈骗、传授犯罪方法、制作或者销售违禁物品、管制物品等违法犯罪活动的网站、通信群组的；②发布有关制作或者销售毒品、枪支、淫秽物品等违禁物品、管制物品或者其他违法犯罪信息的；③为实施诈骗等违法犯罪活动发布信息的。

对于企业而言，存在上述行为并不一定会构成犯罪，只有存在情节严重的情形才会构成犯罪。为此，要想避免构成犯罪，企业就一定要避免出现以下情节严重的行为：①假冒国家机关、金融机构名义，设立用于实施违法犯罪活动的网站的。② 设立用于实施违法犯罪活动的网站，数量达到3个以上或者注册账号数累计达到2000以上的。③设立用于实施违法犯罪活动的通信群组，数量达到5个以上或者群组成员账号数累计达到1000以上的。④发布有关违法犯罪的信息或者为实施违法犯罪活动发布信息，具有下列情形之一的：a. 在网站上发布有关信息100条以上的；b. 向2000个以上用户账号发送有关信息的；c. 向群组成员数累计达到3000以上的通信群组发送有关信息的；d. 利用关注人员账号数累计达到 3 万以上的社交网络传播有关信息的。⑤违法所得 1 万元以上的。⑥二年内曾因非法利用信息网络、帮助信息网络犯罪活动、危害计算机信息系统安全受过行政处罚，又非法利用信息网络的。

（四）帮助信息网络犯罪活动的刑事合规建议

帮助信息网络犯罪活动罪指的是明知他人利用信息网络实施犯罪，为其犯罪提供联网接入、服务器托管、网络存储、通信传输等技术支持，广告推广，支付结算等帮助行为，情节严重，经审查认定构成刑事犯罪的，单位及其直接负责主管人员和其他直接责任人员，都将受到刑事处罚。

帮助信息网络犯罪活动的行为表现主要为技术支持、广告推广、支付结算三种类型，实践中以提供“支付结算帮助行为”的方式最多。企业知道或应当知道他人利用信息网络实施犯罪，并为其犯罪提供帮助行为的，达到下述标准之一的，则符合帮助信息网络犯罪活动罪的刑事立案标准：①为 3 个以上对象提供帮助的；②支付结算金额 20 万元以上的；③以投放广告等方式提供资金 5 万元以上的；④违法所得 1 万元以上的；⑤2 年内曾因非法利用信息网络、帮助信息网络犯罪活动、危害计算机信息系统安全受过行政处罚，又帮助信息网络犯罪活动的；⑥被帮助对象实施的犯罪造成严重后果的。

企业在从事提供技术支持、广告推广、支付结算等服务时，应当事先做好合规审查；对合作的项目内容和合作伙伴进行尽职调查，最大限度地预判风险点，审慎审查商业模式、合作方式的合法性和可行性，以避免企业为客户的犯罪行为埋单。此外企业还应当配套相应的监测和举报机制，以实时跟踪项目合作过程中的刑事风险。企业还应当畅通举报渠道，对已经出现的违规事件和被举报事件应当予以积极应对和调查，其包括但不限于采取刑事控告等方式将企业风险和个人风险相隔离。

3

第三节　如何反腐败、反商业贿赂？

一、为什么"大厂"都想成立反腐机构？

2014 年 9 月，长沙市中级人民法院对葛兰素史克（中国）投资有限公司（GSKCI）和马某锐等人对非国家工作人员行贿、非国家工作人员受贿案进行不公开开庭审理（涉及国家秘密）。此前，众多媒体广泛报道了该公司利用贿赂手段进行不正当的竞争，导致药品行业价格不断上涨，涉嫌严重商业贿赂的情况。

经审理法院认为，被告单位 GSKCI 为扩大药品销量、谋取不正当利益，采取贿赂销售模式，以多种形式向全国多地医疗机构的从事医务工作的非国家工作人员行贿，数额巨大。被告人马某锐、张某维、梁某、黄某、赵某燕等公司高管作为直接负责的主管人员，积极组织、推动、实施贿赂销售。被告单位及被告人的行为均已构成对非国家工作人员行贿罪。被告人黄某利用职务便利非法收受他人财物并为他人谋取利益，其行为还构成非国家工作人员受贿罪，以对非国家工作人员行贿罪判处被告单位 GSKCI 罚金 30 亿元人民币；以对非国家工作人员行贿罪、非国家工作人员受贿罪分别判处被告人马某锐、张某维、梁某、赵某燕、黄某有期徒刑 2～3年，并适用缓刑。

根据在"葛兰素史克事件"中所吸取的最直观的经验教训，企业若想取得长足的发展，必须立足于合规管理，将合规政策落到实处。尤其是像关系到国名命脉的医药行业等，对于频繁暴露出来的商业贿赂行为，企业应有针对性地制订和落实反商业贿赂专项合规计划。如果葛兰素史克公司当时能够证明其已尽到合规管理的义务，具有规避、防范合规风险的措施，则有可能将少数人的个体违法行为给企业单位整体带来的风险及时地化解，提供强有力的制度支持。不可否认，虽然反商业贿赂合规无法完全杜绝贿赂行为的发生，但是，可以降低贿赂带来的风险。此外，在被调查时保护企业、管理层免予或少承担不利的责任，也可以有效避免因为违规操作而招致的声誉损失，降低企业因违规付出的行政处罚代价，大大增加企业的盈利空间和商机。

反腐败、反商业贿赂领域的刑事合规，不仅日益受到企业的高度关注，也开始得到政府层面的支持和指导。例如，2020 年上海市公布了《上海市反不正当竞争条例》，首次对经营者反不正当竞争合规管理的主体责任予以明确，并对建立健全反商业贿赂管理制度等提出具体要求。这使企业合规在企业反腐败、反不正当竞争领域的地位进一步得到确立。

二、哪些行为会导致企业“爆雷”？

（一）企业为了增加商业机会，是否可以赠与客户干股?

干股是指未出资而获得的股份，比如企业将自己的股权赠与客户工作人员，以在与其他对手竞争时，获得更多的商业机会。

（二）企业为了增加商业机会，是否可以购买合作伙伴的物品、货物?

比如，某企业为了与某客户达成商业合作，以远高于市场价格购买了客户的某件产品，这样是否间接构成商业贿赂?

（三）企业员工是否可以在其他公司挂名领取“薪酬”?

比如，企业的某位高级管理人员在与企业签订劳动合同的情况下，同时在别的公司也担任职位并领取工资，但其并未向该公司提供任何劳动。

（四）企业在经营过程中是否可以收取客户的佣金？

比如，企业在购买客户的产品后收到客户的佣金或者回扣，是否可以不入账？

（五）企业是否可以为客户的消费进行报销？

比如，医疗设备公司以医疗考察为由邀请医院相关人员到国外参加科研活动，所有费用由医疗设备公司承担。

三、贪腐土壤滋生的下场

（一）苏思明非国家工作人员受贿案——股东账外收取回扣可构成非国家工作人员受贿罪

案情简介：国有独资企业东方公司出资10万美元设立金龙公司，委派苏思明担任金龙公司董事长。后来苏思明退休，但通过与东方公司订立的承包协议，仍负责金龙公司的经营。经多次承包及股权转让变更，苏思明和东方公司最终约定：金龙公司30%的股份由东方公司持有，70%的股份由苏思明和赵枫（另案处理）实际享有；东方公司每年向金龙公司收取2万美元定额利润，不负责公司具体经营管理，剩余利润也由金龙公司自行分配。

在此后的经营过程中，金龙公司按照订单面额向国外代理商国际骑具（远东）公司（以下简称国际骑具公司）支付佣金。国际骑具公司负责人弗利德向苏思明、赵枫返还一定比例的佣金。截至案发，苏思明和赵枫共计收到佣金返还款约50万美元。

案例分析：首先是非国家工作人员受贿罪的构成问题，我国《刑法》第一百六十三条第二款规定，利用职务上的便利，违反国家规定，收受各种名义的回扣、手续费时，并不以为他人谋取利益为构罪的要件，因此本案中，虽然苏思明没有为国际骑具公司谋取利益，但仍旧构成本罪。其次是非国家工作人员受贿罪与受贿罪的区别，两罪的区别在于对“国家工作人员的身份”的认定上。根据最高人民法院、最高检《关于办理国家出资企业中职务犯罪案件具体应用法律若干问题的意见》的相关规定，经国家机关、国有公司、企业、事业单位提名、推荐、任命、批准等，在国有控股、参股公司及其分支机构中从事公务的人员，应当认定为国家工作人员。本案中，苏思明在退休后，国家工作人员的身份即不存在，即使委派身份客观存在，但根据和东方公司签订的承包协议，赋予其在完成上缴定额利润后享有公司一切经营管理的权利。因此苏思明构成的是非国家工作人员受贿罪。

（二）何某某犯对非国家工作人员行贿罪

案情简介：2014 年 2 月，被告人何某某作为四川老山磨坊食品有限公司（以下简称老山磨坊公司）的总经理，代表该公司与德阳润通投资咨询服务有限公司（以下简称润通公司）总经理陈某某洽谈借款事宜。在洽谈过程中，被告人何某某为顺利尽快获得借款，承诺给润通公司总经理陈某某“好处费”90 万元。2014 年 3 月，老山磨坊公司与润通公司在成都签订了借款业务居间服务合同，约定老山磨坊公司拟向民间出借人借入资金 2000 万元，委托润通公司提供居间服务。同月两公司又签订了委托代开借款凭证协议，老山磨坊公司全权委托润通公司为实际出借人开具借款凭证，同时向润通公司提供了 150 份空白签章借款凭证。2014 年 4 月 17 日，被告人何某某安排老山磨坊公司财务人员通过银行转账的方式从个人账户将 90 万元“好处费”汇入陈某某私人账户。老山磨坊公司陆续收到了以民间集资个人名义投资到公司的款项。

案件分析：根据我国《刑法》规定，为谋取不正当利益，给予公司、企业或者其他单位的工作人员财物，数额较大的构成犯罪。支付回扣、手续费是本罪客观方面的行为，而且行贿数额需要达到 3 万元及以上才会构成犯罪。本案中，老山磨坊公司在借款过程中，为本单位谋取不正当利益，单位直接负责的主管人员送给其他公司工作人员现金90万元，数额巨大，该单位的行为构成对非国家工作人员行贿罪。

关于本案是单位犯罪还是个人犯罪，首先本罪的犯罪主体既可以是单位也可以是个人，本案中何某某系老山磨坊公司的总经理，直接安排他人向陈某某行贿，是实施该行为的直接负责的主管人员，何某某的上述行为实际上是代表老山磨坊公司的行为，其目的也是让该公司能够顺利获得借款，因此属于单位犯罪。

四、企业反腐败、反商业贿赂刑事合规审查中的注意事项

（一）将企业股权给予公司客户的注意事项

最高人民法院、最高检《关于办理受贿刑事案件适用法律若干问题的意见》规定，国家工作人员利用职务上的便利为请托人谋取利益，收受请托人提供的干股的，以受贿论处。进行了股权转让登记，或者相关证据证明股份发生了实际转让的，受贿数额按转让行为时股份价值计算，所分红利按受贿孳息处理。股份未实际转让，以股份分红名义获取利益的，实际获利数额应当认定为受贿数额。

因此如果采用干股的形式赠与公司商业合作伙伴，以谋取更多的商业机会，则可能会构成犯罪。如果赠与对象是国家工作人员，那么企业可能会构成行贿罪；如果赠与对象是非国家工作人员，那么企业可能会构成非国家工作人员行贿罪。

1. 给予客户股票需要客户按照市场价格支付一定的对价

企业为了谋取不正当利益，以免费给予客户股票或者以低价将公司股票出售给客户的方式，其本质上仍属于贿赂行为。对于企业而言，给予客户股票的行为并不一定构成犯罪；只要企业按照合理的市场价格将股票出

售给客户，这种正常的股票交易行为，会降低企业构成行贿罪的法律风险。

2. 股份价值应该限制在 3 万元以内

另外，根据《关于办理贪污贿赂刑事案件适用法律若干问题的解释》规定，为谋取不正当利益，向国家工作人员行贿，数额在 3 万元以上的，构成犯罪。一般情况下，企业行贿数额在 3 万元以下的，不会构成犯罪；因此企业如果无偿转让股票或者以低价销售股票，如果能将股票的价值或者低价销售的差价控制在 3 万元以内，将会降低承担刑事责任的风险。

3. 应限制给予股票的客户人数

根据《关于办理贪污贿赂刑事案件适用法律若干问题的解释》规定，行贿的人数也会影响行贿罪的认定，行贿人数在 3 人以上的，行贿数额满 1 万元就可以构成犯罪。因此对于企业而言，也要尽量限制给予股票的客户数量；牵扯的客户数量越多，企业的主观恶性就越强，承担法律责任的可能性也就越高。

（二）购买企业合作伙伴产品时的注意事项

购买客户的产品属于常见的商业活动，但是如果假借购买产品之名，行贿赂之实，则存在构成犯罪的法律风险。根据最高人民法院、最高检《关于办理受贿刑事案件适用法律若干问题的意见》规定，以明显高于市场的价格向请托人出售房屋、汽车等物品的，构成受贿。相应地，如果企业为了谋取不正当利益，以高价购买客户的产品，也可能会构成行贿罪或者非国家工作人员行贿罪。因此企业在购买客户产品、物品时应该注意以下事项。

1. 保证购买物品的价格的合理性

首先，企业按照市场规律，以合理的价格购买合作伙伴的产品属于正常的交易行为，往往不会被认定为行贿。其次，企业的购买行为要具有合理性，比如合作伙伴的产品、物品虽然质量完好，但是如若已经明显不具备使用价值或者企业本身并无任何用途，企业此时仍旧坚持购买的，将会增加被认定为行贿的法律风险。

2. 购买合作伙伴物品、产品后，不得因此向其谋取不正当利益

《刑法》第一百六十四条和第三百八十九条规定，为他人谋取利益并不要求具有非法性，也就是说即使谋取的是合法利益，只要具有主体身份、职务便利、给予财物等要件，同样可以构成行贿类犯罪。

最典型的实例就在招投标过程中，如若投标人提出请托，受贿人同意后但未向负责的部门或人员打招呼。在评标时，投标人凭借自己的实力，在价格分和技术分等部分均遥遥领先其他投标人；中标后，投标人给予财物，表示感谢。所以要想从根本上杜绝行贿犯罪的法律风险，就拒绝向收受方请托谋取任何利益；毕竟根据我国法律规定，单纯的购买行为或者赠与行为本身并不构成犯罪。

（三）企业员工在其他公司挂名领取“薪酬”时的注意事项

我国《劳动合同法》规定：劳动者同时与其他用人单位建立劳动关系，对完成本单位的工作任务造成严重影响，或者经用人单位提出，拒不改正的，用人单位可以解除劳动合同。因此单纯从劳动法条文规定来看，法律并不禁止员工同时在其他企业任职，只要不影响其本职工作即可。现实中，企业的某些员工通过挂名领取“薪酬”的形式收取其他单位的贿赂，并为其谋取不正当利益，此种情况下该员工可能会构成受贿罪或者非国家工作人员受贿罪，企业也可能会受到牵连。要想避免此种法律风险，企业应该注意以下事项：

（1）如若企业发现员工存在挂名领取“薪酬”的情况，应当积极开展调查以核实该员工是否存在通过职务之便为他人谋取不正当利益的行为，该员工在挂名单位是否真的提供劳动。通过一系列调查活动，排查该员工

通过挂名“薪酬”收受贿赂的法律风险。

（2）无论是受贿罪还是非国家工作人员受贿罪，单位均可以构成犯罪，尤其是如果该员工职位、等级较高，能够代表公司对外从事商业活动的，企业将会面临承担刑事责任的法律风险。如果经过企业核查认为该员工确实存在受贿行为的，企业应及时采取措施隔离企业责任和个人责任。比如，企业可以对该员工作出警告、整改的处分，要求员工限期改正；如果员工不改正的，可以与该员工解除劳动合同，最大限度地减少该员工受贿行为与企业的关联性。

（四）企业收取客户佣金时的注意事项

佣金是指企业在销售业务发生时支付给中间人的报酬，企业在日常经营过程中也可能会直接收到来自供货方的佣金作为销售商品的费用，也可能会收到来自销售方的佣金，例如作为商品折扣的形式。我国《反不正当竞争法》规定，“经营者在交易活动中，可以以明示方式向交易相对方支付折扣，或者向中间人支付佣金。经营者向交易相对方支付折扣、向中间人支付佣金的，应当如实入账。接受折扣、佣金的经营者也应当如实入账”。如果企业收取的佣金能够如实入账的，并不违反法律规定；但如果不入账并以此谋取交易机会或者竞争优势的，则可能会构成商业贿赂，甚至承担刑事责任。因此，企业在收取客户佣金时，应该注意以下事项：

（1）佣金需要如实入账、出账。企业在收到佣金后，应写清入账明细，比如因为销售某项产品而收取的佣金、因购买某项产品而取得的折扣等。当企业需要支付佣金时，企业不得将手续费及佣金支出计入回扣、业务提成、返利、进场费等费用。企业还应当如实向当地主管税务机关提供相关手续费及佣金计算分配表和其他相关资料。

（2）支付、获取佣金要依法取得或者开具真实的财务凭证。企业在收到佣金时应该要求对方依法提供佣金的发票，在支付佣金时也应该向对方开具佣金发票。

（3）要注意控制佣金的限额。根据《国家税务总局关于企业手续费及佣金支出税前扣除政策的通知》规定，对于保险企业，财产保险企业按当年全部保费收入扣除退保金等后余额的15%（含本数，下同）计算限额；人身保险企业按当年全部保费收入扣除退保金等后余额的10%计算限额。对于其他企业，按与具有合法经营资格中介服务机构或个人（不含交易双方及其雇员、代理人和代表人等）所签订服务协议或合同确认的收入金额的5%计算限额。超出上述限额企业可能会受到行政处罚。

此外，如果超出上述限额收取或者支付佣金，又不如实入账的，企业需要将佣金的数额控制在3万元以内，才会避免因为商业贿赂而承担刑事责任。

（五）企业为客户报销的注意事项

实践中很多企业为了谋求更多的商业机会，会为客户提供很多潜在的报销服务，比如为客户提供旅游报销、子女教育报销等。这种形式看似合法，但实际上也存在会被认定为构成行贿的风险。为此，企业在为客户的消费事项提供报销时，应该注意以下几点：

（1）将报销内容列入商业合作内容、具体合同条款。比如医疗设备企业在与医院达成商业合作时，可以增加报销的条款，明确约定由医疗设备企业为医生提供外出科研机会并报销费用等。只有将相关服务内容落实到书面，企业进行报销时才有明确的依据。

（2）报销时应该要求客户提供完整、真实的票据。企业进行报销前，应该核实费用产生的相关情况，并要求相关人员提供真实、有效的票据；如果客户报销时提供虚假的发票，企业仍旧为其报销的，则会增加被认定为商业贿赂的可能性。

（3）要控制报销款的数额。为了避免报销行为构成商业贿赂而承担刑事责任，企业需要将报销款尽量控制在3万元以内；如果为多人报销的，需要将报销款控制在1万元以内。

虽然很多企业对反腐、反贿赂合规的重视度逐步提升，但是我国不少企业在合规方面关注更多的是民事合规；对于刑事合规、刑事风险防范，还未意识到其重要性。一旦企业涉嫌刑事犯罪、面临刑事责任，将会遭受“灭顶之灾”。此外，由于企业内部层级、职位、薪资待遇都“等级森严”，优质资源与职位匹配程度也都呈“金字塔形”分布，即往往由少数、高层管理者控制、调配和使用。因此仅靠企业内部员工或个体的自我约束远远不能杜绝腐败、贿赂问题的产生。如果企业内部制度的监管与管控力度跟不上，贪腐问题就会趁机滋生。而健全的反腐败、反商业贿赂刑事合规计划，可以依据严格的规章制度和管理体系，同时加强“内部约束”和“外部监管”，以降低违规犯罪的可能性。最终可以为企业争取至少以下五点优势：一是打造企业合规文化，引导企业合规经营；二是通过建立专项合规制度，尽可能避免企业因商业贿赂问题被刑事追诉；三是在企业与员工间建立防火墙，避免企业因员工的不当行为被认定为单位犯罪；四是以有效的专项合规计划为基础，在发生刑事法律风险时，积极争取适用“企业合规第三方监督评估机制”，争取使司法机关对企业不起诉；五是在企业被认定为构成贿赂类犯罪时，以切实有效的合规计划，争取减轻对企业的刑事处罚。

4

第四节 财务、税务风险在哪里?

一、为什么说财务风险是企业第一风险?

公司是一种以营利为目的的法人组织，公司要想实现自己的可持续发展，就必须在持有一定资产的情况下，参加市场交换活动；在参加市场交换活动过程中，会形成各类的资金往来，对资金往来的处理过程就形成了企业的财务系统。财务风险之所以是企业的第一风险是因为：

（一）财务是企业的心脏

对于一家企业来说，企业的组织框架就是企业骨骼，企业的资金和资产就是企业的血液，要想血液流遍全身，维持企业的合理运行，就需要一个强有力的心脏，而财务无疑就是起着如此重要的作用。财务既无形之中渗透到了企业的各个管理环节，又作为企业资金使用的最后一道关口，为企业把控着各类风险。可以说有完善财务系统的企业不一定是成功的企业，但是，成功的企业肯定会有一套完善的财务系统，帮助企业排除各类风险。

（二）财务风险还可能会为股东带来麻烦

虽然我国法律规定，有限责任公司的股东以其认缴的出资额为限对公司承担责任，股份有限公司的股东以其认购的股份为限对公司承担责任，但如果财务出现问题，可能会打破股东承担的有限责任。对于很多企业尤其是初创型企业而言，在建立初期，往往无法建立完善的财务系统，企业的负责人常常兼职企业的财务人员，导致各类资金的使用随意、账目不清，这就可能会导致公司负责人（股东）与公司的资产混同，一旦被认定为资产混同，股东可能会对公司的债务承担连带责任。

（三）财务风险最容易导致刑事风险

首先，从罪名上来讲，我国《刑法》涉及财税的相关罪名就不下20种，而且很多罪名都是行为类犯罪，不以发生严重后果为构罪要件，只要企业或者行为人实施了相关行为，就可能会构成犯罪。以非法出售增值税专用发票罪为例，只要有出售行为，就可能会构成犯罪。其次，从犯罪数据上来讲，仅仅涉及财税的刑事案件，近5年就高达6万多起[①]，这为很多财税系统不健全的企业敲响了警钟。

二、明星偷税漏税有特权吗？

（一）某明星偷税漏税，动辄上亿元，为什么不会构成犯罪？

最近，明星、带货主播偷税漏税的新闻屡见不鲜，而且税款数额巨大，动辄上亿元，更有网友调侃道："他们偷税、漏税的金额，我也就打工3000多年才能挣到。"单从数额来看，很多网友都认为应该对这些明星、带货主播判刑，但这也只是网友们的感性认知，根据我国《刑法》的规定，仅仅存在一次偷税漏税行为还真不一定会构成犯罪。

（二）某明星偷税漏税，为什么其经纪人会被判刑？

明星、带货主播偷税漏税，他们自己没事，反倒是经纪人被判刑了，现实中这样的案例也并不少见。这样是不是不合理？毕竟偷税漏税的主体

① 数据来自威科先行法律数据库案件检索结果。

都没有构成犯罪，为什么帮助他的人反而构成了犯罪？其实我国《刑法》中关于税收的刑罚不仅是为了保护税收稳定，更是为了保护税收制度，所以如果经纪人通过破坏税收制度、税务体系的方法帮助明星、带货主播偷税漏税，反而更容易构成犯罪。

（三）虚开发票是否就一定会构成犯罪？

虚开增值税发票的行为是我国法律明令禁止的，但并不是所有虚开增值税发票的行为都一定会构成犯罪，虚开增值税发票需要达到我国《刑法》规定的立案标准才会构成犯罪。但毫无疑问的是，虚开增值税发票的行为无论是否构成犯罪，一定会受到处罚。

（四）出售发票构成犯罪，那么购买发票是否也会构成犯罪？

其实，在企业管理过程中，购买发票的情况屡见不鲜，一些人为了避税或者增加收入，可能会通过其他渠道购买一些发票并进行报销。非法购买发票的行为虽然较为常见，但是，与出售发票的行为一样，都会破坏我国的税收制度，为此也可能会构成犯罪。这也是需要企业和个人注意的，无论是非法购买真的增值税发票还是购买伪造的增值税发票都可能会构成犯罪。

三、行政处罚与刑事处罚仅在“一念之间”

（一）梁某逃税案

案情简介：2012—2014 年，被告人梁某作为被告单位 A 房地产公司的实际经营者，在被告单位开发、销售延寿县某小区 3 号、4 号、6 ~ 9 号楼过程中，未按税务部门规定使用税收通用缴款书，而是采取向买房者开具自行购买收款收据的方式逃避税务机关监管，不如实申报缴纳税款。原延寿县地方税务局（现国家税务总局延寿县税务局）多次要求被告单位进行税务申报，并于 2013 年 5 月 31 日至 2015 年 9 月 7 日，先后向被告单位下发了《责令限期改正通知书》《税务事项通知书》《纳税提醒告知书》《税务处理决定书》《税务行政处罚事项告知书》《税务行政处罚决定书》，以上文书均由被告人梁某及被告单位工作人员签收，被告人梁某仍未在规定期限内补缴税款。

法院认为被告单位A房地产公司采取隐瞒手段进行虚假申报或者不申报，逃避缴纳税款数额巨大并且占应缴纳税额30%以上，被告人梁某作为实际经营者，其行为已构成逃税罪，应予依法惩处。

案例分析：本案中，梁某经营的房地产公司通过自制收据的形式拒绝进行税务申报，是典型的偷逃税款的行为。但是一般情况下，在偷逃税款后，税务机关会进行行政处罚，并要求限期缴纳税款，但是如果经过催告当事人仍旧不进行税务申报的，则可能会触及刑事犯罪，这也是为什么很多明星、带货主播，虽然存在偷税漏税的行为，但如果其能够在税务机关要求的限期内补缴，就不会构成犯罪。为此在财税类的刑事犯罪中，行政机关的处罚不能小觑，因为它随时可能会演变为刑事犯罪。

（二）杨某购买增值税发票案

案情简介：2016年至2018年3月，被告人杨某的公司北京某工程技术有限公司一直在北京市丰台区一个复印店打印文件，前后共花费2万多元。2018年3月14日前后，杨某要求复印店开具发票，对方说金额太小不给开，但可以卖给他大额发票。杨某想买大额发票抵税，就加了复印店老板的微信，后双方商定杨某以16000元的价格购买两份面额为116450元的发票。3月15日，杨某将公司的开票信息和3000元定金通过微信发给复印店老板。3月16日，复印店老板派人将开好的发票送至杨某位于北京市丰台区某商贸大厦2107号房间的办公室，杨某当场通过微信向复印店老板转账13000元。后杨某将发票交给公司会计报账。4月24日，公司会计说两张发票失控了不能报账。杨某觉得被复印店老板骗了，就至派出所报案。杨某购买的两份发票的票号分别是108××665、108××666，开票方是北京某科技有限公司，每份发票有发票联和抵扣联两联，共有四张。

案例分析：对于一些企业或者个人而言，购买一些发票进行报销可能是一件稀松平常的事情，然而很多人在不知情的情况下因购买发票而身陷囹圄。本案的杨某开始也并没有购买发票的犯罪故意，在复印店老板的不断暗示下才购买发票。根据我国法律规定，非法购买增值税专用发票25份以上或者票面额累计10万元以上的就会构成刑事犯罪，本案杨某购买的发票额超过20万元，已经构成犯罪。

四、企业应该注意财务、税务的哪些问题？

（一）依法报税是企业、个人的法定义务

无论是企业还是个人，都属于我国的纳税人，依法报税、缴税是其不可推卸的法律责任，纳税人不得采取欺骗、隐瞒手段进行虚假纳税申报或者不申报，否则情况严重的将会构成犯罪。为此，企业在履行报税、缴税义务过程中应该注意以下几点：

1. 税收机关下达补缴通知后应该积极补缴

根据《最高人民检察院、公安部关于公安机关管辖的刑事案件立案追诉标准的规定（二)》规定，纳税人采取欺骗、隐瞒手段进行虚假纳税申报或者不申报，逃避缴纳税款，数额在10万元以上并且占各税种应纳税总额10%以上，经税务机关依法下达追缴通知后，不补缴应纳税款、不缴纳滞纳金或者不接受行政处罚的；以及纳税人5年内因逃避缴纳税款受过刑事处罚或者被税务机关给予2次以上行政处罚，又逃避缴纳税款，数额在10万元以上并且占各税种应纳税总额10%以上的，将予以立案。也就是说，对于企业和个人而言，第一次逃税行为，无论数额多少，可能仅会受到行政处罚，只有在行 政处罚后继续存在逃税行为的，才会构成犯罪。总的来说，法律对于第一次实施逃税行为的当事人会给“一次改过自新的机

会”，如果错而不改才可能会受到刑事处罚。这也是为什么很多明星虽然偷税、漏税数额巨大，只要第一次通知后，积极补缴就不会构成犯罪；反而其经纪人如果通过购买增值税发票、篡改财务账簿等方式来帮助其偷税、漏税的，更容易构成犯罪，因为他们这些行为严重破坏了我国的税收制度。

2. 如果的确存在逃税漏税行为，应该尽量将数额控制在 10 万元以下

对于所有偷逃税款的行为，我国法律并不是采取“一刀切”的方式进行处罚，构成刑事犯罪需要具备一定的严重后果。可以说，偷逃税款刑事案件立案与否的分水岭就是数额是否达到 10 万元，数额达到 10 万元则会有面临刑事责任的法律风险，10 万元以下可能更多的只是行政责任。

（二）企业开发票时的注意事项

发票作为单位和个人在购销商品、提供或接受服务及从事其他经营活动中，所开具和收取的业务凭证，是企业经营活动中必不可少的一部分，提供产品、服务需要为对方开具发票，购买产品、服务也会收到对方的发票。发票对于企业而言既是其做账的依据，也是缴纳税收的凭证，为此企业需要知道，在开具发票时，有哪些“红线”是不能触碰的。

1. 不得虚开发票

需要提示企业的是，为他人虚开、为自己虚开、让他人为自己虚开、介绍他人虚开都属于虚开发票的行为，都可能会构成犯罪。但虚开增值税专用发票或者虚开用于骗取出口退税、抵扣税款的其他发票，虚开的税款数额在 10 万元以上或者造成国家税款损失数额在 5 万元以上的，才会构成犯罪，如果企业能够将数额控制在上述标准以下将不会构成犯罪。

2. 不得出卖发票

根据《中华人民共和国发票管理办法》和国家税务总局制定的《增值税专用发票使用规定》的规定，国家对于出卖发票的行为是明令禁止的，

对于出售发票的行为，根据我国《刑法》规定，最高可判处无期徒刑。为此，笔者建议企业不可因小失大，为了短期的利益贸然采取销售发票的行为。

3. 不得非法购买发票

事实上，由于购买发票的行为在生活中更为普遍，使得很多人都认为购买发票不会构成犯罪，或者惩罚力度要明显轻于出卖发票的行为，实则不然。无论是出售发票还是购买发票都是我国法律明令禁止的。非法购买增值税专用发票或者购买伪造增值税专用发票20份以上且票面税额在10万元以上的；或者票面税额累计在20万元以上的，就会构成刑事犯罪。

（三）企业保存发票时的注意事项

1. 不得持有伪造的发票

企业无论因为何种原因持有伪造发票，只要企业明知是伪造的发票仍旧继续持有，数额较大的都可能会构成犯罪。我国对于持有一般伪造的发票和伪造的增值税专用发票的立案标准有所不同，对于增值税发票的管控力度更大，持有50份以上，或者票面额超过20万元的便构成犯罪；如果是其他一般的发票持有200份以上，或者票面额超过80万元的才会构成犯罪。

2. 发票丢失后及时报告

根据《中华人民共和国发票管理办法实施细则》第三十一条规定，使用发票的单位和个人具有妥善保管发票的义务，如果发生发票丢失情形时，应当于发现丢失当日书面报告税务机关。丢失发票后，如果企业不及时向税务机关报告，轻则可能会受到税务机关的处罚，重则可能会被认定为偷逃税款，甚至是承担刑事责任。

5

第五节　如何安全地融资?

一、您是否了解企业融资?

所谓企业融资一般有狭义和广义之分。狭义融资，简单来讲就是一个企业的资金筹集的行为与过程，即实践中公司根据自身的生产经营状况、资金资产数额，以及经营发展的前景与目标，通过科学的预测和正规的决议、决策，采用特定的方式和渠道向公司的投资者和债权人去筹集、招募资金，以满足公司目前经营活动与未来业务开展的理财行为。广义融资又称金融，多指货币资金的融通，即当事人通过各种方式在金融资本市场上进行筹措或贷放资金的行为。①

企业融资一般主要可以分为民间融资、准金融融资及金融融资三种类型，其中民间融资包括但不限于企业向个人融资、企业向非金融机构融资、通过网络借贷融资（P2P 融资）等方式；准金融融资包括但不限于股权众筹融资、私募股权融资等；金融融资最常见的就是银行贷款。

企业融资并不是一个简单又宽泛的民商事行为，在许多行业、领域、业务中均对企业融资的行为作出了约束和规范。如果企业在融资后不注意合规，很容易出现违法违规的行为，甚至在达到一定的条件与危害影响

① 百度百科，https://baike. baidu. com/item/企业融资/9970503？ fr = aladdin.

后，就会被司法机关追究刑事责任，所以有必要对现行涉及企业刑事合规风险的法律法规进行梳理和了解。

所谓企业融资刑事合规风险，就是在企业融资的过程中，如若发生不合规的风险、问题，企业合规负责人采取放任、忽视等态度，进而导致违法违规的损害结果与危害范围不断扩大，乃至最后导致犯罪行为，遭受司法机关追究刑事责任的法律风险。

二、哪些“擦边球”不可以打？

（一）企业是否可以自行向社会发行股票、债券？

比如，企业自己是否可以公开向社会中的不特定对象宣传、发行股票，以此来筹集公司的投资资金？

（二）企业申请贷款时，是否可以提供不真实的材料？

比如，企业不具备银行贷款的条件，是否可以通过提交一些不符合事实，甚至故意隐瞒的材料，以获得银行的贷款？

（三）企业是否可以通过虚拟货币筹集资金？

比如，企业为了获得资金，通过发行虚拟货币吸引投资并承诺虚拟货币“只涨不跌”等，大量吸收存款。

（四）企业融资后的资金是否可以不用于生产经营？

比如，企业将融资后的资金转贷款给其他公司，并从中获取高额的利润回报。

（五）企业明知自身没有偿还能力，是否仍旧可以申请银行贷款？

比如，企业本身已经没有任何资产以及继续经营用以偿还贷款的能力，但是仍旧向银行申请了大量贷款，最后却无力偿还。

三、企业融资过程中的教训

（一）上海某生物科技股份有限公司擅自发行股票案

案情简介：被告单位上海某生物科技股份有限公司（以下简称某生物科技公司），被告人郑某是某生物科技公司的法定代表人兼董事长，曾因犯非法经营罪和挪用公款罪被判刑。某生物科技公司于1997年4月成立，注册资金为3400万元，股东包括2家单位和16名自然人，郑某持股比例为44%。公司主要从事艾滋病药物的研发生产，但自成立至今一直处于研发阶段，没有任何生产和销售行为。

2001年12月，某生物科技公司为筹集研发资金，由郑某提议后经股东会同意，委托中介公司及个人向社会不特定公众转让自然人股东的股权。此后直到2007年8月，由郑某负责联系并先后委托上海2家公司，王某某、周某某、黄某等人，转让郑某及其他自然人股东的股权。由郑某和中介人员具体商定每股转让价格为2～4元不等，某生物科技公司与受让人分别签订《股权转让协议书》和《回购承诺书》；同时对受让人承诺如果3年内公司不能上市就回购股权，并发放自然人股东缴款凭证卡和收款收据。经审计，某生物科技公司向社会公众260余人发行股票累计322万股，筹集资金共1109万余元。其中有157人在上海股权托管中心有限责任公司（以下简称托管中心）托管，被列入公司股东名册，随后在工商行政管理部门备案。上述募集资金全部用于某生物科技公司的经营活动和支付中介代理费。案发后，某生物科技公司不能回购股票，不能退还钱款，仅有土地及房产被查封。

案例分析：本案中某生物科技公司构成擅自发行股票罪，主要有三个原因。第一，转让非上市股份公司股权的行为违反法律规定。自1998年至本案案发，国家政策及行政法规都有明确的限制性规定，先后经历了严令禁止、托管引导、明确规定的三个阶段的变化。第二，虽本案当事人选择到股权托管中心托管，但实质上不影响本案定性，仍旧属于违法行为。157名受让人到托管中心登记形式上被列为公司股东，但实质上他们不享受股东权利，也从未履行股东义务；股权托管的表面形式不能掩盖其行为违法性的实质。第三，转让股权行为依法构成擅自发行股票罪。被告人郑某主观上具有犯罪故意，且公司处于明知的身份，在主观上具有违法性认识。此外，被告方擅自发行股票筹集资金就高达1109万余元，然而在公司财务账目中却没有反映出任何经营活动的内容，且事发后未主动退回任何钱款，引起了投资者强烈不满，致使上访现象频发，完全符合数额巨大与后果严重的情节要件，造成严重的社会危害后果。

（二）某酒业有限公司、彭某骗取贷款案

案情简介：2012年10月，某银行与被告单位上海某酒业有限公司（以下简称某酒业公司）签订《采购卡分期透支业务合作协议》：双方约定在某酒业公司提供连带责任担保承诺的前提下，由银行为购买某酒业公司产品、有分期付款需求的借款人提供贷款用以支付产品款项。2012年11月至2013年4月，被告人彭某作为被告单位某酒业公司的实际负责人，虚构18人是酒业公司购货商的身份，伪造相关身份证明、购销合同、交易确认请款单等材料，骗取银行贷款2018万余元，至案发尚有1053万余元无力偿还，造成银行特别重大损失。

2013年12月27日，上海市浦东新区人民检察院对被告人彭某作出批准逮捕决定，并由该院于2014年9月3日提起公诉。浦东新区人民法院于同年11月25日判决被告单位某酒业公司犯骗取贷款罪，罚金20万元人民币。被告人彭某犯骗取贷款罪，判处有期徒刑1年6个月，罚金2万元人民币。违法所得责令退赔。

案例分析：根据我国《刑法》规定，“以欺骗手段取得银行或者其他金融机构贷款、票据承兑、信用证、保函等，给银行或者其他金融机构造成重大损失的”构成骗取贷款罪。本罪所关涉客体是双重客体，既侵犯了

银行或者其他金融机构对贷款的所有权，又侵犯了国家金融管理制度。其客观方面表现为在对金融机构发放贷款、出具保函等起重要作用的方面有欺骗的行为。犯罪主体是一般主体，单位也可以构成本罪，主观方面表现为故意，即以非法占有为目的，比如将贷款用于挥霍享受、转移隐匿等。

本案中，某酒业公司通过伪造申请贷款的材料，骗取银行2018万余元的贷款符合骗取贷款罪的主观方面的条件；而且案发后该公司尚有1053万余元贷款无法归还，可以推定其存在非法占有的目的，因此构成骗取贷款罪。

四、企业融资刑事合规审查中的注意事项

（一）企业自行向社会发行股票、债券

关于企业是否可以自行公开发行股票、债权，我国《证券法》有明确的人数规定，即向不特定对象或向特定对象累计超过200人发行证券，就属于公开发行证券。实践中公开发行证券，必须经国务院证券监管机构或国务院授权的部门核准。同时根据《关于审理非法集资刑事案件具体应用法律若干问题的解释》第六条规定，未经国家有关主管部门批准，向社会不特定对象发行、以转让股权等方式变相发行股票或者公司、企业债券；或者向特定对象发行、变相发行股票或者公司、企业债券累计超过200人的，应当认定为《刑法》第一百七十九条规定的“擅自发行股票、公司、企业债券”。为此企业在发行股票、债券时，应该注意以下几点：

1. 公开发行股票、债权前要经国务院证券监管机构或国务院授权的部门核准

我国现阶段对证券发行是实行审核制，证券监督管理机构对发行申请，有核准或者不核准的权限。企业无论是自己决定对外公开发行股票、债券，还是决定委托第三方机构公开发行，都需要提前经过证券监督主管

部门的允许，否则一旦造成严重后果，将会构成犯罪。

2. 企业可以采取私募股权的形式发行股票、债券

我国法律规定对不特定对象发行股票需要获得国务院证券监管机构的核准，但是如果向特定的对象发行股票、债券则无须经过核准，也就是我们常常提到的“私募股权”。但是需要注意的是，根据《证券法》规定，通过私募股权向特定对象融资时，特定对象的数量不能超过 200 人；一旦超过 200 人，则会被认定为公开发行。因此企业在进行私募股权时，应该将人数控制在 200 人以内。

3. 企业要控制发行的数额

企业未经允许擅自发行股票、债券的行为并不一定会构成刑事犯罪，只有发生我国《刑法》第一百七十九条规定的，数额巨大或者后果严重的情形才会构成犯罪。而根据《最高人民检察院、公安部关于公安机关管辖的刑事案件立案追诉标准的规定（二）》规定，未经国家有关主管部门批准或者注册，擅自发行股票或者公司、企业债券，对非法募集资金金额在 100 万元以上或造成投资者直接经济损失数额累计在 50 万元以上的应予立案。

（二）企业在向银行申请贷款时的注意事项

长期以来，融资难、融资贵，一直是企业可持续发展所面临的难题。由于银行贷款融资具有融资速度快、效率高，融资成本低，资金来源稳定，安全性高等诸多优势，所以很多企业在融资过程中都倾向于选择银行贷款。但是由于银行贷款对贷款资格、贷款材料等都有严格的限制，就导致一些企业为了申请贷款而虚造一些资格、材料。这实际上是很危险的行为，如果贷款无法归还，甚至会构成刑事犯罪。为此，企业在申请银行贷款时，应该注意以下几点：

1. 向银行递交材料申请贷款时不能弄虚作假，应如实客观提供相关材料

如编造引进资金、项目等虚假理由，使用虚假的经济合同，使用虚假的证明文件，使用虚假的产权证明作担保或者超出抵押物价值重复担保等行为，都是典型的骗取贷款的行为；一旦存在上述行为，导致严重后果的，将会构成骗取贷款罪，甚至是贷款诈骗罪。

2. 发生骗取贷款行为后，要及时归还借款

企业如果仅仅实施了骗取贷款行为，但是并未造成严重后果，尚不构成犯罪。根据《最高人民检察院、公安部关于公安机关管辖的刑事案件立案追诉标准的规定（二）》规定，以欺骗手段取得银行或者其他金融机构贷款、票据承兑、信用证、保函等，给银行或者其他金融机构造成直接经济损失数额在 50 万元以上的，应予立案追诉。也就是说，企业只要能够按时归还欠款，即使存在欺骗银行的行为，也不会构成刑事犯罪。

3. 要控制贷款的次数

对于骗取贷款的行为，即使未到达相应额度或者造成损失，但是如果施行多次骗贷行为的，也可能会构成犯罪。虽然目前法律对于“多次”并未进行明确的说明，但毫无疑问的是，企业施行骗贷的次数越多，证明其主观恶性越强，被认定为犯罪的可能性也就越大。

4. 不得非法占有贷款

我国《刑法》规定了骗取贷款罪和贷款诈骗罪两种罪名，贷款诈骗罪的量刑要明显重于骗取贷款罪。两种行为均是以欺骗的手段骗取银行等金融机构贷款，不同的是，前者不要求主观上具有非法占有目的。另外，骗取贷款可以由企业实施，《刑法》上没有规定企业犯贷款诈骗罪的情形，根据《全国法院审理金融犯罪案件工作座谈会纪要》，一般是将企业按合同诈骗罪定罪处罚。

（三）企业在通过虚拟货币融资时的注意事项

一些企业为了融资，会通过“数字货币”“虚拟货币”发行者的身份，使用区块链技术，快速吸引大量客户和资金，并向客户承诺“虚拟货币”只涨不跌。这种行为可能会构成非法吸收公众存款罪。因为《最高人民法院关于修改〈最高人民法院关于审理非法集资刑事案件具体应用法律若干问题的解释〉的决定》于 2022 年 3 月 1 日正式实施，最高人民法院明确将“以网络借贷、投资入股、虚拟币交易”等非法吸收资金，列入非法吸收存款罪的典型行为模式中。对此，企业在发行虚拟货币过程中，如要避免构成犯罪，一定要注意以下事项：

1. 建议在境外注册公司发行虚拟货币

中国人民银行、中央网信办、最高人民法院、最高检、工业和信息化部、公安部、市场监管总局、银保监会、证监会、外汇局联合发布的《关于进一步防范和处置虚拟货币交易炒作风险的通知》中明确规定，境外虚拟货币交易所通过互联网向我国境内居民提供服务同样属于非法金融活动。对于相关境外虚拟货币交易所的境内工作人员，以及明知或应知其从事虚拟货币相关业务，仍为其提供营销宣传、支付结算、技术支持等服务的法人、非法人组织和自然人，依法追究有关责任。由此可见，我国是禁止企业发行虚拟货币或者为虚拟货币提供相关技术服务的。但是，目前国外很多国家仍旧允许虚拟货币的发行，因此企业要想发行虚拟货币，就需要在国外注册公司。

2. 建议通过正规的虚拟货币平台发行

目前有正规的虚拟货币发行平台是受到国家法律认可的，比如总部位于香港的 Bitfinex 平台，支持以太坊、比特币、莱特币、以太经典等虚拟币的交易。正规的交易平台，一般会受到政府的监管，交易活动也会更正规。通过其发行虚拟货币，面临的法律风险也会更小。

（四）企业融资后使用资金时的注意事项

常见的企业融资方式可以分为两类：债务性融资和权益性融资。债务性融资构成负债，权益性融资构成企业的自有资金。债务性融资是企业最常见的融资方式，此种融资方式下企业要按期偿还约定的本息，债权人会对资金的使用用途进行明确的约定。如果企业不按照约定使用，则可能构成违约甚至是犯罪；尤其是从银行贷款后，如果企业将资金不用于生产经营，而是转贷给其他企业，可能会构成高利转贷罪。为此，企业从银行贷款后应注意以下几点：

1. 如果将银行贷款进行转贷的，应该注意贷款利率不得高于银行利率

高利转贷罪中的“高利”不应等同于民间借贷中的“高利”，民间借贷中的高利是指超过银行同期贷款利率的 4 倍。而高利转贷行为所涉及的资金直接来源于金融机构的信贷资金，其侵犯的客体是央行的利率管理制度以及正常的信贷资金管理秩序。目前，高利转贷中转贷利率具体高出银行同期贷款利率多少就可以被认定为犯罪，法律并未明确规定，因此对于企业而言，最保险的操作方式就是不高于银行的贷款利率。

2. 如果转贷的利率已经高于银行同期贷款利率的，应当确保所获收益在 50 万元以下

根据《最高人民检察院、公安部关于公安机关管辖的刑事案件立案追诉标准的规定（二）》规定，以转贷牟利为目的，套取金融机构信贷资金高利转贷他人，违法所得数额在 50 万元以上的，应予立案追诉。如果企业获利低于 10 万元将不会构成犯罪。

3. 如果因为高利转贷受过行政处罚，则不再进行转贷行为

综上所述，如果企业高利转贷后，获利未达到法定数额，将不会构成犯罪，但可能会受到主管部门的行政处罚，但在受到行政处罚后的两年

内，再实施相应行为的也可能会构成犯罪，所以企业要高度重视行政处罚，避免将行政责任转化为刑事责任。

（五）无偿还能力时向银行贷款的注意事项

正如前文我们提到的，骗取贷款罪和贷款诈骗罪的区别在于是否有“以非法占有为目的”。如果以非法占有为目的骗取银行贷款的将构成贷款诈骗罪，由于贷款诈骗罪没有单位犯罪，所以如果企业实施上述行为，则可能会构成合同诈骗罪。同样，企业如果自身明显没有偿还能力，或者实施了一些导致自己无法偿还贷款的行为，则可能会被认定为“以非法占有为目的”。所以当企业没有偿还能力而仍旧需要拆借资金时，应该注意以下事项：

1. 不得实施有可能被认定为“以非法占有为目的”的相关行为

《全国法院审理金融犯罪案件工作座谈会纪要》规定，根据司法实践，对于行为人通过诈骗的方法非法获取资金，造成数额较大、资金不能归还，并具有下列情形之一的，可以认定为具有非法占有的目的：（1）明知没有归还能力而大量骗取资金的；（2）非法获取资金后逃跑的；（3）肆意挥霍骗取资金的；（4）使用骗取的资金进行违法犯罪活动的；（5）抽逃、转移资金，隐匿财产，以逃避返还资金的；（6）隐匿、销毁账目，或者搞假破产、假倒闭，以逃避返还资金的；（7）其他非法占有资金、拒不返还的行为。

2. 如果自身确实没有还款的能力，可以由其他企业提供担保或者保证来获得贷款

由他人提供担保获得贷款，一方面可以降低贷款的难度；另一方面如果企业无法还款，银行可以向保证方主张责任。这样会降低企业承担刑事责任的法律风险。

3. 如果企业用自身的财产进行担保，切忌超出担保物的价值或者进行重复担保

根据我国《刑法》规定，使用虚假的产权证明作担保或者超出抵押物价值重复担保，以非法占有为目的，骗取银行或者其他金融机构的贷款，也构成贷款诈骗罪。

6

第六节　安全生产才能产生安全

一、企业生产环节不能忽略的方方面面

随着我国市场经济的飞速发展，企业生产的机械化、智能化趋势不断提高，社会各界对企业的安全生产也越发重视。为了加强安全生产工作，防止和减少生产安全事故，保障人民群众生命安全和财产安全，进而促进经济社会持续健康发展，2002 年 6 月 29 日第九届全国人大常委会第二十八次会议通过了《中华人民共和国安全生产法》。此条文的颁布也进一步落实了我国领域内企业对于安全生产的主体责任，从而推进企业建立健全全员安全生产责任制和安全生产的相关规章制度。

与此同时，我国《刑法》第一百三十四条至第一百三十九条也对违反安全生产义务的刑事罪名进行了明确规定，如重大劳动安全事故罪，大型群众性活动重大安全事故罪，危险物品肇事罪，工程重大安全事故罪，教育设施重大安全事故罪，消防责任事故罪，不报、谎报安全事故罪等。如果企业在生产过程中没有依法履行相应的安全保障义务，构成刑事犯罪，则可能会面临高额的罚金，其相关负责人也会承担最高 7 年的有期徒刑。

所谓“安全生产”，是指在生产经营活动中，为了避免造成人员伤害和财产损失的事故发生而采取相应的事故预防和控制措施。随着安全生产的推进，会使生产过程在符合规定的条件下进行，以保证从业人员的人身

安全与健康、设备和设施免受损坏、环境免遭破坏，使得企业生产经营活动顺利进行。广义的安全生产，不仅包括企业为了避免人员伤亡和财产损失而采取的预防和控制措施，还包括遵守国家关于安全生产的各类规定，依法为从业人员提供各类安全设施和安全生产条件。

因此，企业安全生产刑事合规审查实际上就是对企业在安全生产领域容易发生的刑事合规风险进行识别、分析、处置的过程，其目的在于使企业的生产经营活动符合我国法律法规，尤其是刑事法律的规定，以避免企业触犯上述安全生产领域的相关罪名。

二、安全生产，不容小觑

（一）企业是否必须建立安全生产规章制度？

比如，企业未建立安全生产相关制度，但实际发生安全事故后，企业是否会承担刑事责任？

（二）企业是否可以不安装消防设施？

比如，企业未按照要求安装消防设施，甚至之后导致火灾发生，是否会承担刑事责任？

（三）疫情期间，学校暴发疫情，学校和负责人是否承担刑事责任？

比如，学校盲目扩大招生规模，但医疗卫生设施不健全，导致学校疫情暴发，传染人数不断扩大，是否构成犯罪？

（四）企业发生安全事故后，是否可以不主动上报？

比如，企业消防负责人在企业发生事故后没有履行上报义务，导致事故伤亡扩大，是否构成犯罪？

（五）企业是否可以雇用童工进行劳动？

比如，企业为了节省资本，雇用未满16周岁的儿童进行工作，是否会构成犯罪？

三、事故可避免，人命大于天

（一）杜某某教育设施重大安全事故案

案情简介：原平市崇实学校2005年至今配套设施一直不符合国家相关规定，原平市教育局、原平市卫生局曾多次下达整改通知书，但被告人杜某1、杜某2未认真执行整改意见。2011年5月19日，原平市教育局在对该校进行年检时，针对学生宿舍、食堂、设备等不达标情况，认定其存在“超规模、超轨制”招生办学的安全隐患，甚至财务管理也存在混乱等问题。在教育局明确提出整改意见后，被告人杜某1、杜某2在明知校舍、食堂等设施存在安全隐患的情况下，不但没有积极采取措施进行扩建改造，反而继续超规模、超轨制招生，继续违规举办补习班，导致班容量普遍超标。

2012年5月，原平市崇实学校暴发结核病疫情，由于该校在办学过程中违反规定，长期存在超规模、超轨制办学，而且没有落实《学校卫生工作条例》，校医人数明显不符合规定要求、卫生条件不达标、校安工程未按规定实施，使得在校人数严重超额，班容量普遍超标，教学环境中人员拥挤、通风不畅、卫生条件差，造成疫情不断蔓延扩散。截至2012年12月，累计发现可疑临床表现者198人，已确诊结核病患者104人，其中重伤6人，轻伤7人，81名学生休学一年，疫情发生后100多名家长多次到省、市及国家计生委（现为国家卫生健康委）等地上访，社会影响恶劣，据统计，直接经济损失高达5492390元。

案例分析：

1. 对安全事故的认定

教育设施重大安全事故罪中，犯罪客体是教育机构的正常活动秩序和师生的生命健康权；其侵害方式无论是疾病还是受伤，只要对生命健康权造成危害，都可以被认定为伤亡事故。此外，本案与突发性公共卫生事件不同，本案暴发疫情是因为学校过度招生、人员拥挤，未提供符合标准的卫生条件，其根本原因是学校负责人没有尽到安全保障义务，所以才构成教育设施重大安全事故罪。

2. 关于责任主体的认定

教育设施重大安全事故罪的责任主体是教育设施的负责人。所谓负责人，是指对教育设施的安全、卫生条件具有管理职能的人员，如学校领导、学校的卫生人员、学校的后勤人员等。一般情况下，学校的教师不属于本罪的主体。

（二）随州市 Z 公司康某某等人重大责任事故案

案情简介：湖北省随州市 Z 有限公司（以下简称 Z 公司）是当地重点引进的外资在华食品加工企业，康某某、周某某、朱某某分别系该公司行政总监、安环部责任人、行政部负责人。

2020 年 4 月 15 日，Z 公司与随州市高新区某保洁经营部法定代表人曹某某签订污水沟清理协议，将食品厂洗衣房至污水站下水道、污水沟内垃圾、污泥的清理工作交由曹某某承包。2020 年 4 月 23 日，曹某某与其同事刘某某违规进入未将盖板挖开的污水沟内作业时，使硫化氢等有毒气体逸出，导致二人与前来救助的吴某某先后中毒身亡。随州市政府事故调查组经调查后认定该事故为一起生产安全责任事故。曹某某作为清污工程的承包方，不具备有限空间作业的安全生产条件，在未为作业人员配备应急救援装备及物资、未对作业人员进行安全培训的情况下，违规从事污水沟清淤作业，导致事故发生，对事故负有直接责任。康某某、周某某、朱某某作为 Z 公司分管和负责安全生产的责任人，在与曹某某签订合同以及曹某某实施清污工程期间把关不严，且未认真履行相关工作职责及时发现事故隐患，导致发生较大生产安全事故。案发后，康某某、周某某、朱某某先后被公安机关采取取保候审措施，Z 公司分别对曹某某等 3 人的家属进行赔偿，取得了谅解。2021 年 1 月 22 日，随州市公安局曾都区分局以康某某、周某某、朱某某涉嫌重大责任事故罪移送随州市曾都区检察院审查起诉。

案例分析：本案是最高检发布的第二批合规不起诉指导案例之一，对重大责任事故罪适用合规不起诉机制具有很好的指导意义。

安全生产类的犯罪具有突发性强、预防难度大、责任认定难的特点，一旦发生就会给人民群众的财产和生命安全带来巨大威胁，而且由于很多企业安全意识不强，导致近几年我国安全生产类犯罪数量居高不下。

针对安全事故类犯罪的特点，随州市曾都区检察院认为要想减少安全事故类犯罪的发生，必须从根源上着手，强化企业的安全意识，其采取的很多措施对于三方监督评估机制在安全事故类犯罪中的应用，具有十分重要的借鉴意义。

（1）委托安全生产领域相关的行政执法机关、行业协会人员等专业人员组成第三方组织，提升监督评估专业性。

（2）合规整改过程中重点核查企业在安全生产、安全防范、操作规程等环节中存在的问题，初步形成安全生产领域的“合规审查模板”。

（3）“由点及面”，强化企业安全意识，聘请安全方面的专家对企业所有员工开展安全教育培训。

四、企业安全生产刑事合规审查中的注意事项

（一）企业生产过程阶段

建立安全生产管理制度的直接目的就是避免企业发生责任事故。企业构成责任事故的前提是必须违反国家安全管理的相关规定，否则可能仅构成安全事件。所谓安全管理规定，包括但不限于国家颁布的各类有关安全生产的法律法规，企业以及上级监管部门制定的章程、流程、办法等，该

行业公认的操作惯例等。

同时根据《中华人民共和国安全生产法》的规定，发生生产安全事故，对负有责任的生产经营单位除要求其依法承担相应的赔偿等责任外，由应急管理部门进行罚款。可见发生安全事故并不一定构成刑事犯罪，只有达到我国《刑法》规定的“发生重大伤亡事故或者造成其他严重后果”的才可能构成犯罪。因此，企业在生产过程中一定要注意以下几点：

1. 建立完善的安全生产责任制和安全生产规章制度

我国《中华人民共和国安全生产法》第四条第一款明确规定，“生产经营单位必须遵守本法和其他有关安全生产的法律、法规，加强安全生产管理，建立健全全员安全生产责任制和安全生产规章制度，加大对安全生产资金、物资、技术、人员的投入保障力度，改善安全生产条件，加强安全生产标准化、信息化建设，构建安全风险分级管控和隐患排查治理双重预防机制，健全风险防范化解机制，提高安全生产水平，确保安全生产”。由此可见，对于生产经营企业而言，建立安全保障制度是其法律规定的强制性义务。

建立安全生产规章制度，直接目的是规范生产企业的业务流程和操作规范，尽可能减少由于员工操作不当带来安全事故的法律风险。而建立安全生产责任制的目的在于，确定安全生产各个环节的安全负责人，一旦发生安全事故，可以快速帮助企业确认安全责任人。从上文提及的安全生产类的罪名可以看出，很多安全生产类犯罪的主体既可以是个人，也可以是单位；通过对安全责任人的确定，将合规责任落实到人，可以帮助划分个人责任和企业责任，以帮助企业实现责任减免。

2. 建立突发事件应急机制，减少事故伤亡和财产损失

重大安全责任事故罪以发生严重的责任事故、人身财产损失为构成犯罪的要件。即若涉案企业能够及时采取措施避免出现伤亡事故或者财产损

失，那么该企业很可能不会构成犯罪或者能够很好地减轻刑事责任。

因此，在安全生产刑事合规体系建设过程中，有必要建立一套完整又独立的突发事件应急机制。突发事件应急机制应当是可以达到预防与应急准备、监测与预警、应急处置与救援等环节的应急体系和工作机制。此机制对于企业来说不仅是一项减免责任的重要制度支持，还可以帮助企业提前发现安全隐患。例如企业事故发生后，在企业内部既可以协调各部门合规资源，又可以及时采取救援、救护措施，将事故的人身伤亡和财产损失降到最低。

（二）企业的消防管理

根据我国《刑法》的规定，违反消防管理法规，经消防监督机构通知采取改正措施而拒绝执行，造成严重后果的，对直接责任人员，处3年以下有期徒刑或者拘役；后果特别严重的，处3年以上7年以下有期徒刑。如果企业不履行消防义务，导致严重后果发生的就可能构成犯罪，因此企业在消防领域要注意以下几点：

1. 配备完善的消防设施

根据我国《消防法》的规定，任何单位和个人都有维护消防安全、保护消防设施、预防火灾、报告火警的义务。任何单位和成年人都有参加有组织灭火工作的义务，单位应该按照国家规定配置消防设施和器材。企业需要配置完善的消防设施，一方面在发生火灾等事故后，可以帮助企业把损害降到最低；另一方面也是企业积极履行消防义务的体现，一旦涉及法律责任，也可以成为后续进行抗辩的理由之一。

2. 确认消防责任事故的安全责任人

在消防责任事故罪中，确认安全义务责任人是认定本罪的关键。而设施、房屋的所有者、使用者都负有安全保障义务，都应该遵守消防管理的法律规定。如果企业出现安全隐患，应当遵守消防监督机构整改通知，及时排除安全隐患，只有这样才能避免此类犯罪的发生。

3. 事故发生后，采取一切必要措施减少人员、财产损失

根据我国法律规定，消防责任事故罪以发生严重后果为构罪要件，如果企业能够采取措施积极避免以下后果的，将不会构成犯罪：（1）造成死亡 1 人以上，或者重伤 3 人以上；（2）造成直接经济损失 50 万元以上的；（3）造成森林火灾，过火有林地面积 2 公顷以上，或者过火疏林地、灌木林地、未成林地、苗圃地面积 4 公顷以上的。

（三）学校防范疫情的关注重点

根据我国《刑法》的规定，明知校舍或者教育教学设施有危险，而不采取措施或者不及时报告，致使发生重大伤亡事故的，对直接责任人员，处 3 年以下有期徒刑或者拘役；后果特别严重的，处 3 年以上 7 年以下有期徒刑。通过上述案例可知，这里的“危险”并不仅限于设施带来的安全隐患，也包括疫情的传播，只要对学生的生命健康权造成损害都应该包括在内。因此，如果学校不能履行安全保障义务，导致疫情传播也可能会构成教育设施重大安全事故罪。为此，企业在防疫过程中，应该注意以下几点：

1. 配备完善的安全卫生设施和安全卫生保障人员

配备安全卫生设施和卫生人员既是学校的法定义务，也是学校减少疫情传播的有效手段。除此之外，学校还应该建立配套的《安全卫生条例》，落实安全卫生保障责任，确定安全卫生保证责任人。

2. 切勿盲目地扩大招生规模

对于学校而言，招生人数越多发生安全事故的可能性也就越高，尤其会提高疫情防控的难度，学生数量越多疫情传播的可能性和速度也就越快。因此，合理控制招生人数，不但有利于学校对学生进行管理，还可以很好地避免安全事故的发生。

3. 发生疫情后应当及时采取隔离和治疗措施，避免发生人员伤亡

教育设施重大安全事故罪也属于结果犯，企业因为防疫问题发生安全事故后，如果能够积极采取措施，避免造成人员死亡或者重伤达 3 人或者轻伤达 10 人的，则不会构成犯罪。

（四）企业报告安全事故的关注重点

根据我国《刑法》的规定，在安全事故发生后，负有报告职责的人员不报或者谎报事故情况、贻误事故抢救，情节严重的，处 3 年以下有期徒刑或者拘役；情节特别严重的，处 3 年以上 7 年以下有期徒刑。本罪的犯罪主体为一般主体，也包括单位；也就是说，发生安全事故后，如果企业不履行报告义务，也可能会构成犯罪。因此企业应该注意以下几点：

1. 事故发生后，积极向有关部门报告

“负有报告职责的人员”是指生产经营单位的负责人、实际控制人、负责生产经营管理的投资人以及其他负有报告职责的人员。即企业一旦发生安全事故，相关负责人员应该第一时间履行报告义务，积极向安全监管部门报告并启动应急预案。

2. 事故发生后，积极采取抢救等应急措施

不报、谎报安全事故罪以贻误抢救，导致损失扩大为构罪要件。事故发生后，如果企业积极采取抢救措施，未导致人员伤亡的，则可能不会构成犯罪。即使企业没能避免伤亡发生，也可以作为企业减轻处罚的抗辩理由。

3. 如果公司员工未及时报告，应当对其作出处分等惩戒措施

为了防止事故发生后出现不报或者谎报的情形，企业可以设立专门的岗位负责安全事故的报告和处理工作。一旦出现未及时报告的情况，应当及时进行追责，对责任人进行处分。

（五）企业雇用童工的关注重点

所谓童工，根据我国《刑法》的规定，是指未满 16 周岁的未成年人。根据《禁止使用童工规定》，企业不得雇用未满 16 周岁的员工，如果违反将会受到劳动监管部门的行政处罚。如果雇用童工从事高强度或者危险作业的将可能会构成犯罪，因此企业在雇用童工时应该注意以下几点：

（1）一般企业在任何情况下都应该避免雇用童工，企业要履行审核员工基本信息的义务。企业在招用员工时应该仔细核查员工的身份证信息，确定已经满 16 周岁，并对员工的信息登记造册，做好记录归档。

（2）文艺、体育单位在特殊情况下可以雇用童工。特殊情况可以雇用的前提是需要争得其监护人的同意，并且用人单位应当保障被招用的不满 16 周岁的未成年人的身心健康，保障其接受义务教育的权利。

（3）如果企业确实存在雇用童工的行为，应杜绝发生以下行为，避免承担刑事责任：

①雇用未满 16 周岁的未成年人从事超强度体力劳动的。“超强度体力劳动”，是指使童工从事国家禁止的《体力劳动强度分级》国家标准中第四级体力劳动强度的作业。②雇用未满 16 周岁的未成年人从事高空、井下作业的。“高空、井下作业”，是指使童工从事国家禁止的《高处作业分级》国家标准中第二级以上的高处作业和矿山井下作业。③雇用未满 16 周岁的未成年人在爆炸性、易燃性、放射性、毒害性等危险环境下从事劳动。

7

第七节　企业环境领域的合规管理

一、绿水蓝天，人人有责

随着党的十九大报告将“美丽”纳入建设社会主义现代化强国的目标之中，我国对于环保的监管政策持续加强，各级政府也越来越重视环保问题。2019 年最高人民法院、最高检、公安部、司法部、生态环境部联合印发的《关于办理环境污染刑事案件有关问题座谈会纪要》对打击环境污染犯罪进行了一系列的战略部署，同时《刑法修正案（十一）》也对环境污染犯罪量刑等问题进行了一系列的修改。

在国家大力对环境进行监管的背景下，企业环境污染刑事合规的重要性也越发明显。对于企业而言，如何制定刑事合规体系，防范环境污染刑事法律风险，已经成为亟须解决的问题。

所谓环境污染刑事合规，是指企业及其员工使其行为合乎环境保护的相关法律法规规定，避免出现环境污染类刑事犯罪。如图 3－1 所示，广义的环境污染刑事合规主要可以分为三大类：破坏资源类刑事合规、污染类刑事合规、非法进出口污染物刑事合规；而狭义的环境污染刑事合规主要指污染类刑事合规。

与刑法中其他类型的犯罪相比，环境污染刑事犯罪追责方式和定罪方式都更为严格：

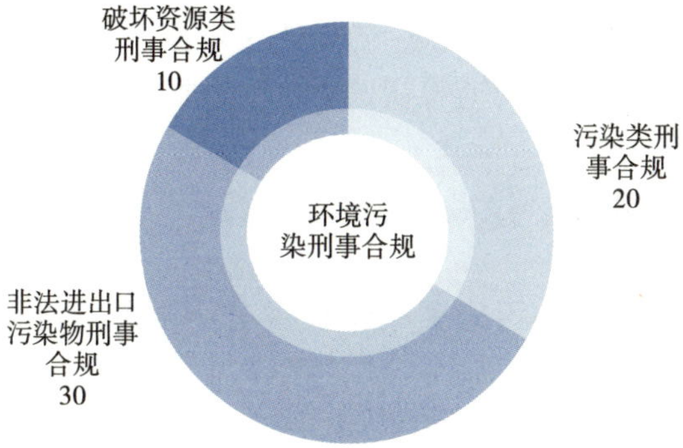

图 3－1 广义的环境污染刑事合规分类

首先是对犯罪故意的推定。环境污染类的犯罪一般为故意犯罪，但是在实务中由于对企业的犯罪故意和过失很难进行区分，所以在环境污染类犯罪中降低了认定故意犯罪的标准。根据《关于办理环境污染刑事案件有关问题座谈会纪要》，企业如果存在没有通过环评、未及时排除环保设备故障、未审查合作方资质、合作方收费明显低于市场价格等情况，可以直接推定企业具有污染环境的犯罪故意。即可以通过客观行为反推该企业是否存在环境污染的犯罪故意，这就意味着企业如果无法证明其没有主观故意，就会面临着承担刑事责任的法律风险。

其次是刑事处罚力度更大。在量刑方面，《刑法修正案（十一）》针对污染环境罪增设了量刑档次，将法定最高刑期从 7 年有期徒刑提升到了 15 年有期徒刑。在犯罪形态方面，对于某些环境污染类犯罪，即使尚未造成危害后果的，也会按照犯罪未遂追究刑事责任。在刑罚适用上，《环保刑事案件纪要》明文规定，针对环保刑事案件，对于情节恶劣、后果严重的犯罪行为，从严打击、从重处罚。

最后是单位和个人都会面临刑罚。环境污染类刑事犯罪的主体既可以是单位，也可以是个人，对于单位犯罪，我国采取双罚制，即企业和企业的负责人同时承担刑事责任。根据《关于办理环境污染刑事案件有关问题座谈会纪要》的规定，除了单位决策实施犯罪外，单位主管人员对违规行为未加制止、未采取应对措施，以及使用单位证照、使用单位车辆和生产设备实施违规行为的，都可直接认定为单位犯罪。

二、环境无小事，这些行为不可做

1. 企业排放污水、污染类气体是否有所限制？何种情况下才会构成犯罪？

比如，一些企业有排污许可证、环保许可证，是否就可以肆无忌惮地排放污染物？

2. 企业是否可以从国外进口老旧的衣物、废旧纸张？

比如，企业向国外进口了一批老旧衣物、废弃纸张，但是由于不了解政策或者为了自动许可进口，瞒报或者谎报了废弃物的性质，是否构成犯罪？

3. 企业是否可以帮助处理、处置废弃物？

比如，是否可以帮助其他企业运输、倾倒、掩埋废弃物？

4. 企业在施工过程中是否可以短暂占用农业用地？

比如，企业在建设道路过程中，是否可以占用农业用地，暂时用来存放原材料？

5. 餐饮企业购买一些野生动物作为食材，是否构成犯罪？

比如，一些企业会购买一些鸟类（如麻雀）、爬行动物（如蜥蜴、鳄鱼）等野生动物作为食材，是否可以？

三、无心之失，酿成大祸

（一）张某某等非法处置危险废物构成污染环境案

案情简介：被告人张某某、李某某系句容市葛村镇荣盛防水材料厂的经营者，自 2011 年 11 月至 2014 年 4 月，该厂以营利为目的，违反国家规定，在未取得危险废物经营许可证的情况下，为他人非法处置危险废物，其中已处置 50 余吨，另有 66.074 吨未处置即被查获。

案件的争议焦点是：(1) 被告人周某某仅是将废物放置在张某某、李某某处，而不是处置该废物；本案中所涉及的废物均未处置成功，未造成严重污染环境的后果，是否构成污染环境罪。(2) 污染环境犯罪是否属于过失犯罪，被告人是否存在未遂的情况。

法院认为被告人张某某、李某某违反国家关于危险废物的处理规定，非法处置危险废物 3 吨以上，其行为均已触犯刑律，构成污染环境罪。关于污染环境罪是否为故意犯罪的问题，法院认为污染环境罪是故意犯罪。

案件分析：从法院的观点可以看出，污染环境罪已经不再以发生严重后果为构成要件，我国《刑法修正案（八）》将《刑法》第三百三十八条污染环境罪的入罪要件由原先的“造成重大环境污染事故，致使公私财产遭受重大损失或者人身伤亡的严重结果”修改为“严重污染环境”。从法律修改的精神来看，不再将“严重污染环境”解释为必须造成公私财产重大损失或者人身伤亡的实害结果，因此即使没有造成人身、财产损害的严重后果，也可以构成本罪。

另外关于本罪是否故意犯罪的问题，《关于办理环境污染刑事案件有关问题座谈会纪要》已经进行了规定，而且《最高人民法院、最高人民检察院关于办理环境污染刑事案件适用法律若干问题的解释》第七条也规定了污染环境罪的共同犯罪情形，进一步说明污染环境罪系故意犯罪。所以污染环境罪存在犯罪未遂的情形。

（二）张某某等非法处置危险废物构成污染环境案

案情简介：2014 年 9 月 24 日凌晨 1 时许，被告人陈某某、罗某受他人雇请，分别驾驶闽 A××××9（闽 A×××2 挂）、闽 A××××3（闽 A×××3 挂）号牌的两部重型挂车在福建省某码头，各装一车固体废物旧服装载往广东省陆丰市。当到达陆丰市某加油站内休息时，被陆丰市打私办、陆丰市工商局联合行动组查获。当场从两辆货车上缴获进口的固体废物旧服装共计430包，约40吨。

案件的争议焦点是本案中的旧服装是否属于固体废物，运输行为是否会构成本罪。法院认为，被告人陈某某、罗某受他人雇请，明知是没有合法手续非法处置进口固体废物，并为其运载，其行为均已构成非法处置进口的固体废物罪。公诉机关指控二被告人所犯罪名成立，应予以支持。

案件分析：首先是关于“固体废物”的认定问题。根据《固体废物鉴别标准通则》的规定，在生产过程中产生的因为不符合国家、地方制定或行业通行的产品标准（规范），或者因为质量原因，而不能在市场出售、流通或者不能按照原用途使用的物质，属于固体废物，因此本案中的旧服装属于固体废物。

另外是关于“处置”行为的认定。《固体废物鉴别标准通则》规定，“处理”是指通过物理、化学、生物等方法，使固体废物转化为适合于运输、贮存、利用和处置的活动；“处置”是指将固体废物焚烧和用其他改变固体废物的物理、化学、生物特性的方法，达到减少已产生的固体废物数量、缩小固体废物体积、减少或者消除其危险成分的活动，或者将固体废物最终置于符合环境保护规定要求的填埋场的活动。因此运输固体废物也属于处理、处置固体废物环节中的重要一环，本案中陈某某等非法运输固体废物的行为也构成非法处置进口的固体废物罪。

四、企业环境领域刑事合规审查中的注意事项

（一）企业排污过程中的注意事项

根据《排污许可管理办法（试行）》的规定，纳入固定污染源排污许可分类管理名录的企业事业单位和其他生产经营者应当按照规定的时限申请并取得排污许可证；未纳入固定污染源排污许可分类管理名录的排污单

位，暂不需申请排污许可证。我国对特定的污染物排放施行行政审批制度，只有具备相应的排污许可，才有资格排放相应的污染物。以污染气体为例，根据《中华人民共和国大气污染防治法》的规定，国务院生态环境主管部门应当会同国务院卫生行政部门，根据大气污染物对公众健康和生态环境的危害和影响程度，公布有毒有害大气污染物名录，实行风险管理。企业排放大气污染物名录中的污染气体时都需要提前获得排污许可证。超量排放、超范围排放造成严重后果的，都可能构成犯罪。为此，企业在排污过程中要注意以下几点：

1. 关注国家发布的污染物名录，按照要求申请排污许可证

我国《固定污染源排污许可分类管理名录》明确规定了需要申请排污许可证的行业，企业需要根据自身排污特点、所处行业等确定是否需要申请排污许可证。如果属于名录中规定的企业，应该向当地生态环境部门申请排放许可。

2. 不得超范围或者超量排污

我们仍旧以排放污染气体为例，如果企业未获得资格证排放污染气体或者虽有资格证但是超范围或者超量排放的，可能会受到最高 100 万元人民币的罚款，甚至会被要求停业、关闭。造成严重后果的甚至会构成污染环境罪。我国规定限量排污的目的也是考虑到环境自身的净化能力，如果排放的污染物数量尚在环境的承受能力范围内，便不会造成污染环境的严重后果，企业自然也不会为此承担法律责任。

3. 违法排放污染物后，一定要积极采取措施避免造成环境严重污染

由上述案例可知，我国《刑法修正案（八）》已将《刑法》第三百三十八条污染环境罪的入罪要件由原先的“造成重大环境污染事故，致使公私财产遭受重大损失或者人身伤亡的严重结果”修改为“严重污染环境”。相当于加强了对环境污染犯罪的处罚力度，污染环境犯罪的构罪条件更加简单，即使不发生公私财产重大损失或者人身伤亡的严重结果仍旧可以构

成犯罪。关于何种行为可以被认定为“严重污染环境”，《最高人民法院、最高人民检察院关于办理环境污染刑事案件适用法律若干问题的解释》明确列举了17种情形[①]。在这17种情形中，有些情形企业是可以通过采取措施进行避免的，如将污染环境损失控制在30万元以内，对3人以内造成轻伤，防止对他人造成重伤，受到行政处罚不超过2次等。对于企业来说，发生环境污染后，最忌隔岸观火，无动于衷，任由污染物扩散，如果企业能够建立完善的应急预案，并积极开展补救措施，法律肯定也会网开一面。

4. 其他

有条件的企业可以安装环保、过滤设施。比如，对于污染气体和污染液体，企业可以安装相应的净化、过滤设施，将其中的对环境造成污染的有毒、有害物质净化或者过滤，使得排放的气体和液体符合国家排放标准，这样可以大大降低企业违法的可能性。

（二）企业进口废弃物时的注意事项

企业在从事进出口业务时，要积极遵守我国的海关监管制度，不得出口、进口我国海关禁止的物品，包括相关的废弃物。走私废弃物的行为不但违反了我国的海关监管制度，还可能对我国环境造成影响，因此我国对走私废弃物的处罚力度要高于走私普通物品。对于企业而言，要想避免构成走私废物罪，应该注意以下几点：

1. 企业首先应该对“废物”的范围有明确的认知

所谓废物，是指生产、生活和其他活动中产生的丧失原有利用价值或者虽未丧失利用价值但被抛弃或者放弃的废物，包括固体废物、液态废物以及气态废物。司法实践中，由于废弃物的形式多种多样，法院一般会结

① 详见《最高人民法院、最高人民检察院关于办理环境污染刑事案件适用法律若干问题的解释》第一条规定。

合专业结构的鉴定结果进行认定。从笔者调研的案例来看，像废旧衣物、废弃纸张、废弃塑料等都可能属于废物的范围，企业在进口这类物品时要注意其是否属于国家禁止进口的废物，在进口前一定要咨询海关部门，了解相关政策。

2. 企业要明确限制走私废物的数量

如果企业不确定其进口的物品是否属于废物，那么就应该采取措施将进口的数量限制在法律规定的立案标准之下，以免构成犯罪。比如，对于具有危险性的固体废物、液态废物进口数量应该限制在 1 吨以内，非危险性的固体废物、液态废物数量应该限制在 5 吨以内。

3. 其他

即使没有进口废物的行为，也不得为他人的走私行为提供贷款、资金、账号、发票、证明，或者为其提供运输、保管、邮寄或者其他方便。根据我国《刑法》的规定，在走私类犯罪中，存在上述行为的同样以相关走私罪名的共犯论处。

（三）企业帮助处置固体废物的注意事项

对于企业而言，不但进口固体废物可能会构成犯罪，帮助处置固体废物也可能会构成犯罪。虽然帮助处置固体废物的行为主观恶性要低于直接进口废物，但是也严重侵犯了我国的环境安全，如果造成了严重后果同样会构成非法处置进口的固体废物罪。现实中，一些企业尤其是运输类企业，对自己运输物品的性质缺乏应有的认识，常常会有构成此罪的法律风险。为此，企业应该注意以下几点：

首先，要对“固体废物”有明确的认知，根据《固体废物鉴别标准通则》的规定，在生产过程中产生的因为不符合国家、地方制定或行业通行的产品标准（规范），或者因为质量原因，而不能在市场出售、流通或者不能按照原有用途使用的物质，属于固体废物。固体废物主要可以分为以下几大类：（1）丧失原来使用价值的，如我们上文提及的废纸、废旧衣物、废旧塑料等。（2）生产过程中产生的副产物，如一些矿渣、煤渣、动物粪便、有毒动物尸体等。（3）环境治理过程中产生的物质，常见的如粉尘、净化水剩余的残余物质等。

其次，企业需要知道哪些行为会构成“非法处置”，避免自身参与到非法处置行为之中。《固体废物鉴别标准通则》规定，“处置”是指将固体废物焚烧和用其他改变固体废物的物理、化学、生物特性的方法，达到减少已产生的固体废物数量、缩小固体废物体积、减少或者消除其危险成分的活动，或者将固体废物最终置于符合环境保护规定要求的填埋场的活动。相应地，“非法处置”就是指企业采取的方法不符合环境保护规定的要求，不能达到消除危险成分的标准。因此帮助运输、储存固体废物，造成严重后果的，都可能会构成犯罪。

最后，企业如果有倾倒、堆放固体废物的行为，应积极采取措施，避免出现严重后果。根据我国法律规定，非法处置进口的固体废物罪属于结果犯，只有发生法律规定严重后果的才可能会构成犯罪，企业如果能够将造成的财产损失控制在30万元以内、人员伤亡在3人以下，则可能会受到行政处罚，不构成刑事犯罪。

（四）企业施工过程中的注意事项

我国人口多、耕地少，耕地后备资源不足，维护国家粮食安全，保持社会稳定，始终是我国的一个重大问题。为此，我国对于农业用地的保护力度是非常大的，如果企业存在非法占用农业用地的行为，给农业用地造成严重损伤的，则可能会构成犯罪。尤其是对于施工类的企业，在施工过程中难免会在农业用地上存放原材料、施工设备，如果处理不当，发生刑事法律风险的概率将会明显提高。为此，企业在施工过程中应该注意以下几点：

1. 企业一定要“先审批，后施工”

企业在施工前，如果涉及占用农业用地的，一定要向县级以上土地管理部门申领并填写《申领〈基本农田使用许可证〉呈报表》，经县级以上农业行政主管部门同意后，按土地审批权限报批，领取《基本农田使用许可证》，才可使用农业用地。

2. 占用农业用地后，要依法给予被占地农民补偿

根据《土地管理法》《土地管理法实施条例》的规定，无论是政府还是企业，只要占用农业用地的，都应该依法给予农民补偿。对于企业而言，依法给予农民补偿，不但可以消除企业使用农业用地时的后顾之忧，也可以为自己占用农业用地增加合法性的依据，减少构成犯罪的概率。

3. 施工过程中，不得对农业用地造成损伤

即企业不得对农业耕地造成损害，影响农业用地的种植条件或者对农业用地造成污染。司法实践中，法院在对该罪进行认定时，主要考虑的是农业用地资源是否受到损害，农用土地上的林木、植被、作物等是否受到破坏。对于施工企业而言，一定要注意自身施工行为的范围，注意保护施工项目附近的农业用地资源，否则会面临构成本罪的法律风险。

（五）餐饮行业购买食材的注意事项

随着物质条件的极大丰富，消费者的需求也越来越多样化，很多餐饮企业为了满足客户各式各样的饮食需求，会采购大量的食材。但是如果稍不留意，采购了国家禁止买卖的野生动物，则可能会构成犯罪。根据我国《刑法》的规定，违反野生动物保护管理法规，以食用为目的非法猎捕、收购、运输、出售国家重点保护的珍贵、濒危野生动物以外的在野外环境自然生长繁殖的陆生野生动物，情节严重的，将构成犯罪。为此，餐饮企业在采购食材时，应该注意以下几点：

1. 做好食材采购的审查工作，严谨购买“三有动物”

“三有动物”是指有益的、有重要经济价值、有重要科学研究价值的野生动物。我国《国家保护的重要生态、科学、社会价值的陆生野生动物

名录》更是对“三有动物”的范围进行了明确的列举。现实中，很多我们常见的动物，由于大量的捕杀已濒临灭绝，也被国家划入“三有动物”的行列，这些动物更需要企业进行关注，如麻雀、鹌鹑等。

2. 购买禽类、动物时，要尽量购买人工饲养的

猎捕、收购、运输、出售陆生野生动物罪的犯罪对象是国家保护的野生动物，犯罪客体是陆生野生动物的管理制度，如果企业购买的动物属于人工饲养的，那么就不会对国家的陆生野生动物的管理制度造成破坏，更不会构成犯罪。

需要特别注意的是，污染环境罪与其他罪相比，具有一定的行政化特征，行政执法和刑事司法所针对的违规事项具有一定的重合性，导致企业对于环境污染相关的刑事风险容易淡化，因此无论是面对行政执法，还是刑事司法，企业都应当对违规事项的刑事风险予以充分关注。

与企业安全生产类犯罪相同，企业环境污染类大多数为结果犯罪，即只有发生了法律规定的严重后果才构成犯罪，因此企业可以通过采取一系列应急处置措施，减少环境污染事件的发生，即使发生了环境污染事件，也应该最大限度地减少对环境的危害。

此外，在最高检发布的第一批企业合规改革试点典型案例中，第一个案例就是关于环境污染的案例。在该案例中，试点检察院通过考察该企业的行业地位、科研力量、纳税贡献、承担社会责任等多种因素，最终决定对该企业适用合规不起诉机制。涉案企业也通过执行环保刑事合规整改方案，最终获得不起诉的有利结果。因此，企业在出现环保刑事风险时，应该积极把握当前的刑事合规改革制度，通过制定、落实切实有效的合规整改方案，争取有利的处理结果。

8

第八节　企业知识产权竞争力的壁垒

一、保护知识产权的战略意义

知识产权，是关于人类在社会实践中创造的智力劳动成果的专有权利，这种智力成果对于权利人来说往往具有一定的价值，能为权利人带来一定的利益。因此，为了保护这种利益，知识产权制度应运而生并不断得到完善。当前全球科技发展日新月异，创新成为时代的主题，知识产权已成为国际经济贸易和企业竞争中被密切关注的焦点。

近年来，我国对知识产权问题的关注度日益增长，逐渐建立了高效的现代知识产权体制。2017 年国务院印发的《“十三五”国家知识产权保护和运用规划》显示，我国发明专利申请量和商标注册量稳居世界首位，并保持快速增长，各种作品注册、登记量均大幅增加。同时，我国知识产权制度进一步健全，知识产权创造、运用、保护、管理和服务的政策措施更加完善，专业人才队伍不断壮大。市场主体知识产权综合运用能力明显提高，国际合作水平显著提升，形成了一批具有国际竞争力的知识产权优势企业，司法和行政保护水平也不断提高，由此带来的是全社会知识产权意识的普遍增强。国家知识产权局发布的《2020 年中国知识产权保护状况》显示，2020 年全国地方人民法院共新收知识产权民事一审案件 443326 件，同比上升 11.10%，由此可见知识产权权利人越来越注重利用法律武器来维护自己的合法权益。

如今知识产权的申请数量和授权数量呈现爆发式的增长，为经济发展和市场创新注入活力。随着依托知识产权运营的产业形态不断丰富，知识产权逐渐渗透到企业经营的各个方面，如专利权、商标权、商业秘密等知识产权客体已逐渐成为众多企业保持市场竞争力的关键，越来越多的企业已经意识到知识产权对于其业务经营的重要性。在这样的背景下，企业作为拥有知识产权客体的权利人，应当更加注重知识产权的合规运用，也应对其知识产权合规管理工作提出更高的要求。一些企业将知识产权作为其无形资产中的核心，往往是因为这些知识产权具有很高的商业价值，能够带来不可估量的利益。因此，这些知识产权一旦涉及侵犯在先智力成果或被后人复制模仿以获取不正当利益，企业将会面临巨额的赔偿或重大的损失，给经营带来严重不利影响，商业信誉也将蒙受损失。因此，做好企业知识产权合规管理工作至关重要。

二、他们这样做，我也能这样做吗?

文体产业在知识产权方面的案例层出不穷①。

影视产业较多涉及著作财产权中的发行权、放映权、广播权、信息网络传播权、摄制权、改编权。琼瑶（陈喆）就于正（余征）《宫锁连城》侵害《梅花烙》著作权（改编权、摄制权）一案，根据《著作权法》第十三条的规定，“改编、翻译、注释、整理已有作品而产生的作品，其著作权由改编、翻译、注释、整理人享有，但行使著作权时不得侵犯原作品的著作权”，《宫锁连城》与《梅花烙》构成实质性相似，侵犯了陈喆对

① https://law. wkinfo. com. cn/commentary/detail/MjQ4MzYxMQ% 3D% 3D? aid = MzAwMDMzNw% 3D% 3D&bid = QjAwMDAyMTA2NjU% 3D&title = % EF% BC% 88% E4% BA% 8C% EF% BC% 89% E7% 9F% A5% E8% AF% 86% E4% BA% A7% E6% 9D% 83% E5% 90% 88% E8% A7% 84&lang = % E4% B8% AD% E6% 96% 87&q = % 25E7% 259F% 25A5% 25E8% 25AF% 2586% 25E4% 25BA% 25A7% 25E6% 259D% 2583% 25E5% 2590% 2588% 25E8% 25A7% 2584.

涉案作品享有的著作权。音乐产业则有音著协诉斗鱼公司著作权权属、侵害信息网络传播权纠纷案，主播冯提莫在直播间播放歌曲《恋人心》（词/曲作者张超）并哼唱了该歌曲歌词中的“长江水”，而词/曲作者并未授权斗鱼公司使用该歌曲，且根据《著作权法》第二十二条的规定，冯提莫直播间播放和演唱行为不适用合理使用原则，斗鱼公司应承担侵害信息网络传播权的责任。

体育产业方面，最知名的就是乔丹、耐克公司和乔丹体育公司等之间长达近 10 年的一系列案件，包括商标异议、争议行政程序和行政诉讼、侵害商标权、姓名权纠纷等围绕“乔丹”引发的争议。2020 年 12 月 30 日，上海市第二中级人民法院对乔丹诉乔丹体育公司等姓名权纠纷案作出一审宣判，判决乔丹体育公司停止使用其企业名称中的“乔丹”商号、停止使用涉及“乔丹”的商标（超过 5 年争议期的商标，应消除联系）。随着时代的推移和偶像的变迁，“乔丹”的东风已然成为乔丹体育公司的枷锁，而市场对于商标、知识产权、法律日益深厚的敬畏，已经为中国体育制造业敲响了警钟。2020 年，体育知识产权类的另一个重要案件为北京高级人民法院再审认定“央视世界杯赛事节目”构成电影类产品。而于 2020 年 6 月 1 日施行的修改后的《著作权法》对于视听概念的引入，对解决体育赛事直播、网络游戏直播、网络短视频等热议的版权问题提供了重要的参考和指引。

因此，文体产业类企业在知识产权合规方面需要做到以下几点：

（1）对内逐步建立完善的知识产权规章制度和审查流程，包括自查、他查。

（2）对外注意权利的防御，如申请注册商标、外观专利、特殊标志登记及域名注册等。

（3）各类商标、海报、音乐、视频等标识切勿误导公众产生误解或侵犯他人的合法权益。

三、如何在知识产权保卫战中获胜?

笔者曾为一家科技公司提供过知识产权的合规服务，在尽调项目实施过程中，笔者团队除了对公司的商标、软著、专利等知识产权资产进行核查并提供常规的合规业务建议外，也针对业务运行情况、发展方向出具了有针对性的、适配公司各阶段发展状况的法律分析意见。

笔者总结了在本次尽调项目中发现的具有代表性的问题，供企业参考。

（一）知识产权需要主动备案

海关保护知识产权的执法模式分为依职权保护和依申请保护两种，鉴于通常知识产权权利人难以及时了解其他企业的进出口商品信息，海关依职权查处侵权是当前知识产权海关保护的主要途径。

根据《知识产权海关保护条例》的规定，企业进行知识产权备案是海关采取主动保护措施的前提条件。因此，要想依靠海关的力量为企业把好知识产权这道关，企业应当尽早将自己享有的知识产权向海关总署申请备案。同时，备案可以对企图进行侵权的其他企业产生震慑作用，可以迫使已经在生产、销售侵权货物的企业停止侵权，还可以使非恶意侵权的企业避免“误打误撞”地侵权。

《知识产权海关保护条例》第七条规定，知识产权权利人向海关总署申请备案，应当提交申请书。申请书应当包括下列内容：（1）知识产权权利人的名称或者姓名、注册地或者国籍等；（2）知识产权的名称、内容及其相关信息；（3）知识产权许可行使状况；（4）知识产权权利人合法行使知识产权的货物的名称、产地、进出境地海关、进出口商、主要特征、价格等；（5）已知的侵犯知识产权货物的制造商、进出口商、进出境地海关、主要特征、价格等。申请书内容有证明文件的，知识产权权利人应当附送证明文件。

知识产权海关保护备案自海关总署核准备案之日起生效，有效期为10年。在知识产权海关保护备案有效期届满前6个月内，知识产权权利人可以向海关总署提出续展备案的书面申请并随附有关文件。海关总署应当在10个工作日内作出是否准予续展的决定，并书面通知知识产权权利人；不予续展的，应当说明理由。

知识产权海关保护备案经海关总署核准后，申请时向海关总署提交的申请书内容发生改变的，应当自发生改变之日起30个工作日内向海关总署提出变更备案的申请并随附有关文件。如果权利人未按规定向海关总署申请变更或者注销备案，给他人合法进出口造成严重影响的，海关总署可以主动或者根据有关利害关系人的申请注销有关知识产权的备案。

（二）如何利用信息聚合类平台网站?

信息聚合类平台网站的信息包罗万象，除了网站自行撰写的文章，还会将其他同类型网站上相似或相近的内容更新汇集在一起，方便用户集中在同一网站下查看，此类平台信息获取量巨大、内容无法实现完全原创，因此不可避免地会采用机器“爬虫”技术获取其他网站的信息内容。由于转载缺乏授权和爬取网站信息来源不合规等问题，极有可能侵犯其他网站或者第三人的合法权利，面临较大的法律风险。

具体而言，聚合类平台内容可能存在抓取作品数量超出合作协议范围、抓取内容不在授权范围内，或者抓取内容的权利人是合作网站之外的第三人等资料来源问题。随着公众知识产权保护意识的增强，此种情况下著作权人主张权利的可能将会呈现高发态势，使得平台网站的经营者面临的法律风险急剧增加；此外，“爬虫”技术爬取到的个别文章存在内容涉嫌侵犯他人的名誉权、隐私权等人身权利，可能因侵犯作品报道对象的人身权利而承担停止侵害、赔偿损失、赔礼道歉及消除影响、恢复名誉等法律风险。

针对网站存在的以上风险兼顾企业希望尽可能丰富网站内容的诉求，笔者建议企业重新审视内容的获取方式，对数据获取源的分级管理进行完善，制定包括 robots 协议的遵守规则、通过利用避风港原则合理免除直接侵权责任在内的差异化应对方案。企业还可以借助专业法律服务团队，强化理解行业内最新的法规政策，避免因对于法律政策的错误解读而产生的法律风险。

1. 体育网站

一些如本次尽调中出现的体育网站为了增加网站用户流量，增强用户黏性，可能存在抓取和利用其他网站视频的系列行为。例如将其他网站的视频内容下载到本地，保留其他网站的视频网页地址和视频下载后的本地地址，最后在网站进行播放时增加前置广告。上述行为轻则被认定为著作权侵权（如信息网络传播权、复制权等），重则被认定为盗链行为（服务提供商自己不提供服务的内容，而是直接在自己的网站上向最终用户提供其他服务提供商的服务内容，并通过技术手段绕过其他有利益附加的界面，如视频前的广告）。盗链行为实质打破了原网站、权利人对作品播出范围的控制，改变了作品的目标用户群体和传播范围，违背了权利人对作品进行控制的意志，使得被链网站中的作品突破网站自身域名、客户端等限制范围而扩散传播，导致权利人丧失了对作品网络传播渠道、入口的控制力，有损权利人对作品的合法权益。网站在通过信息网络提供权利人享有著作权的涉案作品时，如果不仅不对外显示作品原始的权利人，甚至将对外显示内容的创作人变为未经著作权人授权的第三人，将严重侵害权利人依法享有涉案作品著作权中的人身权以及财产权。若该作品系第三方提供，网站的传播行为则可能同时造成对被抓取站点以及实际权利人的侵权。

除此之外，体育赛事直播服务也是体育网站的“流量密码”，网站是否取得了直播授权、经授权的直播是否周延至网络领域是企业需要审慎核查的事项。贸然将经授权在其他媒介上播放的内容转载至互联网网站，存在较大的侵权风险。

针对此类问题，笔者建议企业委托专业法律服务团队，对网站运营推广过程中发生的各项行为进行合规性评估，对风险的严重程度进行可视化评级，便于一目了然地发现目前亟待解决的风险事项。对于直播业务，企业还可以在符合合规要求的前提下，针对本企业的基本情况制定包括“资源互换”“资源利用”在内的运营策略，培养用户黏性、完成用户及资本的原始积累，破除业务困境。

2. 软件产品

针对软件产品的合规管理，企业能够采取的事前控制远不应局限于完成著作权登记。例如，企业可以就软件产品的运营情况建立有效的监控机制，通过在网上搜索并下载现有的软件产品检查产品是否存在被捆绑下载、拦截下载等侵权情况。

除了以上常规的管理方式外，如企业旗下存在多个软件产品，可以根据各产品运营情况，加大内部部门合作力度，实现部门联动，通过知识产权集群管理提升企业协同创新能力，实现各软件产品的互联，合法地引导用户安装公司其他核心软件；利用已有商标优势，打造一系列应用类软件，打造拥有相同 IP 的软件集群。

3. 企业知识产权合规管理与公司战略发展方向的深度链接

企业知识产权合规管理不等同于简单地排查风险、对现有资产状况进行基础盘点，而是应当着眼于企业发展，围绕经营策略、风险管理、战略规划，盘活现有知识产权资产并嵌入业务环节，使知识产权资产成为具备竞争功能的策略资产；同时，寻觅潜在的知识产权资产，不断更新、扩充企业的资产库存，实现知识产权资产的系统集中化管理。

（三）项目点评

本次笔者团队提供的法律服务不同于以往知识产权律师常见的防守型

法律服务，属于律师提供事前防御型法律服务的范畴，是知识产权律师较为前沿和创新的服务内容。在此类项目中，律师需具备雄厚的法律知识、敏锐的商业嗅觉以及高瞻远瞩的战略思维，了解全国各地法院对于网络知识产权案件的审判思路，熟悉网站编程及运营、理解公司业务的逻辑，只有这样才能深入分析各产品存在的隐患和法律风险，从而提出合理的建议。

除了采用常规的工具、方法完成本次尽调项目，笔者团队也通过代入不同的视角给予公司更全面的法律建议和风险提示。例如，从网站使用者的视角来看，笔者团队对使用公司现有产品的整体感受作出了评价（如网站首页一直保持下拉状态，不便于查看网站信息等）；从产品经理的角度来看，笔者团队对于不同网站产品的呈现效果逐一发表意见，对网站版面的排列方式、网站审核发帖的流程过于简略等事项提出了改进建议。

在代入不同视角进行分析后，笔者团队在报告中从内容、合规维权等方面对各类产品进行了多维度的剖析，分阶段提出发展建议。例如，在尽调过程中，笔者团队捕捉到公司对地方网站业务开发维护方面力度不足。如果不及时对已开通的地方网站进行维护和推广，则很难将相关业务深入各地市场，以获得更多的流量和广告费。笔者团队考虑到该业务尚处于发展阶段，资金实力、用户数量与成熟平台之间存在差距，因此建议公司在现阶段充分利用公司其他产品的资源，提出强化媒体合作、加强内容审核、补齐项目短板的发展目标及具体的应对措施，以期地方网站在中长期发展中取得突破。

根据目前行业发展的态势，笔者团队还创造性地向科技公司介绍了行业内尖端的技术，并提供了增值的业务运营方向建议、IP 孵化运营建议和发展战略优化解决方案。为兼顾风险控制以及客户发展体育网站的诉求，结合各大互联网巨头纷纷布局体育移动垂直社交媒体的市场风向，笔者团队为体育网站的发展设定了短期、中长期、远期的“三步走”战略计划，短期内集中规避原创内容侵权的风险，中长期大力推广、运营尖端技术手段完成网站内容来源的革新，远期待网站成熟运营后使用资本手段巩固地位。上述的所有建议也同样供处于类似阶段的同类企业参考。

经过笔者团队律师耗时月余、悉心耕耘的6.5万余字法律尽职调查报告得到了该科技公司的全面肯定。通过这次法律尽调项目，客户最终取得的不仅是一份发现公司主要业务存在何种法律风险的“诊断书”，更是一枚帮助客户制胜现在乃至未来商业世界的“指南针”。合规管理应是辅助业务有序推进的工具，是公司实现长远发展的手段，是进可攻、退可守的“神兵利器”，而不是堵上每一个业务发展风口的、使得公司错失发展机遇的“铁栅栏”。相信在互联网企业蓬勃兴起的时代，网络平台知识产权会受到更多的重视，企业也会注重知识产权保护和对侵权行为的预防，知识产权合规的前端防御型法律服务也将会越来越受到企业的欢迎。

（四）总结与建议

知识产权合规管理不应局限在原有业务基础上查漏补缺，采取“头痛医头、脚痛医脚”的被动管理模式，而应当是与业务紧密连接的前瞻性导航，“师夷长技以制夷”，为公司现在以及将来的业务发展做“瞭望镜”、吹“冲锋号”，为公司在扩展商业板块、做大做强的道路上保驾护航。

知识产权合规管理作为企业合规管理体系中的重点领域之一，具有十分重要的意义。首先，知识产权合规管理有利于促进企业的经营活动，知识产权体现企业参与市场竞争的软实力，提升企业知识产权合规管理能力是激发企业创新潜能、抵御经营风险的重要保障。其次，知识产权合规管理有利于塑造企业核心竞争力。知识产权的有效管理不仅有利于企业获得专利权、商标权、著作权和反不正当竞争等相关法律的保护，还对企业知识产权的商业运作能力、市场开发能力、技术利用能力和保值增值能力有重大帮助。最后，知识产权合规管理有利于强化员工知识产权保护意识。通过开展知识产权保护合规管理工作，一方面能够促进企业各相关岗位加强自身知识产权保护意识，令各职能岗位认识到创新活动等所产生的知识产权也是企业最宝贵的无形资产，企业必须积极寻求对本单位的研发成果、产品设计、所提供产品和服务的商标、生产技术和生产工艺等通过知识产权相关法律实施保护；另一方面能够推动企业知识产权侵权防范工作落实落细，完善企业知识产权风险防范的制度与机制，规范各岗位知识产权风险应对策略，提高企业知识产权侵权防范的能力和水平。因此，知识产权合规管理不仅有利于加强企业自身知识产权保护和侵权防范工作，对于提升企业生产经营效率效益、增强企业综合实力等更具有重要意义。

目前不少企业在日常运营和产业链管理过程中仍存在内部知识产权保护意识缺失的问题，除重视强化知识产权保护意识外，企业也可以站在战略角度主动进行知识产权的合规管理工作，进行综合布局，制定本企业知识产权发展规划，健全知识产权管理的组织体系，完善知识产权管理流程，建立智能化综合管理体系等，做好企业合规管理工作，从而为企业的安全健康发展提供有力保障。

9

第九节　产品销售领域的合规管理

一、销售领域也需要合规

随着互联网技术的不断进步和物流运输的四通八达持续发展，以及各大网络营销活动的推广，线上购物的消费习惯已成为日常生活中必不可少的一部分。21 世纪以来，我国线上消费零售额持续增长，通过各大购物平台的各类花式促销活动的宣传和营销不断刷新着交易量与消费总额的纪录。据统计，2014—2019 年，全国线上零售额从 27898 亿元一路飙升至 106324 亿元。随着互联网销售行业的发展、更大网络平台的不断崛起，越来越多的多元化产品、快消品等大量涌入各渠道的销售市场，进一步增加了政府对产品销售环节的监管强度与难度，这也使产品销售领域成为企业刑事风险的高发区和刑事犯罪的高危区。

所谓销售领域刑事合规的要求，是指企业及其员工在销售环节合乎相关法律法规规定，避免出现销售违禁品、假冒伪劣商品等相关刑事犯罪。销售领域刑事合规根据规制的对象不同可以分为三大类：

（1）规制销售主体的刑事合规。在我国，特定产品只能由法律规定的具有特殊资格的主体进行销售，常见的如香烟、彩票、食盐等。一般企业如果未获得相应的资格许可是禁止销售的，如果涉嫌销售法律限制买卖的产品，轻则可能会受到行政处罚，重则可能会构成刑事犯罪。

（2）规制销售标的的刑事合规。简单讲就是企业销售的产品必须达到国家规定的相关标准，不得销售国家禁止流通或者限制流通的特定产品，尤其是质量不符合标准的假冒、伪劣产品，不符合安全标准的食品，或是有毒有害食品，不符合标准的医用器材，或其他不符合安全标准的产品等。

（3）规制销售行为的刑事合规。是指企业在销售环节中，其销售行为或者宣传手段必须合法，不得采用违反法律规定的销售方式，如通过传销、强迫交易等方式销售产品。

二、销售领域处处有风险

1. 企业是否可以销售烟草、金银等重金属、食品、彩票等产品或者服务？

企业要想从事销售烟草、金银等重金属、食品、彩票等产品需要具备哪些资格？没有资格进行销售是否会受到行政处罚，甚至刑事处罚？

2. 企业是否可以销售个人信息？

企业是否可以将其在经营销售过程中获取的个人信息、用户喜爱偏好、隐私信息、身份资料等，销售给其他企业用以牟利？比如互联网平台是否可以将其获得的客户的姓名、联系方式销售给其他企业？

3. 企业销售过期的食品是否会构成犯罪？

食品过期不能再进行照常销售，是法律规定对食品生产和销售企业的最基本要求，也是保障广大群众食品安全与身体健康的基本前提，如果实际经营过程中因企业监察与管控环节不到位、出现了漏洞，导致出售了过期食品，那么企业是否会受到行政处罚，甚至是刑事处罚？

4. 企业在推销产品或商品时是否可以进行捆绑销售？

比如，某提供美容服务的企业以免费进行面部皮肤清洁或免费试用化妆品等噱头拉拢顾客和消费者，先完成宣称的免费项目对消费者面部进行初步护理，随后便以不付费购买护肤用品或不进一步处理会导致“毒素回流”“毁容”等形式要求或欺骗消费者为其他产品或服务项目埋单，如开卡、办会员、买产品等，拉动营业额进行创收盈利。

5. 实践中何种产品会被定性为“假冒伪劣产品”？

“掺杂、掺假”的产品、“以假充真”的产品、“以次充好”的产品、“不合格产品”均属于假冒伪劣产品，企业一定要规避这四类产品的销售。

三、不要重蹈这些企业的覆辙

（一）韩国新×养生馆强迫交易案

案情简介：2010 年上半年，被告人王某、胡某、杨某等人共同出资，在松江区松汇中路沃尔玛超市地下商铺设立上海嘉芯美容中心松江分部（对外店名为“韩国新×养生馆”，后更名为“韩国美×会所”），以为顾客提供美容服务为主营项目，通过导购人员赠送小礼品、免费皮肤测试等活动吸引客流量和关注度，从而招揽顾客至该会所。在完成对顾客招揽后再由被告人王某与其他美容技师一起，为消费者提供其宣称的美容项目，如免费试用、免费改妆、免费测评肤质等噱头式活动，完成对被害人面部的初步护理。在被害人对此医疗机构放松警惕后，随即提出如果消费者不付费购买其他产品或服务项目，就会导致“毒素回流”“毁容”“毒素残留”等不良结果，通过欺骗、威胁、恐吓消费者等方式，使其购买付费部分额外的服务项目与产品，以增加营业收入，甚至强迫消费者在店内开卡、办会员等。在部分被害人办理会员卡后再次至会所消费时，上述被告人中的经理或美容技师对被害人进行“锁光”后，以不用水晶面膜面部皮肤会起疱为由进行恐吓，强迫被害人购买水晶面膜。

案例分析：

首先是对强迫交易行为的认定，强迫交易的行为模式除了法律明确列举的几种情形，还需要着重关注以下因素进行认定：

（1）强迫行为是否具有暴力、恐吓、欺骗、威胁等情节手段。

（2）强迫行为的实施是否违反了对方的意志。

（3）强迫交易的价格是否在市场的合理范围之内。

本案中该美容会所虽然未实际采取常见的暴力措施对消费者进行武力恫吓，但是通过“毁容”等严重后果从精神上恐吓消费者，结果上也达到了强迫消费者购买产品的目的，违背了消费者的真实意志，因此应该认定为强迫交易的行为。

其次是对行为“情节严重”的认定，根据我国《刑法》的规定，强迫交易罪属于结果犯罪，也就是说，只有发生法定的严重后果才可能构成犯罪，企业强迫交易3次以上或者造成经济损失达2000元以上的都属于“情节严重”的情形，本案中该美容会所强迫交易的行为，无论从经济损失还是从交易次数来看都符合“情节严重”的认定。

最后是本罪与抢劫罪的区分。我国《刑法》中抢劫罪的量刑是明显重于强迫交易罪的，企业如果存在强迫交易的行为，也要尽量避免该行为演化为抢劫罪。根据《最高人民法院关于审理抢劫、抢夺刑事案件适用法律若干问题的意见》规定，如果行为人以非法占有为目的，强迫相对人交出超过合理价格范围的款项或者财务的，则以抢劫罪论处。

（二）顾某、汪某生产、销售不符合安全标准的食品案

案情简介：顾某，系合肥W蜂业公司法定代表人、总经理。汪某，系合肥W蜂业公司生产厂长。合肥W蜂业公司于2018年先后生产500克装紫云英蜜240瓶、洋槐蜜480瓶，合福牌蜂蜜480瓶，枸杞蜜313瓶，上述蜂蜜价值20857元，全部销售至合肥地区。顾某、汪某在向蜂农收购原料蜂蜜、生产过程中的半成品以及成品蜂蜜出厂前，均未依据《中华人民共

和国食品安全法》和农业部第2292号公告的要求，对蜂蜜中诺氟沙星等4种兽药残留项目进行检验、处理，致使产品中诺氟沙星残留量超标。该批蜂蜜在省市场监督管理局组织进行的食品安全抽样检测中，检测结果为不合格。

案件分析：本罪的审核要点，首先，“不符合安全标准的食品”的认定问题。除了《中华人民共和国食品安全法》中明确列举的情形，企业更应该注意当地颁布的地方性规定以及示范案例对于“不符合安全标准食品”的认定。比如江苏省2016年颁布的第22号案例中指出，进口并销售因为防控疫情需要禁止的境外动物及其产品的，可以直接认定为“不符合安全标准的食品”。企业只有对“不符合安全标准的食品”的范围有了明确的认识，才能确认自己的销售行为是否符合法律规定，这也是企业避免构成犯罪的大前提。

其次，从《刑法》对本罪的描述可知，本罪并不以发生实际损害为结果，只要生产、销售的食品“足以造成严重食物中毒事故或者其他严重食源性疾病的”便可以构成本罪，而根据《关于办理危害食品安全刑事案件适用法律若干问题的解释》的规定，具备以下情形之一便可视为符合上述情形：①含有严重超出标准限量的致病性微生物、农药残留、兽药残留、重金属、污染物质以及其他危害人体健康的物质的；②属于病死、死因不明或者检验检疫不合格的畜、禽、兽、水产动物及其肉类、肉类制品的；③属于国家为防控疾病等特殊需要明令禁止生产、销售的；④婴幼儿食品中生长发育所需营养成分严重不符合食品安全标准的。本案就属于典型的有害物质“超出标准限量”，诺氟沙星残留量超标会危害人体健康，所以本案中该蜂业公司的销售行为构成本罪。

最后，本案由于行为人积极配合调查，具备坦白情节并且积极落实检察机关的检察建议，严格落实食品安全标准和食品安全责任制，最终检察机关作出了不起诉的决定。可见，检察机关也在积极落实认罪认罚从宽制度，尽可能降低司法办案对涉案企业正常生产经营活动的影响。对于企业而言，发生了犯罪行为，也应该积极配合司法机关的调查，积极进行合规整改，才能最大限度地减轻自身的责任。

四、企业产品销售刑事合规审查中的注意事项

（一）企业销售限制类商品时的注意事项

所谓“限制类商品”，是指必须经过国家批准才可以进行加工、生产、销售的商品。常见的如烟草专卖品（卷烟、雪茄烟、烟丝、复烤烟叶、烟叶、卷烟纸、滤嘴棒、烟用丝束、烟草专用机械）、外汇、金银及其制品、金银工艺品、珠宝及贵重药材、食盐、彩票等。企业要想销售“限制类商品”，就必须获得相应的资质，如“烟草专卖零售许可”“食盐批发许可证”等。企业如果不具备相应资质就销售“限制类商品”的，将会受到主管部门的行政处罚，严重的还可能会构成非法经营罪。为此，企业在销售限制类商品时，应该注意以下几点：

（1）依法申请相关许可证书。企业应该对“限制类商品”保持敏感性，在销售产品前应该审查该产品是否属于“限制类商品”，如果属于就应当依法向相关主管部门申请资格证书。需要提醒企业的是，除了常见的烟草、食盐等，从事资金结算业务、提供网络“水军”服务、经营互联网业务等都需要提前申请相应的许可证书。

（2）尽可能降低销售额或者违法所得。企业擅自销售“限制类商品”并不一定会构成刑事犯罪，需要达到我国《刑法》等法律法规规定的立案标准后才可能会构成犯罪。也就是说，如果企业能够积极采取措施避免发生严重后果，将有希望避免承担刑事责任。虽然法律对于销售不同类型“限制类商品”的立案标准规定不同，但是只要企业能够将销售额控制在5万元以内，违法所得控制在2万元以内，就不会构成犯罪。

（3）受到行政处罚后应当避免再次出现类似行为。由于行政处罚对于

企业而言更多的只是罚款，严重的也就是吊销企业的营业执照，相较于刑事责任中的限制人身自由而言，处罚力度要轻得多。但是需要提醒企业的是，过多的行政处罚，可能会发生质变而产生刑事处罚。我国法律规定，如果企业因为非法经营行为在短期内受到两次行政处罚的，也将视为符合立案的标准，为此行政处罚也不可小觑，企业受到行政处罚后，应当在3年内避免再次因为类似事项受到行政处罚。

（二）企业收集个人信息时的注意事项

很多企业，尤其是一些互联网平台企业，在经营过程中都会不可避免地收集客户的个人信息，如姓名、联系方式、住址、身份证号等；企业在收集到客户的个人信息后，就有依法储存这些信息，使之不被第三方知晓的义务。如果因为企业原因造成个人信息泄露，又或者出售个人信息的，则可能会构成犯罪。为此，企业在收集个人信息时，要注意以下几点：

（1）明确个人信息的范畴。根据《最高人民法院、最高人民检察院关于办理侵犯公民个人信息刑事案件适用法律若干问题的解释》的规定，公民的个人信息，是指以电子或者其他方式记录的能够单独或者与其他信息结合识别特定自然人身份或者反映特定自然人活动情况的各种信息，包括姓名、身份证件号码、通信通讯联系方式、住址、账号密码、财产状况、行踪轨迹等。对于企业而言，在获取公民个人信息前，一定要获得公民本人的授权或者许可，确保个人信息来源的合法性。

（2）不得以任何原因出售个人信息。保护公民的个人信息是企业的法定义务，无论出于何种目的，都不得销售个人信息。企业尤其要加强对自身员工的监督和管理，避免员工为谋取个人利益而售卖公司收集的个人信息，避免公司因为员工的违法行为而埋单。

（3）如果企业员工擅自销售个人信息，要及时采取补救措施。企业员工擅自出售公民个人信息的，企业一旦发现则应该积极采取补救措施，避免出现严重后果，以尽可能减少企业承担法律责任的风险。比如对于财产类的重要信息，如果能确保出售的条数在50条以下，住宿信息、交易信息等在500条以下，其他相对次要的信息在5000条以下的，都不会构成犯罪。

（4）让员工签署合规承诺，进行合规培训，实现个人责任和企业责任相分离。现实中很多互联网企业对于销售个人信息行为的严重性是知悉的，但是企业的很多员工却经常受到金钱的诱惑，这也是为什么销售个人信息案件频频发生，很多企业也因为员工的行为而牵涉其中。为此，企业一定要加强对员工的监管，在员工入职时除了让员工签署合规承诺，对违规的后果以及责任承担进行明确的约定，员工入职后，还要进行常态化的合规培训，提高员工保护个人信息的意识和能力。只有这样，在发生刑事责任的时候，企业才能进行有力抗辩，实现责任的分离。

（三）企业销售食品时的注意事项

很多销售食品的企业，其实每天都会面临销售过期食物的法律风险，尤其是销售蛋糕、鲜奶、果蔬等保质期较短的食品，如果没有及时核查食品的保质期，销售过期产品后，就会为企业埋下很多隐患。《中华人民共和国食品安全法》明确规定“超过保质期的食品”属于“不符合安全标准的食品”；根据我国《刑法》的规定，如果企业销售不符合安全标准的食品，造成严重后果的，就会构成犯罪。可见，销售过期食品是一件可小可大的事情，如果企业能够认真对待，就不会演化成刑事责任。

（1）要对“不符合安全标准的食品”和“有毒、有害食品”的范围有清晰的认知。除了上述提及的“过期食品”，像发霉、变质、添加剂含量超标、被污染的食品都属于“不符合安全标准的食品”。如果说“不符合安全标准的食品”可能会给消费者的身体健康带来损害，那么“有毒、有害食品”将严重损害消费者的生命健康，如果企业在食品中添加有毒、有害的非食品原料①，可能会构成销售有毒、有害食品罪，最高可能会面临死刑的刑事责任。

（2）加强自身监管，企业应当建立专门的部门或者人员对食品的质量进行监督和把控。由于食品质量事关消费者的生命健康，所以我国法律对于销售食品犯罪的处罚力度更高，而且不以发生严重后果为构罪要件，只要企业生产、销售的食品“足以造成严重食物中毒事故或者其他严重食源性疾病的”便可以构成犯罪。因此，要想避免此类犯罪最好的办法就是加强质量审核，提前预防。无论是食品生产企业还是销售企业都应该设立专门的食品质量审核部门或者岗位，时刻监督食品质量问题，实现“责任到人，责任到岗”。

（3）加强对下游供应商食品质量的审核。2022 年“3·15”晚会爆出了多起因为食品安全问题导致侵害消费者权益的事件。其中某企业生产的“老坛酸菜”由于生产环境极度恶劣、超量添加防腐剂等问题被记者爆出，事发之后，与该厂家合作的某方便面品牌就立即终止了与该公司的合作，因为加入这些“老坛酸菜”的方便面产品也可能会被认定为“不符合安全标准的食品”。由此可见，企业对下游供应商食品审核的重要性。如果不被记者爆出“老坛酸菜”的问题，该品牌的方便面生产商可能还在使用劣质“老坛酸菜”，一旦出现严重后果，该方便面品牌商也绝对逃脱不了干系。

（四）企业进行捆绑销售时的注意事项

很多企业为了增加销量，常常会将两种用途相契合的产品捆绑在一起销售，如牙刷和牙膏、面膜和护肤品放在一起进行销售，消费者不得单独购买该牙刷或者牙膏等。这种销售方式其实是有侵害消费者自主选择权之

---

① 有毒、有害的非食品原料可以参考国务院有关部门公布的《食品中可能违法添加的非食用物质名单》《保健食品中可能非法添加的物质名单》。

嫌，我国《反不正当竞争法》就明确规定，“经营者销售商品，不得违背购买者的意愿搭售商品或者附加其他不合理的条件”，违反上述规定可能会受到相关部门的行政处罚。但如果企业打着捆绑销售的幌子，通过威逼、恐吓方式强迫消费者购买产品的则可能会构成强迫交易罪，为此企业在进行捆绑销售时应该注意以下几点：

（1）捆绑销售可以给予消费者更多优惠，但是也应允许消费者购买单件产品。捆绑销售可能会构成犯罪，是因为捆绑销售的行为会侵犯消费者对商品的自主选择权，如果企业在进行捆绑销售的同时也允许消费者自己购买单件产品，消费者可以充分行使自主选择权，自然就不会构成犯罪。

（2）威胁、恐吓也属于“强迫交易”的行为，企业需要对强迫交易的行为模式有清晰的认知。企业的销售模式是否构成“强迫交易”，应该主要参考以下因素进行认定：①强迫行为是否具有暴力、恐吓、欺骗、威胁等手段。②强迫行为是否违反了对方的意志。③强迫交易的价格是否在合理范围之内。

（3）企业员工发生强迫交易行为后，应积极采取补救措施。强迫交易罪属于结果犯罪，只有发生法定的严重后果才可能构成犯罪。对于企业而言，要想避免此类法律风险，就要对销售环节进行严格的监督，避免员工出现强迫交易的行为，如果出现了强迫交易的行为也应该积极采取补救措施，把对权利人的损害降到最低。比如发生强迫交易行为后，应该积极退赔，将经济损失或者违法所得降低到2000元以下，这样就不会构成犯罪。

（五）企业如何避免销售“假冒伪劣产品”？

现实中，其实有很多企业对于“假冒伪劣产品”没有清晰的认知。产品质量不达标是否就属于“假冒伪劣产品”？产品质量标准应该参考什么？销售“假冒伪劣产品”后就一定会构成犯罪吗？这些都是困扰企业的问题。对于如何避免销售“假冒伪劣产品”，我们建议企业应该做到以下几点：

（1）对“假冒伪劣产品”的认定有清晰的认知。其实我国《刑法》已经对“假冒伪劣产品”的界定进行了规定，但是如何理解其具体范围却有一定难度：①“掺杂、掺假”的产品，是指在产品中添加杂质、异物，致使产品性能减损或者丧失的产品。②“以假充真”的产品比较好理解，即以不具有某种使用性能的产品冒充具有该种使用性能的产品。③“以次充好”的产品，是指以低等级、低层次的产品冒充高档次的产品。④“不合格产品”是指不符合《中华人民共和国产品质量法》第二十六条第二款规定的质量要求的产品。上述四类产品都属于我国《刑法》规定的“假冒伪劣产品”。

此外，企业还需要关注国家颁布的各类法律的规定，相关监管部门发布的指导意见、指令等，以便及时对上述伪劣商品进行识别。比如《中华人民共和国产品质量法》《医疗用毒性药品管理办法》《中华人民共和国食品安全法》《中华人民共和国药品管理法》等相关法律法规的规定。同时企业还要关注当地的司法实践、指导案例等对伪劣商品的认定。

（2）加强对产品质量的审核，设立专人专岗，把控产品质量。销售伪劣产品犯罪的主观要件为“故意”，即企业必须具备明知是“伪劣产品”而进行生产、销售的故意。司法实践中，即使企业主张自己没有销售“伪劣产品”的故意，司法机关也可能会推定企业为故意，为此，如果企业能够证明自身已尽到审核义务，在一定程度上就能够减轻自身的主观恶性，减少被推定为故意的可能性。

（3）与反腐、反贿赂进行联防联治。企业在生产、销售过程中，除了生产、销售伪劣商品的法律风险，还极易出现腐败和商业贿赂的法律风险。腐败和商业贿赂的行为可能会导致企业生产、销售的产品质量出现问题，进而导致生产、销售伪劣商品法律风险出现。因此企业要想避免产品质量的法律风险，同时也要针对腐败和商业贿赂的法律风险采取措施，只有进行风险的联合防治，才能达到事半功倍的效果。

10

第十节　采矿、捕捞行业的刑事合规审查

一、采矿与捕捞的内涵和外延

企业采矿，是指企业在地壳内和地表开采矿产资源的行为。矿产资源是指经过地质作用而形成的，存储于地壳内部或地表，埋藏于地下或出露于地表，呈固态、液态或气态的，并具有开发利用价值的矿物或有用元素的集合体。改革开放初期，采矿工业在我国国民经济中占有重要地位，一度占到工业总产值的60%以上，带动了城市的发展，也带来了大量的就业机会。但随着矿产资源的大量开采，环境问题也越发明显，我国对于采矿产业的发展也越来越谨慎，尤其是对采矿行业的资格审核。企业采矿合规是指，企业必须保障其在拥有采矿相关许可的情况下才能进行采矿，避免因为非法采矿行为而承担法律责任。

捕捞业又称水产捕捞，是指人们利用渔业船舶和渔具等生产工具采集、捕获野生水生动植物资源，从而获得初级水产品的生产行业。水产捕捞业是人类最早获取食物的手段之一，在第二次世界大战后进入发展鼎盛时期，随着大型渔船和保鲜技术的进步，远洋捕捞也获得了巨大发展。但是过度的捕捞严重地损害了渔业资源的再生能力，为了实现渔业资源的可持续发展，很多国家纷纷颁布了限制捕捞的政策、制度，规定禁渔区、禁渔期。企业捕捞刑事合规，是指企业在从事捕捞活动中，必须符合禁渔

区、禁渔期的规定，不得使用法律禁止的捕捞工具，不得捕捞法律禁止的水产种类，避免因为违法捕捞行为承担法律责任。

二、采矿与捕捞，这些细节不能忽略

1. 企业是否可以在营业场所打井并用于生产经营？

比如，很多企业为了满足生产经营所需，擅自打井，取用地下水，是否会构成犯罪？

2. 企业取得采矿许可证后是不是就不会涉嫌非法采矿了？

3. 企业取得采矿许可证后，开矿的方法是否有限制？

比如，一些企业为了减少成本，加快开矿速度，是否可以采用爆破等形式开采矿产资源？

4. 企业从事捕捞行业需要取得哪些证书？捕捞时对时间和地点是否有要求？

三、采矿及捕捞在实践中的经验和教训

（一）付某非法采矿案

案情简介：付某系某国有公司的经理，2018 年初，付某经某村村委会同意后承包了该村道路的修建工程，当地镇政府同意对该路段进行修建，并负责对道路改建过程中所产生的片石和渣土进行监管。2018 年 7 月至 2019 年 6 月，被告人付某在未取得采矿许可证的情况下，将其在道路修建过程中产生的石灰岩卖给唐某所属的公司，后付某安排相关人员继续现场开采事宜。经审计，付某将石灰岩销售给该公司得款共计 3105372. 36 元，被告人付某将石灰岩销售款部分用于修建道路。

本案的争议焦点为，修路过程中开采矿石，是否应该具备许可证。法院认为，《中华人民共和国矿产资源法》第三条第三款规定，开采矿产资

源，必须依法申请，经批准取得采矿权，并办理登记。第三十九条规定，违反本法规定，未取得采矿许可证擅自采矿的，依照《刑法》追究刑事责任。本案中，被告人开采矿石并未依法申请，也未取得批准和登记，情节特别严重，其行为已构成非法采矿罪。

案例分析：从本案可以看出，涉案当事人认为修路是经过镇政府同意的，修路不需要办理采矿证，不构成犯罪；虽然本案被告所在单位为国有企业，但是该企业在本案中不仅涉及修路行为，还涉及对道路两侧的矿石进行开采并进行销售的行为，因此其需要取得采矿许可证才可进行。由此可见，无论是国有企业还是私营企业，都应该时刻了解其从事的行为是否涉及开办许可证的义务，尤其是注意《中华人民共和国矿产资源法》《中华人民共和国水法》以及当地的法律法规对相关采矿行为是否有特殊的规定；如果涉及采矿行为的，应该及时履行法定程序，向相关部门提前申请采矿许可，并依据采矿许可的范围和方式合理开采矿产资源，避免涉嫌非法采矿而承担刑事责任。

（二）被告人宁某某、张某某破坏性采矿案

案情简介：2008 年 2 月至 2008 年 7 月，被告人宁某某、张某某建立某公司，并承包侯某某（另案处理）在石门乡的铁矿，在闻喜县石门乡某村生茂铁矿的牛家沟两处矿口通过爆破的形式进行破坏性采矿，造成该矿区大面积土地和植被被严重破坏，无法复垦利用。2007 年 12 月 6 日，在运城市国土资源局对闻喜县石门乡生茂铁矿下发停工通知后，被告人宁某某、张某某继续在生茂铁矿非法开采矿石。

案件分析：非法采矿罪的构罪重点在于企业是否具备采矿资格证，而破坏性采矿罪的合规重点在于开采顺序、开采方法和选矿工艺是否符合国家法律规定。《中华人民共和国矿产资源法》第二十九条规定：“开采矿产资源，必须采取合理的开采顺序、开采方法和选矿工艺。矿山企业的开采回采率、采矿贫化率和选矿回收率应当达到设计要求。”第三十条规定：

"在开采主要矿产的同时，对具有工业价值的共生和伴生矿产应当统一规划，综合开采，综合利用，防止浪费；对暂时不能综合开采或者必须同时采出而暂时还不能综合利用的矿产以及含有有用组分的尾矿，应当采取有效的保护措施，防止损失破坏。"

因此对于企业而言，即使获得了采矿许可证，也并不能避免构成本罪的法律风险。本案中就是由于行为人采取非法爆破的形式进行开采，对矿产资源造成严重破坏才构成本罪。

四、采矿与捕捞方面的刑事合规建议

（一）企业在开采水资源时的注意事项

其实有很多企业对水资源的性质有一定的误区，认为国家对于矿产资源保护力度较大，开采需要取得开矿许可证，但是水资源并不属于矿产资源，而且水资源比矿产资源要丰富得多，所以开采地下水无须取得相应的许可。殊不知，根据《中华人民共和国矿产资源法》的规定，水资源也属于矿产资源的一种，与铁矿、金属矿性质相同，正是因为这个误区，导致很多擅自开采水资源的企业，面临承担刑事责任的法律风险。企业如果想要开采水资源，应该注意以下几点：

（1）依法申请相关许可证书。如上文所述，水资源也属于我国法律所规定的矿产资源，开采水资源自然要取得相应的许可证书。根据《取水许可和水资源费征收管理条例》的规定，县级以上人民政府水行政主管部门按照分级管理权限，负责取水许可制度的组织实施和监督管理。因此，企业需要向当地的水务局提交申请领取取水许可证，并依法缴纳水资源费后才可以开采水资源。

（2）尽可能降低对水资源的破坏，减少开采量。根据《最高人民检察院、公安部关于公安机关管辖的刑事案件立案追诉标准的规定（一）》，未取得采矿许可证擅自采矿的，经责令停止开采后拒不停止开采，造成矿产资源破坏的价值数额在5万元至10万元以上的应该立案追诉。如果企业非法采矿造成水资源破坏的价值数额低于5万元，仅会受到行政处罚，不会构成犯罪。

（二）企业获得采矿许可证后采矿时的注意事项

采矿许可证书对于企业而言并不是免死金牌，企业获得采矿许可证后，仍需要遵守我国法律的相关规定，按照法律规定范围开采矿产资源，超范围采矿、超区域采矿都可能会构成非法采矿罪。为此，即使获得采矿许可证，企业仍旧需要注意以下几点：

（1）明确采矿许可证范围，不得超范围采矿。一些企业常常认为获得采矿许可证后就可以高枕无忧，远离非法采矿的困扰。实则不然，超越采矿许可证规定的矿区范围开采矿产资源和未按采矿许可证规定的矿种开采矿产资源的，也属于典型的“非法采矿行为”。企业在获得采矿许可后，一定要按照许可证规定的地域范围、矿种进行开采，如果开采过程中发现了伴生矿，也应该及时向相关主管部门报告，在许可证上增加矿种，并依法缴纳资源补偿费。

（2）时刻关注许可证时效，在许可证过期前提出申请。采矿许可证都有对应的时效，如果到期不申请续延继续开矿，则有可能构成非法采矿罪。采矿许可证的期限短则1年，多则可达30年，主要受矿产的规模、类型所影响，企业如果想要续延的必须在许可证到期前30日向相关主管部门提交续延申请。

（3）不得非法买卖采矿许可。根据《中华人民共和国矿产资源法》的规定，“探矿权人有权在划定的勘查作业区内进行规定的勘查作业，有权优先取得勘查作业区内矿产资源的采矿权。探矿权人在完成规定的最低勘查投入后，经依法批准，可以将探矿权转让他人”。也就是说，采矿许可证的转让必须经过相关主管部门的批准。而将探矿权、采矿权倒卖牟利的，应当吊销勘查许可证、采矿许可证，没收违法所得，处以罚款。因此，从司法实践来看，对于非法转让采矿权的，可以吊销采矿许可证，进而可能会被认定为非法采矿。

（三）企业采矿的方法应该有所限制

由上文列举的案例可知，我国法律对于矿产资源的开采顺序、开采方法和选矿工艺都是有明确要求的，企业获得采矿许可后，也要按照法律规定的采矿方法进行合理开采，如果采用方法不当，对环境、矿产资源造成破坏的也可能会构成犯罪，为此企业在采矿时采用的方法也应该有所限制。

（1）采用合理的开采顺序。为了保证回采作业安全、资源合理回收和采矿效益好，企业必须采用合理的开采顺序。如果进行水平开采，开采顺序可以分为前进式和后退式；如果进行垂直开采，采矿顺序可以分为上行开采和下行开采。虽然我国法律并未明确规定何种开采顺序是明确禁止的，但是具体采用何种开采方式，需要企业根据矿产规模、类型、地质情况等因素综合考量，最终目的是实现矿产资源开采效率和周围环境保护的统一。

（2）采用合理的开采方法。所谓合理的开采方法，是指生产安全、采矿强度高、矿产损失和贫化率低、矿产资源利用率好及经济效益高的开采方法。以爆破采矿法为例，虽然此种采矿方法效率较高，但是危险系数极大，可能会造成周围人员伤亡和环境的破坏，所以需要先向相关主管部门申请矿区爆破许可，才可进行。

（3）采用合理的选矿工艺。选矿工艺是指用物理或化学方法，将矿物原料中的有用成分、无用矿物或有害矿物分开，或将多种有用成分分离开的工艺过程。选矿工艺如果操作不当，也可能会导致矿产资源浪费和周围环境的破坏。企业也应该根据矿区的实际情况，采用合理的选矿工艺。

（4）采矿过程中，应尽量避免对矿产资源造成破坏。采用破坏性方式开采矿产资源，以对矿产资源造成破坏为构成犯罪的前提，所以企业如果能够积极采取措施避免对矿产资源造成破坏，或者能够将破坏的矿产资源价值控制在 5 万元以下，将不会构成犯罪。

（四）企业进行捕捞时的注意事项

根据《中华人民共和国渔业法》等相关规定，企业在捕捞活动中，要遵守禁渔区、禁渔期的规定，不得使用法律禁止的捕捞工具，也不得捕捞法律禁止的水产种类，否则将会受到行政处罚，情节严重或者受到行政处罚后再次违法的可能构成刑事犯罪。为此，企业在从事捕捞活动时，要注意以下几点：

（1）要依法申请捕捞许可证书。根据《中华人民共和国渔业法》的规定，我国对出海捕捞施行的是捕捞许可证制度，即“到中华人民共和国与有关国家缔结的协定确定的共同管理的渔区或者公海从事捕捞作业的捕捞许可证，由国务院渔业行政主管部门批准发放”。对于企业而言，在出海捕捞之前首先应该确认自己是否具备合格的出海捕捞许可证，明确许可证规定的渔区，不得超范围、超期限从事捕捞活动。

（2）明确禁渔区和禁渔期。所谓禁渔区，是指由国家法令或者地方政府规定，对某些重要鱼、虾、蟹、贝、藻等，以及其他重要水生生物的产卵场、索饵场、越冬场和洄游通道，划定一定的范围，禁止所有渔业生产作业的区域，或者禁止某种渔业生产作业的区域。禁渔期，是指对某些重要水生生物的产卵场、索饵场、越冬场和洄游通道，规定禁止渔业生产作业或者限制作业的一定期限。如果企业违反禁渔期和禁渔区规定违法捕捞，情节严重的，如非法捕捞的水产品重量达 1 万千克或者价值在 10 万元以上的，可能会构成犯罪。

（3）采用合法的方法捕捞。企业应该清楚法律禁用的捕捞工具、方法。根据《中华人民共和国渔业法》的规定，禁止使用炸鱼、毒鱼、电鱼等破坏渔业资源的方法进行捕捞。禁止制造、销售、使用禁用的渔具。禁止在禁渔区、禁渔期进行捕捞。禁止使用小于最小网目尺寸的网具进行捕捞。捕捞的渔获物中幼鱼不得超过规定的比例。在禁渔区或者禁渔期内禁止销售非法捕捞的渔获物。

11

第十一节　出口业务在全球化环境中的新挑战

一、既要“走出去”，也要注意企业自身安全

（一）企业出口业务刑事合规的重要性

经过改革开放40余年的快速发展，中国已经跻身世界第二大经济体。尤其是加入世界贸易组织（WTO）以来，中国经济与世界各国高度融合。随着国际经济贸易交往日益密切及政府“一带一路”倡议的持续推进，中国企业“走出去”的步伐迈得更快、更大。其中一些企业不断发展壮大，成为世界级的跨国企业。但是，世界上不同国家、不同地区有着不同的法律环境和竞争规则，企业离开了熟悉、习惯的国内市场，参与到全球竞争也意味着更大的风险与挑战。其中一些中国企业对此没有足够的重视，没有认真地学习和适应，以致因为业务不合规而遭受制裁甚至刑事处罚。

2020年6月5日，美国食品药品监督管理局刑事调查办公室通过美国司法部，指控中国广东某包装印刷有限公司（口罩出口商兼生产商）的三项行为违反《联邦食品、药品和化妆品法案》，制造虚假标贴和不合格的N95口罩以及谎称这些口罩符合相关标准后进口至美国市场。起诉书还指控该公司向美国食品药品监督管理局提交误导性文件，构成虚假陈述。美国司法部的该项刑事指控，给中国的防疫物资出口商敲响了警钟，提示了中国出口企业必须重视出口业务的法律风险。

更重要的是，中国的一些国企、民营企业已经发展为国内甚至是全球的领军企业，承担着引领中国企业“走出去”的重要使命。因此，这些企业也正受到一些大国的高度关注和重点监管。2018 年，中兴通讯公司遭到美国政府制裁，被处以 14.9 亿美元罚款，同时被列入美国禁售制裁名单。与此同时，华为公司也受到美国政府有针对性的监管，孟晚舟在加拿大面临刑事指控。这些事件都说明其他国家，特别是我们的竞争对手已经将针对我国重点企业的监管摆上了明面，甚至上升到刑事指控的程度，这更提醒我们必须认真研究出口业务的刑事风险，提前做好出口业务的法律合规工作。

（二）企业出口业务的刑事合规风险概述

企业出口业务是与国际贸易相联系的一个概念。与进口相对应，出口业务是指企业将生产的产品或技术从本国输出到其他国家或地区收取外汇的贸易行为。企业出口在我国是一项受到严格管控的贸易行为，受到《中华人民共和国出口管制法》《中华人民共和国海关法》《货物进出口管理条例》等法律法规的监管。此外，由于企业的产品或技术是输送到其他国家，出口业务还要受到国际贸易规则以及其他国家法律法规的约束。因此，企业在从事该项业务时，必须加强对国内外法律法规以及国际贸易规则的学习，以免因为违法违规遭受行政或刑事处罚。

企业出口业务刑事合规风险，是指企业在开展出口业务的过程中，出现违反输出国或输入国法律法规或国际贸易规则而遭受刑事调查，进而被追究刑事责任的法律风险。

二、企业出口业务领域常见的法律风险

就中国的法律法规而言，企业出口业务中涉及的刑事合规风险主要包括三个部分：一是出口的产品或技术违法产生的刑事风险；二是出口产品

或技术的方式违法而遭受刑事调查；三是申请出口退税环节产生的刑事风险。

（一）企业出口的产品或技术涉及的刑事合规风险

自20世纪90年代末，我国根据履行防扩散等国际义务的需要，陆续制定将“核、生物、化学、导弹、军品”等物项作为规制对象的9部出口管制行政法规，包括《中华人民共和国生物两用品及相关设备和技术出口管制条例》《中华人民共和国导弹及相关物项和技术出口管制条例》《中华人民共和国军品出口管理条例》《中华人民共和国核出口管制条例》《中华人民共和国核两用品及相关技术出口管制条例》《中华人民共和国监控化学品管理条例》《中华人民共和国监控化学品管理条例实施细则》《易制毒化学品管理条例》《有关化学品及相关设备和技术出口管制办法》。2020年10月，立法机关在系统梳理了之前出口管制制度的基础上，制定实施了《中华人民共和国出口管制法》（以下简称《出口管制法》），该法从出口管制物项、出口管制的范畴、出口管制措施、法律责任等方面对企业的出口业务进行了详细规定。企业一旦违反规定，出口国家禁止出口的管制物项或者未经许可出口管制物项，将被依法追究刑事责任。为了避免企业出口产品或技术违法违规而被认定为犯罪，我们有必要对以下可能存在刑事合规风险的问题逐一厘清。

1. 哪些物项属于出口管制物项？

根据《出口管制法》第二条的规定，管制物项的范围包括两用物项、军品、核以及其他与维护国家安全和利益、履行防扩散等国际义务相关的货物、技术、服务等物项。同时，管制物项相关的技术资料等数据也包括在内。即企业出口上述管制物项一定要取得相应的许可和审批，否则可能构成刑事犯罪。

2. 哪些活动属于出口管制的范畴？

根据《出口管制法》第二十二条、第四十四条和第四十五条的规定，受管制的出口行为包括以下三类：

（1）从中华人民共和国境内向境外转移管制物项；

（2）中华人民共和国公民、法人和非法人组织向外国组织和个人提供管制物项；

（3）管制物项的过境、转运、通运、再出口或者从保税区、出口加工区等海关特殊监管区域和出口监管仓库、保税物流中心等保税监管场所向境外出口。

3. 管理部门可能采取的管制措施

根据《出口管制法》的规定，我国对管制物项的管理制度主要为出口管制清单、临时管制及管控名单相结合的出口许可制度。具体而言，管理部门制定管制清单或发布临时管制公告，出口经营者出口管制清单里的物项或临时管制的物项须申请许可，违反管理要求的出口经营者将被列入管控名单。

（1）出口管制清单。

国家出口管制管理部门会同有关部门制定出口管制政策，并且根据出口管制政策，制定、调整管制物项出口管制清单，并及时公布。出口管制清单制度作为最通用的出口管制管理制度，相关企业有必要对清单的发布、调整动态予以及时关注。需要注意的是，未被列入管制清单中的货物，也并非必然不受管制。国家出口管制管理部门可能出于维护国家安全等目的对出口管制清单以外的货物、技术和服务实施临时管制，并予以公告。另外，如果物项可能存在危害国家安全和利益，被用于设计、开发、生产或使用大规模杀伤性武器及其运载工具，或被用于恐怖主义目的这三类风险，即使该物项为管制清单以及临时管制物项之外的物项，也仍然受到管制。

（2）临时管制。

对于不属于出口管制清单内的货物、技术和服务，国家出口管制管理部门还可以实施临时管制，并予以公告。实施期限不超过两年，期限届满前应当及时评估。根据评估结果决定取消临时管制、延长临时管制或者将临时管制物项列入出口管制清单。

（3）企业如何申请出口许可。

出口经营者出口管制物项，需要依法取得相关管制物项出口经营资格的，应当取得相应的资格。在此基础上，分情况进行许可申请：

①对于出口管制清单所列管制物项或者临时管制物项，出口经营者应当向国家出口管制管理部门申请许可。

②对于出口管制清单所列管制物项以及临时管制物项之外的货物、技术和服务，出口经营者知道或者应当知道，或者得到国家出口管制管理部门通知，相关货物、技术和服务可能存在“危害国家安全和利益”“被用于设计、开发、生产或者使用大规模杀伤性武器及其运载工具”“被用于恐怖主义目的”的，也应当向国家出口管制管理部门申请许可。

（4）企业出口的产品和技术如果违法违规可能面临的刑事责任。

根据以上内容，如果企业出口的产品或技术属于出口管制清单或临时管制清单，且未申请出口许可，即属于违法违规行为。《出口管制法》第四十三条第二款规定，违反本法规定，出口国家禁止出口的管制物项或者未经许可出口管制物项的，依法追究刑事责任。具体而言，根据《刑法》相关规定，违反我国出口管制规定可能构成走私罪，非法经营罪，泄露国家秘密罪，伪造、变造、买卖国家机关公文、证件、印章罪等罪名。其中就走私罪而言，虽然我国对于两用物项并非绝对禁止出口而是限制出口，但根据最高人民法院、最高检《关于办理走私刑事案件适用法律若干问题的解释》（以下简称《走私案件司法解释》）第二十一条的规定，未经许可进出口国家限制进出口的货物、物品，构成犯罪的，应当依照《刑法》第一百五十一条（及第一百五十二条）的规定，以走私国家禁止进出口的货物、物品罪等罪名定罪处罚。

此外，《走私案件司法解释》第二十一条还进一步规定了以下两种具体的认定标准：一是未经许可（包括租用、借用或者使用购买的他人许可证）进出口国家限制进出口的货物、物品，构成犯罪的，虽然应当以走私国家禁止进出口的货物、物品罪等罪名定罪处罚，但如果偷逃应缴税额，同时又构成走私普通货物、物品罪的，依照处罚较重的规定定罪处罚；二是取得许可，但超过许可数量进出口国家限制进出口的货物、物品，构成犯罪的，不以走私国家禁止进出口的货物、物品罪定罪，而依照《刑法》第一百五十三条的规定，以走私普通货物、物品罪定罪处罚。

典型案例：金某、H公司走私国家禁止进出口的货物、物品案

【案情】 自2012年2月起，被告人金某受雇于他人，将从T公司购买的甲苯含量超过40%的稀释剂通过H公司及R公司报关出口至朝鲜。被告人王某系H公司的法定代表人，其明知金某出口的稀释剂中甲苯含量超过40%，属于国家限制出口的货物，且未办理两用物项许可证，仍同意其公司业务员在货物报关时帮助金某伪报甲苯含量。2017年12月，H公司为金某报关出口稀释剂时伪报甲苯含量，被丹东海关缉私分局当场查获。经鉴定，送检的稀释剂中的甲苯含量明显超过40%。经统计，2012年2月，金某通过R公司报关出口稀释剂8.5吨；2012年9月至2017年12月，金某通过H公司报关出口稀释剂共计93.12吨。2018年3月13日，被告人金某主动到侦查机关投案。次日，被告人王某被侦查机关抓获。

【法院判决】 2019年3月，辽宁省丹东市中级人民法院作出（2019）辽06刑初8号刑事判决，以走私国家禁止进出口的货物罪分别判处被告人金某有期徒刑3年，缓刑5年，并处罚金25万元人民币；判处被告单位H公司罚金15万元人民币；判处被告人王某有期徒刑3年，缓刑4年，并处罚金10万元人民币。

（二）企业出口方式涉及的刑事合规风险

前文我们介绍了企业在出口国家管制物项的业务中面临的刑事合规风

险。同样，企业在出口普通货物、物品时，如果采取的方式不当，也可能触犯《刑法》中关于走私犯罪的规定。企业在出口环节存在以下刑事法律风险：

1. 进出境地点选择不当

是指未经国务院或者国务院授权的机关批准，从未设立海关的地点运输、携带、邮寄国家禁止或者限制进出境货物、物品或者依法应当缴纳税款的货物、物品进出境。

2. 报关过程申报不实

是指经过设立海关的地点，以藏匿、伪装、瞒报、伪报或者其他方式逃避海关监管，运输、携带、邮寄国家禁止或者限制进出境的货物、物品或者依法应当缴纳税款的货物、物品进出境。具体方式包括：

（1）伪报，包括品名、价格、数量、规格、贸易性质和原产地等；

（2）瞒报，如集装箱夹藏或实箱报成空箱、瞒报价格等；

（3）藏匿，如货物、运输工具（汽车和船舶暗格）、特制藏私工具（特制集装箱）、行邮物品以及人体藏匿（亦称水客）。

3. 单证使用不当

包括使用伪造、变造的手册、单证、印章、账册、电子数据或者以其他方式逃避海关监管等。

典型案例：蒋某某走私文物案

【案情】蒋某某是北京甲公司的法定代表人，在2009—2017年任职期间收购斑铜工艺品欲出口欧美，并从昆明市一旧货市场购得48件青铜器文物。2017年上半年，蒋某某赴美国经营农场。同年9月，蒋某某电话通知甲公司临时负责人刘某某将收购的斑铜工艺品发往美国；10月，刘某某组织甲公司员工在甲公司仓库对斑铜工艺品进行包装装箱时，发现了上述48件文物，司机许某某将该文物夹藏于斑铜工艺品中一起装箱。10月30日，夹藏有文物的工艺品通过铁路从昆明发往连云港。在货物抵达连云港前，蒋某某打电话到甲公司，许某某告知其已将文物随同工艺品一起发运。蒋某某既没有安排公司的工作人员如实向海关申报，也没有采取有效措施阻止货物出口。同年11月14日，受委托的报关单位以一般贸易方式为甲公司申报出口该批斑铜工艺品，连云港海关在例行查验中发现该批货物中夹藏文物。经鉴定，48件文物是战国至两汉时期的青铜器，其中属国家三级文物的4件，一般文物的44件。2017年4月12日，蒋某某从美国入境时，被北京出入境边防检查站抓获归案。

【法院判决】法院经审理认为，蒋某某作为甲公司的负责人，明知国家禁止出口文物，依然违反国家法律规定出口文物，其行为构成走私文物罪。但鉴于尚无证据证实涉案文物系蒋某某指使夹带且其在知悉夹带时不在国内，案发时涉案文物尚未出境等具体情节，蒋某某的主观恶性较轻，犯罪情节轻微，犯罪后果尚不严重，判决蒋某某犯走私文物罪，免予刑事处罚。

（三）企业申请出口退税涉及的刑事合规风险

出口退税是指国家把出口货物的原料进口税以及在国内生产和流通各环节已缴纳的增值税、消费税等间接税税款退还给出口企业，使出口商品以不含间接税的价格进入国际市场，参与国际竞争的税收制度。作为我国参与国际竞争的一项重要贸易制度，近年来，出口退税办理时间不断提速、效率加快。而且相关部门陆续推行了海关无纸化通关、外汇核销制度改革、跨境贸易人民币结算便利化服务等一系列保障制度，使出口退税制度为外贸行业发展、出口企业创汇提供了重要支持。但是不可避免的是，企业在申请出口退税过程中由于专业知识不足、流程不熟悉或者利益驱使等原因，时常出现违法违规行为，甚至触犯《刑法》。根据“谁出口、谁收汇，谁退税、谁负责”的原则，申报出口退税的外贸企业为直接责任主体，无论是上游企业涉嫌虚开发票，还是上下游企业合谋将外贸企业作为通道骗取出口退税，外贸企业均面临较为严重的刑事责任风险。经过梳理，出口业务一旦涉及下述情形从而被办案机关调查，可能会被认定为骗取出口退税或虚开用于骗取出口退税发票的行为。

（1）伪造或者签订虚假的买卖合同。

（2）以伪造、变造或者其他非法手段取得出口货物报关单、出口收汇核销单、出口货物专用缴款书等有关出口退税单据、凭证。

（3）虚开、伪造、非法购买增值税专用发票或者其他可以用于出口退税的发票。

（4）骗取出口货物退税资格。

（5）将未纳税或者免税货物作为已税货物出口。

（6）虽有货物出口，但虚构该出口货物的品名、数量、单价等要素，骗取未实际纳税部分的出口退税款。

（7）有进出口经营权的公司、企业，明知他人意欲骗取国家出口退税款，仍违反国家有关进出口经营的规定，允许他人自带客户、自带货源、自带汇票并自行报关，骗取国家出口退税款。

（8）以其他手段骗取出口退税款。

具体而言，企业在开展出口业务的过程中，应避免以下交易方式。

（1）买单配票（或称配单配票），指借用他人货物信息，制作虚假报关单，虚开进项发票，购买外汇，假报出口。

（2）无货虚报，指没有真实货物出口却假报出口。

（3）少出多报，指将真实货物和虚假货物出口交织，少出多报、以次充好。

（4）高报税率、价格，指把低退税率商品虚报为高退税率商品或高报货物价格。

（5）循环出口，指将同一批出口货物出出进进重复循环使用。例如，将银导线、高保真音响线制品中的银在进口地就地拆解并销售，其他接口材料回炉重造，循环出口。

典型案例：皮某某骗取出口退税案

【案情】2015 年下半年，被告人皮某某为骗取出口退税，利用其实际控制的益阳市××商贸有限公司以及伙同湖南×××商贸有限公司，以假报出口的方式共计向益阳市国家税务局骗取出口退税款 1340119.72 元。其中 2015 年 6—7 月，被告人皮某某以益阳市××商贸有限公司的名义向益阳市赫山区盛达木制品厂虚开增值税专用发票 35 份，价税合计 3716765.14 元。事后皮某某利用上述发票以伪造货物贸易出口的方式骗取出口退税款 389507.09 元，从中非法获利 166502 元。2015 年 9—12 月，被告人皮某某伙同湖南×××商贸有限公司向益阳市赫山区盛达木制品厂虚开增值税发票 61 张，价税金额合计 6004867.8 元。之后，湖南×××商贸有限公司的法定代表人杨某某（另案处理）将上述虚开的 55 张增值税发票以及由皮某某伪造的虚假货物出口手续，以湖南×××商贸有限公司的名义向益阳市国家税务局申请出口退税款 700922.96 元。2016 年 2 月 24 日，国库益阳市中心支库将前述退税款转入湖南×××商贸有限公司名下的中国银行账户。事后，皮某某从中非法获利 23 万余元。

【法院判决】法院经审理认为，皮某某以假报出口的方式骗取出口退税款，数额巨大，其行为已构成骗取出口退税罪。判决皮某某犯骗取出口退税罪，判处有期徒刑 7 年，并处罚金 130 万元。

三、企业出口业务合规化应该注意哪些事项？

企业出口业务是所有交易模式中涉及主体最广、交易流程最复杂、应用法律法规最多的贸易业务。如果企业不能充分认识其中蕴含的刑事风险，进而采取有效的刑事合规，将会对企业本身或者企业家造成不利影响，甚至可能会被追究刑事责任。因此，我们有必要详细分析企业在出口业务中如何有效开展刑事合规以及刑事责任减免的关键要素。

（一）企业出口产品或技术时的注意事项

1. 密切关注配套规则的制定或修订

虽然《出口管制法》规定了企业出口产品和技术的管制物项、管制范畴和管制措施等，但都是原则性的规定，还依赖于配套的法规、规章及管制清单才能有效实施。例如，何时发布新的管制清单或者对现有清单进行修订，何时及通过何种途径发布临时管制清单，对“视同出口”“再出口”的准确定义，如何具体对“再出口”进行管理，管控名单如何公布等问题都需要相关部门出具更细化的指引。建议出口企业对上述问题，尤其是管制清单和临时管制清单的公布予以密切关注，以免信息更新不及时导致出口的产品和技术违法违规。

2. 确定受控清单

了解产品，确定受控清单是避免因存在扩散风险而被调查的第一道防线。出口企业要熟悉企业经营产品的技术指标和最终用途，了解所在行业上下游产品的分类和应用；针对内外部交流、传输过程中的相关技术、数据、算法、源代码等进行评估，关键是确认自身经营物项是否属于管制物项。

3. 开展出口管制风险评估

我国自2002年开始，陆续制定了9部出口管制条例、办法，但《出口管制法》在管制范围、管制措施等方面相比以前的出口管制法规具有重要变化，并显著加大了处罚力度。出口企业应当对这一变化予以高度重视，抓紧进行自身的出口管制风险评估，对研发、采购、销售、物流、售后等各个环节进行梳理，进一步避免刑事合规风险。

4. 梳理企业出口物项并申请许可证

出口企业，特别是经营出口管制物项的企业还要根据《出口管制法》及后续公布的实施细则、管制清单等对其出口的物项进行梳理，筛查需要申请许可的物项，了解出口管制物项需要履行的法律程序、办理相关手续，确保出口经营活动符合法律规定。

5. 审查追踪交易对象

基于出口经营者应当向出口管制管理部门提交最终用户和最终用途证明文件、最终用户承诺的要求以及出口经营者的及时报告义务，其需要对交易对象进行追溯源。企业在签订出口合同时，需要对最终用户和最终用途进行审核，形成最终用户和最终用途证明文件并向出口管制管理部门提交。企业需要提升对其交易对象的审核能力，持续关注最终用户和最终用途。一旦发现最终用户和最终用途改变，可能从事危害国际和平与国家安全的活动，应立即向国家出口管制主管部门报告或举报，避免因为交易对象增加自身的刑事风险。

（二）企业关于出口方式的注意事项

1. 加强管理，依法经营

合法是企业经营的生命线。企业要通过建章立制、教育培训、迅捷惩治等多种方式帮助管理层和员工牢固树立合法经营的理念。只有在理念上始终保持警醒，企业的经营才能按照既定轨迹和规章要求有序开展，这也是企业避免刑事风险的重中之重。

2. 重视报关工作，提高报关水平

企业无论自己报关，还是委托报关行（企业）报关，都要高度重视申报的真实性和规范性，严格审核把关申报内容，避免由于技术性问题而被追究责任。

3. 加强对交易伙伴的审核

企业在出口贸易中，应当认真规范每一笔业务往来，除了不主动进行走私活动，还要加强对交易伙伴的审核，避免参与到他人的走私活动中，如为走私活动提供货款、资金、账号、发票，或者提供运输、保管等帮助

行为。

4. 进行刑事合规咨询

企业应针对出口管制风险领域规定进行强制合规的咨询范围。在涉及重要业务环节时，业务部门应主动咨询合规管理部门的意见。合规管理部门应在合理时间内答复或启动合规审核流程。对于复杂或专业性强且存在重大合规风险的事项，可以听取法律顾问、律师等专业人员的意见。

（三）申请出口退税环节中的注意事项

1. 事前预防

出口企业在日常经营中应当尽早规范财务制度，包括规范财税账目，不使用私户收款、合规处置账外资金、及时补缴税款；保存证明每一笔交易真实发生的全套资料，做到“三流一致”；加强对合作方的审查，避免产生内外勾结、虚构项目、虚构交易的情况；增强整体税务合规意识，杜绝偷税漏税、虚构交易、账外交易等行为。

2. 事中规范

企业要正确处理税收与利润的关系。毋庸置疑，利润始终是企业经营的出发点和落脚点；但这里所指的利润应当是合法利润。企业通过逃税、偷税、骗税获取的收益，本身就不是被国家承认的利润。企业应加强海关业务知识的培训，利用专业知识和对海关办事程序的熟悉，在申报、归类、审价、原产地等方面用足、用好政策，做到合理避税；切忌利用税收漏洞或弄虚作假，以“减免逃”的方式减少税费支出。

3. 事后补救

企业如被税务机关稽查或被公安机关侦查，应当积极配合，避免再实施如隐匿、销毁会计凭证、会计账簿、财务会计报告等其他违法犯罪行为，增加自身的刑事风险。同时，要及时向专业人士和律师咨询，合理主张自身的合法权益，及时获取从轻、减轻情节。

12

第十二节　建筑工程企业的合规管理

一、合规是建筑工程企业永续发展的基石

近年来，在企业合规经营领域内有关部门陆续出台了《指引（试行）》《指南》等文件，使得企业对健全合规管理体系越发重视，并为其指明了方向。建筑工程作为国民经济支柱产业，其“一砖一瓦”的合规发展都关系国民经济质量，也会影响工程质量和人民生命财产安全。

建筑领域一直处于强监管地位，其各个流程与环节中都有严格、细致的规定。但由于建筑业发展方式粗放、牵连领域与人员繁杂，使得建筑市场的恶性竞争、围标串标等乱象层出不穷，建筑施工企业目前所面临的行政处罚、刑事追究多发，更重要的是民事涉诉问题严重，建筑业案件数量持续增长，严重影响企业效益。面对当前严峻的合规形势，建筑施工企业亟须建立合规管理体系。

建筑领域的合规管理体系建设的第一步就是风险识别，如建筑施工企业最常见的是民事诉讼风险，主要是建设工程施工合同纠纷。有关机构对近 3 年最高人民法院审理的建设工程施工合同纠纷案件进行了统计，总结出前十大争议焦点。2017 年为工程款、合同效力、工程款利息、鉴定异议、优先受偿权、工程质量、质保金、工期延误、发包人责任、诉讼时效；2018 年为工程款、工程款利息、合同效力、违约金、质保金、优先受

偿权、停窝工、工期延误、鉴定异议、履约保证金；2019 年为工程款利息、工程款、合同效力、优先受偿权、停窝工、质保金、鉴定异议、工期延误、违约金、工程质量。从数据来看，建设工程施工合同纠纷主要的争议焦点包括工程款及利息、合同效力、损害赔偿、工期、优先受偿权、保证金，这也是建筑施工企业的合规风险所在。

建筑施工企业建立合规管理体系有两点意义。一是防止企业经营效益流失。缺乏合规管理体系对企业效益造成巨大威胁，如企业没有建立文书管理制度，工程支出缺乏证据证明；又如未对业主资信和履约能力进行评估，工程款被拖欠。二是为企业创造价值。一方面，企业效益流失的减少能增强企业资金实力，在垫资施工盛行的环境下，资金实力强的企业能在竞争中获得更大优势。另一方面，建筑施工企业是否具有合规管理体系，直接关系到工程项目能否按期、按质完成。在一些工程招标活动中，招标人会要求投标人建立合规管理体系，不存在违法违规行为，如《政府采购法》第二十二条规定政府采购活动的供应商应具备良好的商业信誉和健全的财务会计制度，没有重大违法记录。

二、这些红线不能踩

（一）串通投标、虚假投标

根据《中华人民共和国招标投标法》的规定，投标人串通、投标人与招标人串通、虚假投标而中标的，中标无效，构成犯罪的需要承担刑事责任。《刑法》第二百二十三条规定：“投标人相互串通投标报价，损害招标人或者其他投标人利益，情节严重的，处三年以下有期徒刑或者拘役，并处或者单处罚金。投标人与招标人串通投标，损害国家、集体、公民的合法利益的，依照前款的规定处罚。”另根据第二百三十一条的规定，出现以上行为的单位构成相应的单位犯罪，应判处罚金。因此，建筑施工企业在项目投标阶段要重视对串通投标、虚假投标合规风险的识别，避免日后因中标无效带来的损失。

（二）建设施工合同——黑白合同

《中华人民共和国民法典》第七百八十九条规定：“建设工程合同应当采用书面形式。”但在现实中，没有签订合同直接进场施工的情况仍然存在；在违法分包、转包的情况下，双方为规避法律也会越过订立合同的程序而直接进行施工。在没有施工合同而进行施工的情况下，一旦双方发生纠纷，对争议事项的认定就会比其他案件花费更多周折，不利于尽快解决矛盾。

建设工程领域中，黑白合同大量存在，在中标合同之外签订实质性内容发生变更的“黑合同”已成为行业中的潜规则。《最高人民法院关于审理建设工程施工合同纠纷案件适用法律问题的解释（二）》第一条规定：“招标人和中标人另行签订的建设工程施工合同约定的工程范围、建设工期、工程质量、工程价款等实质性内容，与中标合同不一致，一方当事人请求按照中标合同确定权利义务的，人民法院应予支持。”在结算时，黑白合同的工程款往往差别很大，发包方与承包方就结算依据的合同产生纠纷时，作为承包方的建筑施工企业按照白合同主张工程款，在司法实践中并不是都会得到支持。

（三）转包、违法分包、挂靠

《合同法》（已废止）、《建筑法》等法律明确禁止转包、违法分包以及挂靠行为。2019 年 1 月 3 日，中华人民共和国住房和城乡建设部发布了《建筑工程施工发包与承包违法行为认定查处管理办法》，不仅对转包、违法分包以及挂靠的具体形式予以明确，而且细化了处罚标准，加大了处罚力度，大大提高了建筑施工企业转包、违法分包、挂靠的违法成本。建筑施工企业将承包的工程转包、违法分包或者挂靠人以自己的名义承包工程后，一旦工程项目出现问题，建筑施工企业很难全身而退，在找不到实际施工人、挂靠人或者实际施工人、挂靠人无力承担责任时，名义上作为承包人的建筑施工企业便要承担相应的责任。

（四）行贿、受贿、贪污、滥用职权

企业合规管理建设最早便是源自对商业贿赂、腐败行为的打击，行贿、受贿、贪污、滥用职权等贿赂、腐败的合规风险自然是合规管理重点关注的对象。《刑法》第一百六十八条规定："国有公司、企业的工作人员，由于严重不负责任或者滥用职权，造成国有公司、企业破产或者严重损失，致使国家利益遭受重大损失的，处三年以下有期徒刑或者拘役；致使国家利益遭受特别重大损失的，处三年以上七年以下有期徒刑。国有事业单位的工作人员有前款行为，致使国家利益遭受重大损失的，依照前款的规定处罚。国有公司、企业、事业单位的工作人员，徇私舞弊，犯前两款罪的，依照第一款的规定从重处罚。"并且，《刑法》贪污贿赂罪章节规定了贪污罪、挪用公款罪、行贿罪、对单位行贿罪、介绍贿赂罪、单位行贿罪、单位受贿罪、私分国有资产罪等罪名，严厉打击贪污贿赂行为。建设工程领域属于典型的"买方市场"，加之市场竞争激烈，建筑施工企业要想承包到优质的项目更是难上加难，因此一些建筑施工企业便铤而走险，通过贿赂、腐败等违法行为谋求非法利益。建筑施工企业依靠贿赂、腐败行为承接到项目，短期看来，其营业额得到提升，但是，从长远来看，不仅不利于建筑施工企业自身的持续健康发展，而且也会致使建设工程领域的市场关系向畸形的方向发展。

（五）安全责任事故

安全一直是建筑施工领域高度强调的问题，但建设工程领域安全事故却频频发生。《建筑法》第四十五条规定："施工现场安全由建筑施工企业负责。实行施工总承包的，由总承包单位负责。分包单位向总承包单位负责，服从总承包单位对施工现场的安全生产管理。"《刑法》规定了重大安

全责任事故罪、重大劳动安全事故罪、工程重大安全事故罪，严厉打击枉顾安全的生产建设行为。建筑施工企业必须重视安全管理，相关人员要严格遵守安全管理制度，及时识别和化解安全风险，否则，一旦发生安全事故，建筑施工企业便是第一责任人，发生重大安全事故的，建筑施工企业以及相关负责人还要承担刑事责任。

（六）拖欠农民工劳动报酬

建筑行业是农民工最为集中的领域，建筑施工企业拖欠农民工报酬，往往会引发群体性事件，社会影响比较恶劣。国务院办公厅在《关于全面治理拖欠农民工工资问题的意见》中明确规定，“在工程建设领域，施工总承包企业（包括直接承包建设单位发包工程的专业承包企业，下同）对所承包工程项目的农民工工资支付负总责”。《刑法》第二百七十六条规定了拒不支付劳动报酬罪，建筑施工企业拖欠农民工工资面临承担刑事责任的风险。但是，长期以来建筑施工企业对农民工的管理比较粗放，没有建立起系统、规范的农民工管理制度，这导致农民工讨薪维权事件时有发生。随着国家不断加大对拖欠农民工劳动报酬行为的打击力度，建筑施工企业一定要加以重视与防范，否则一旦被列入“黑名单”或者判处刑事责任，建筑施工企业在日后的融资、采购、招标投标、生产经营等方面都会受到影响。

以上合规风险在建筑施工企业中是比较普遍、典型的，这些合规风险一旦不能及时识别与化解，企业或企业员工往往会陷入法律纠纷，甚至是面临行政处罚或者承担刑事责任，经济损失和名誉损失便在所难免。因此，建筑施工企业要重视对以上典型合规风险的识别，并且积极采取有效措施予以化解，从而避免因合规风险不可控给企业带来的各种损失。

三、建设工程领域应该重点关注的几个方面

（一）项目经理配备

（1）要按照德才兼备的原则公开选拔，竞聘上岗，做到不拘一格，唯才是举，量德而用。

（2）要实行项目经理职业化管理。项目经理应从受过正规培训、具有项目经理资格证书的人员中选拔。要制定项目经理任用制度，健全项目经理管理制度，明确项目经理的责、权、利、险，遏制不良现象。

（3）要坚持精干高效，结构合理、“一岗多责、一专多能”的原则，做到对项目机构的设置和人员编制弹性化，对项目部管理层人员要根据项目的不同特点和不同阶段的要求，在各项目之间合理组合和有效流动，实行派遣与聘用相结合的机制，根据项目大小和管理人员性格、特长、管理技能等因素合理组合，保证项目部管理层整体合力的有效发挥。

（二）做好项目评估

当前不少施工企业对项目评估、测算的地位和作用认识不足；有的评估、测算的权限不明确，方法不科学；有的评估、测算滞后。激励、约束不到位，缺乏动态跟踪考核，造成项目管理失控，项目盈亏到竣工时算总账。为解决好这个问题，我们必须抓好以下四个方面的工作：

（1）要提高认识。在思想上切实把项目评估、测算作为加强项目管理的基础，堵塞效益流失的第一道关口，自觉搞好评估和测算。

（2）要加强评估、测算的组织领导，成立专门的领导小组，有专人负责，有科学的评估、测算指标体系。

（3）要依法签订承包经营合同，上缴风险保证金、委派主办会计。

（4）要认真进行项目运行中的监督、检查、指导和考核，帮助项目经理及时纠正经营管理偏差，确保项目目标的实现。

（三）优化人力资源配置

工程项目管理的重点是施工企业要根据工程项目对劳动力的需求情况，在各项目之间对现实的和潜在的劳动力进行周密计划，有效流动，合理调配，充分调动人们的积极性和创造性，提高劳动效率。项目经理部要按照动态平衡、统筹优化的原则，建立劳动力整体优化，实现劳动力供给与项目需求最佳组合的人力资源管理运行机制，对劳动力的分配和流向作出总体安排，保证劳动力与项目需求的总体平衡，并定期跟踪检查，进行有效监控和及时调整，使劳动力资源得到最大限度的利用。

（四）加强建筑工程管理的对策

1. 完善管理模式

首先，企业应认识到现有管理模式的不足，加强创新意识，考虑自身实际情况，制定出科学、有效、可行、符合当前建筑工程需要的管理模式；其次，建筑企业管理模式上应以人为本，旨在提高员工的积极性以及工作效率，而不仅仅着眼于提高经济效益；最后，政府对企业进行指导和帮助，组建专业管理人才团队，分工明确，责任到人，形成完善的建筑工程管理体系。通过完善建筑企业的管理模式，切实增强建筑企业的竞争力及经济效益。

2. 重视安全问题，加强安全管理

安全管理问题是建筑工程中不容小觑的环节，关乎企业的信誉、发展前景等各方面。因此，如何加强安全问题的管理就显得尤为重要。首先，企业领导自身应加强安全管理的意识；其次，建筑企业应引进安全技术措施，制定出安全可靠的施工方案，切实把员工安全施工放在首位；最后，企业必须定期对员工进行安全教育培训与考核，使员工了解一定的安全知识，加强员工自身的安全意识。

3. 加强人力资源的配置与管理

针对企业中缺乏高素质管理人才的现状，企业应该改变以往松散的员工选拔模式，制定严格的管理人才选拔制度。对人才的选拔与选用，不仅要考核其管理领域的专业知识，还应对法律、外语、经营、设计等各方面进行了解，尽可能选拔各方面都有所涉猎和了解的综合型人才。另外，企业应以工程需要以及员工专业素质为基础，合理分配和调度员工，使得员工在最优条件下最大限度地发挥自己的专业知识，为企业创造出最大的个人效益。

为了保证工程质量，企业应当制订严格的工程执行计划，并对施工工艺进行严格的要求。项目负责人要根据项目经营目标、组织设计和现场情况，编制各作业单元具体执行的作业计划，严格按作业计划进行作业，做到不赶进度、不误工期，按工艺作业，确保工程质量达到优质标准。在作业计划的实施过程中，既要保证进度又要保证质量。要掌握现场实际情况，做好各工序间的衔接和协调工作，做好记录，排除故障，解决好随时出现的问题，使作业计划顺利进行，在每个环节中把好质量关。

在合规经营的背景下，建筑施工企业建设合规管理体系已成大势，尤其是在利润率降低的当下，建筑施工企业通过建设合规管理体系，防止效益流失的需求尤为迫切。制度与落实“两张皮”是企业合规管理的通病，很多建筑施工企业投入巨资建设的合规体系，往往因一线项目人员的不重视而无法落实，各项规避风险的规章制度成为一纸空文。为此，建筑施工企业一方面应加强合规制度的学习，培养良好的合规文化；另一方面要建立考核、追责制度，强化制度的落实。

一言以蔽之，合规管理就是让企业的决策、制度和思想认识符合国家的法治要求、市场的诚信要求、社会的道德要求，施工企业要改变以往粗放式、以包代管式、投机式的经营管理做法，真正从提高自身营销能力、技术水平、管理能力、盈利能力等方面去做强、做大。

13

第十三节　企业反不正当竞争刑事合规审查

一、哪些竞争行为不正当?

所谓不正当竞争，是指经营者在生产经营活动中，违反《中华人民共和国反不正当竞争法》（以下简称《反不正当竞争法》）的规定，扰乱市场竞争秩序，损害其他经营者或者消费者合法权益的行为。不正当竞争的行为主要包括：

（1）混淆行为，即采用一定的手段和方法，引人误认为是他人商品或者与他人存在特定联系的混淆行为。

（2）商业贿赂，即通过用财物或者其他手段贿赂其他单位或者个人，以谋取交易机会或者竞争优势的行为。

（3）虚假宣传，即行为人对其商品的性能、功能、质量、销售状况、用户评价、曾获荣誉等作虚假或者引人误解的商业宣传，欺骗、误导消费者。

（4）侵犯商业秘密，即通过不正当手段获取、使用权利人的商业秘密。商业秘密是指不为公众所知悉，具有商业价值，并经权利人采取相应保密措施的技术信息和经营信息。

（5）不当售奖，即非法采取不正当的有奖销售行为，损害同行业竞争者的利益和消费者的合法权益。

（6）诋毁商誉，即经营者捏造、散布虚假信息或者误导性信息，损害竞争对手的商业信誉和商品声誉的行为。

（7）网络不正当竞争，是指经营者利用技术手段，通过影响用户选择或者其他方式妨碍、破坏其他经营者合法提供的网络产品或者服务正常运行的行为。

二、这些行为是否会构成不正当竞争？

1. 企业是否可以模仿其他企业知名商标，用于自身产品？
2. 企业是否可以在广告中夸大自身的销量，以提高产品的知名度？
3. 企业是否可以雇用仍旧在竞业限制期限内的员工？
4. 企业在销售盲盒过程中，是否可以发布隐藏款盲盒以增加销量？
5. 在投标过程中，企业是否可以邀请其他企业来陪标？

三、不正当竞争不容小觑

（一）黄某等虚假广告案

案情简介：2005 年 5 月 31 日，杨某等人共同出资，以香港国际类风湿病研究院的名义承包了私营合伙企业杭州华夏医院风湿科，由被告人杨某负责具体事务的管理，由在漯河中心医院仅学习了两天技术的医生王某到该院负责实施免疫平衡调节术治疗类风湿性关节炎、强直性脊柱炎。为进一步招揽患者，被告人杨某决定对外发布广告，杭州华夏医院负责人黄某在明知免疫平衡调节术并非来源于香港、广告内容虚假的情况下，仍同意杨某等人以杭州华夏医院的名义通过电视台、报纸对外发布医疗广告。

本案的争议焦点为如何对虚假广告进行认定，被告违反《医疗广告管理办法》中广告范围仅限于医疗机构名称、诊疗地点、从业医师姓名、技术职称、服务商标、诊疗时间、诊疗科目、诊疗方法、通信方式的规定，在未取得有效医疗广告证明的情况下通过媒介超范围向社会公众发布医疗广告；广告内容违反《中华人民共和国广告法》的规定，还就医疗服务的技术来源、医疗效果、医生资历作虚假宣传，涉案患者基本未能达到广告宣传的医疗效果，并致使14名患者构成九级伤残，情节严重，其行为均已构成虚假广告罪。

案例分析：由本案可以看出，通过网络、社交媒体、广告商进行宣传时，如果过于夸大产品、服务质量，可能会构成虚假宣传罪。本案中由于涉案企业属于医疗行业，根据《医疗广告管理办法》的规定，医疗广告的范围是有明确限制的。本案行为人首先发布了超范围的医疗广告，又在医疗效果上进行了虚假宣传，所以法院认定行为人发布的医疗广告属于“虚假广告”。因此，企业在进行对外宣传时，一定要注意其所属行业内容是否有对宣传范围、宣传义务进行明确的限制，超范围宣传也是导致虚假宣传的重要因素之一。

（二）姚某明串通投标案

案情简介：2016年9月、2018年3月、2020年6月，犯罪嫌疑人姚某明为让Y公司中标沂水县农村义务教育学校取暖空调设备采购，沂水县第一中学、第四中学教室空调等招标项目，安排犯罪嫌疑人徐某（Y公司员工）借用H公司等三家公司资质，通过暗箱操作统一制作标书、统一控制报价、协调专家评委等方式串通投标，后分别中标，中标金额共计1134万余元。2021年1月，沂水县公安局以Y公司、姚某明等人涉嫌串通投标罪移送沂水县检察院审查起诉。

案件分析：本案是最高检发布的第二批合规试点典型案例之一，本案中该公司通过与其他三家公司串通，统一制定报价，通过其他三家公司陪标的形式，来排挤其他公司，属于典型的串通投标行为。根据《中华人民共和国招标投标法实施条例》的规定，“投标人相互串通投标或者与招标人串通投标的，投标人向招标人或者评标委员会成员行贿谋取中标的，中标无效；构成犯罪的，依法追究刑事责任”，该企业已经构成串通投标罪。但是沂水县检察院综合考虑该企业对社会的贡献、行业发展前景、企业的其他社会评价、企业负责人一贯表现等情况，以及该企业在法律意识、商业伦理、人员管理、财务管理等方面存在的问题，决定对该案适用企业合规试点工作。最终涉案企业积极配合检察机关，开展合规整改活动，听取检察建议，最终被沂水县检察院作出了不起诉决定。

四、针对不正当竞争的合规建议

（一）企业在使用商标时的注意事项

《反不正当竞争法》所规定的混淆行为，在刑法中的表现为以欺骗的手段从事交易的行为。比如在销售产品过程中，未经授权使用他人的注册商标，或者模仿他人的注册商标使消费者对产品产生误解的，都可能构成假冒注册商标罪。企业在设计或者使用商标时，一定要具有独创性，不得盲目模仿他人的商标，为此企业应该注意以下几点：

（1）设计商标要具有独创性，不得打“擦边球”“蹭热度”。根据《刑法》的规定，“未经注册商标所有人许可，在同一种商品、服务上使用与其注册商标相同的商标，情节严重的”构成假冒注册商标罪，所以很多企业都认为，法律仅规定了使用相同的商标才会构成犯罪，如果模仿驰名商标或者使用近似的商标就不会构成犯罪，也正是因为这样的想法，市场上出现了一些诸如“康帅博”“粤利粤”等产品。但实际上这是一个很大的误区，因为“相同商标”和“近似商标”之间的界限本身就很模糊，根据《关于办理侵犯知识产权刑事案件具体应用法律若干问题的解释（三）》规定，改变字体、颜色、采用相同的平面要素等这些模仿行为实际上都可以被认定为假冒商标的行为，同样会构成犯罪。所以，对于企业而言，不应该为了蹭驰名商标的热度而盲目地进行模仿，以免构成犯罪。

（2）如果想使用类似商标，应该避免在同一种类的产品上使用。法律之所以严厉打击假冒商标的行为，是因为假冒商标不但损害了我国商标保护制度，还会使消费者对产品产生错误认识，这对消费者和原商标企业都是一种伤害。但如果企业不在同一类商品或者服务上使用近似的商标，就会极大地降低令消费者产生错误认识的概率，从而避免构成犯罪。比如玩具行业的企业可以借鉴食品行业的商标设计。

（3）因使用与其他企业近似商标受到处罚后，应当停止违法行为并积极退赔。根据我国《刑法》的规定，假冒注册商标情节轻微的不会构成犯罪，如果导致出现“非法经营数额在五万元以上或者违法所得数额在三万元以上的”等严重后果的才会构成犯罪；使用与其他企业近似商标受到处罚后，如果企业能够积极退赔，降低非法经营所得，将会极大地降低承担刑事责任的法律风险。

（二）企业进行广告宣传时的注意事项

很多企业在进行广告宣传时，为了凸显自己产品的销量，往往会在广告中进行“销量全省第一”“销量远超同行业”等表述，如果企业该产品的销量没有达到上述标准，则可能会涉嫌虚假宣传。《反不正当竞争法》规定，虚假宣传的行为表现主要为经营者对其商品的性能、功能、质量、销售状况、用户评价、曾获荣誉等作虚假或者引人误解的商业宣传，欺骗、误导消费者。企业的上述行为无疑是对产品销售状况的虚假宣传。

企业如果仅是进行了虚假宣传，尚且到不了犯罪的地步，只有具备我国《刑法》中所规定的严重后果，才可能构成犯罪。所以，企业在进行广告宣传时，一定要注意以下几点：

（1）采用抽象的表述，同样可以达到宣传的效果。所谓抽象的表述，就是不需要将销售量、销售排名等数据具体化，因为一旦具体化，就需要与现实销售情况相对应，极易出现虚假宣传的情况。如果采用相对抽象的表述则可以很好地避免上述问题。以销售量为例，企业“销量全省第一”

可以调整为“销量全省领先”，这个“领先”就属于抽象表述，无法进行清晰的界定，也给了企业更多的解释空间，关键是宣传效果也很不错。这样的表述既可以达到宣传的目的，又可以减少企业的法律风险。

（2）企业如果涉嫌虚假宣传的，应当采取补救措施，避免出现“严重后果”。所谓的“严重后果”是指：①违法所得数额在10万元以上的；②给消费者造成的直接经济损失数额在50万元以上的；③虽未达到上述数额标准，但因利用广告作虚假宣传，受过行政处罚两次以上，又利用广告作虚假宣传的。企业应该注意上述“严重结果”的认定条件，尤其是要重视行政处罚，在虚假广告罪中，行政责任可能会转化为刑事责任。

（三）企业在雇用员工时的注意事项

在经营过程中，一些企业为了扩大规模，增加销量，往往会雇用一些掌握客户资源的员工，但这些客户资源很有可能来自员工的上一家单位，甚至是与上一家单位签署了保密协议或者竞业限制协议。如果企业雇用了这类员工，并使用了员工手中的客户资源，则可能会涉嫌侵犯其他企业的商业秘密。为此，企业在雇用员工时也应该有所警惕：

（1）开展背景调查，审核员工是否签有竞业限制协议、保密协议等。所谓“竞业限制协议”，是指由于员工所处工作岗位十分关键，掌握企业的核心技术、信息，在员工离职后的一定时间内，限制该员工在同行业从事相关业务的协议。也就是说，如果该员工签有竞业限制协议，那么其手中大概率会持有上一家企业的商业秘密等相关信息，如果企业雇用这样的员工并使用该员工手中的资源，则很可能涉嫌侵犯商业秘密。

（2）令员工签署确认函，明确责任主体。如果经过背景调查确认该员工签有竞业限制协议，但是企业确实想要雇用该员工的，建议在该员工入职前，令该员工签署确认函，明确其手中未掌握原单位的商业秘密，或者虽然掌握有原单位的商业秘密，但是发生法律责任后由其自己承担。由于侵犯商业秘密犯罪属于“故意犯罪”，需要企业具备明知商业秘密的故意，如果企业能够履行审核的义务，或者令员工签署确认函，就会在一定程度上降低自身的“主观故意”，并减轻法律责任。

（3）采取措施，避免发生“重大损失”。侵犯商业秘密罪与一般性侵权行为的界限，就在于是否“给商业秘密的权利人造成重大损失”。这里的重大损失主要是指：①给商业秘密权利人造成损失数额在50万元以上的；②因侵犯商业秘密违法所得数额在50万元以上的；③致使商业秘密权利人破产等情况。如果企业能够采取措施，避免给权利人造成重大损失的，则可能仅会受到行政处罚。

（四）企业投标过程中的注意事项

一些企业在与商业伙伴合作时，尤其是商业伙伴为国有企业时，往往会采用招标投标的形式。即使企业与合作伙伴已经达成了合作的意向，但是基于程序的限制，必须经过招标投标的形式确定供应商，此时企业可能就会邀请其他几家关联企业来陪标，陪标企业通过中途放弃、报价虚高等形式，主动放弃中标的权利，以使目标企业中标。此种操作模式，在招标投标过程中是十分常见的，但极有可能会被认定为串通投标，严重的还可能会承担刑事责任。为此，建议企业在投标过程中，应注意以下几点：

1. 关联公司之间不要进行投标

串通投标行为是指投标者与投标者之间采用不正当手段，对招标投标事项进行串通，以排挤竞争对手或者损害招标者利益的行为。其重点在于“串通”，如果投标企业之间属于关联公司（如隶属同一集团，持有股权等情况），那么即使各方之间没有串通，也存在被认定为串通投标的法律风险。因为关联公司之间大多有人员混同、财产混同的情况，决策层也经常互通有无，所以我国法律明确规定“属于同一集团、协会、商会等组织成员的投标人按照该组织要求协同投标的”也属于串通投标行为。

2. 企业尽量不要为其他企业陪标

因为串通投标的行为，至少要两个实施主体，主导企业邀请其他企业

“陪标”的，如果主导企业被认定为串通投标罪，那么陪标的企业也可能会被认定为共同犯罪，一同承担法律责任。关于陪标企业是否会共同承担法律责任，主要看陪标企业的参与度如何。比如陪标企业只是将公章借给主导企业，对于其用途并不知悉，也未参与过投标文件的制作等，则陪标企业可能不会构成犯罪；相反，陪标企业的参与度越高，承担法律责任的可能性就越高。为此，对于企业而言，不参与陪标是杜绝此类法律风险的根本办法。

3. 不要采取威胁、欺骗、贿赂等形式投标

串通投标的行为罪与非罪的界限在于，是否造成了法律规定的“严重情节”。比如，①损害招标人、投标人或者国家、集体、公民的合法利益，造成直接经济损失数额在50万元以上的；②违法所得数额在10万元以上的；③中标项目金额在200万元以上的；等等。但是需要提示企业的是，如果在投标过程中企业采用了威胁、欺骗、贿赂等非法手段，即使没有造成任何损失或者未从中获利，也可以直接构成犯罪。

综上所述，虽然不正当竞争行为的模式越来越多，但企业要对“不正当行为”的内涵和外延有明确的认识，除了《反不正当竞争法》明确列举的不正当竞争行为，企业还要关注部门法律法规，监管机构发布的指导、规则等对不正当竞争行为的认定。比如《中华人民共和国招标投标法实施条例》《中华人民共和国广告法》等相关规定。

此外，企业不正当竞争行为罪与非罪的界限在于，不正当竞争行为是否导致了《刑法》规定的严重后果，企业要想实现责任减免，就一定要在风险发生后及时采取补救措施，避免发生严重后果。

14

第十四节　商业秘密的攻与防

一、哪些秘密不是秘密？

商业秘密是指不为公众所知悉的，对权利人具有商业价值的，并采取相应保密措施的信息和资料。虽然我国《民法典》明确将商业秘密列为知识产权的客体，但商业秘密与一般的知识产权（著作权、专利权、商标权）相比，还是有很多不同之处。

一般的知识产权，往往具有独占性、排他性，可以对抗第三人，无论第三人是否善意。但是商业秘密却没有对抗善意第三人的效力，也就是说，第三人可以通过合法的手段获得商业秘密。认定商业秘密的大前提是商业秘密的“隐秘性”，即不为公众所知悉，一旦为公众所知悉，秘密也就不再是秘密。

（1）属于常识或者惯例的信息，不再是商业秘密。比如，在食品中添加无铝泡打粉可以使油炸食品更加蓬松酥脆，这是食品行业的常识，便不再属于商业秘密。

（2）如果信息仅属于产品的简单属性，也不再是商业秘密。比如，该信息仅涉及产品的尺寸、结构、材料、部件的简单组合等内容，所属领域的相关人员通过观察上市产品即可直接获得。

（3）该信息已经被公开披露，也不再是商业秘密。比如，某样配方已经在出版物或者媒体上披露，社会对该信息已经知悉。

另外，认定商业秘密的另外一个重要因素，就是企业是否采取了措施去保护商业秘密，如是否签订了保密协议，是否要求接触人员承担保密义务，是否限制获取的手段、范围、人员等。如果没有采取必要的保密措施保护商业秘密，该秘密一旦公开，也就不再是“秘密”。

二、商业秘密合规管理中常见的法律问题

1. 企业通过何种方式获得商业秘密，将视为侵犯商业秘密？

2. 签署《保密协议》不遵守是否会承担刑事责任？

3. 商业秘密被侵犯时如何去报警？

三、侵犯商业秘密可能在不经意间

（一）北京何某某等人侵犯商业秘密案[①]

案情简介：被告人何某某、刘某某、臧某某原系北京理正软件股份有限公司（以下简称理正公司）项目研发及管理人员。2011 年 5 月至 2014 年，被告人臧某某等人成立北京大成华智软件技术有限公司（以下简称大成公司），违反与理正公司的保密协议，使用其所掌握的技术信息，向广州市艺筑建筑设计有限公司（以下简称艺筑公司）等 5 家公司销售其研发的管理信息系统，销售金额合计 410 余万元人民币。经鉴定，艺筑公司管理信息系统中当前使用的 35 个数据库表、10 个存储过程/函数，7 个源代码文件、1 个源代码文件中的 8 个函数，以及从艺筑公司管理信息系统中恢复的已被删除的 10 个数据库表、22 个存储过程/函数与理正公司管理信息系统对应的内容相同或实质相同。大成公司向其他公司销售的管理信息

① 最高检 2017 年发布检察机关保护知识产权十大典型案例之案例七。

系统对应内容与理正公司管理信息系统也存在部分相同或实质相同。上述理正公司管理信息系统中的数据库表、存储过程/函数、源代码文件均不为公众所知悉，是非公知的技术信息，属于商业秘密。

案例分析：本案系北京市首例涉及企业数据库的侵犯商业秘密案件，案件专业性强，被告人均具有专业背景和较高学历，反侦查能力强，被抓获后拒不认罪，取证难度大。为及时锁定案件关键证据，检察机关在侦查阶段提出的引导侦查意见被公安机关采纳，对大成公司的销售客户突袭调取证据，确保了案件质量。对于发现的原有非公知性鉴定意见部分涉及公知内容这一瑕疵证据，检察官通过多次走访鉴定机构、咨询专家、讯问犯罪嫌疑人、询问证人后，主动申请其他机构重新鉴定，排除了有瑕疵的原鉴定意见，为准确认定犯罪发挥了重要作用。同时，检察机关在审查公安机关首先移送的何某某、刘某某案件中，发现臧某某虽未直接参与产品研发，但其作为大成公司的负责人在犯罪中起着主要作用，及时固定了其参与共同犯罪的客观证据，依法对其追加起诉，确保案件公正审理。

在庭审阶段，针对被告人及律师提出的无罪辩解、意见，即大成公司销售的管理信息系统与理正公司对应内容相同或实质相同的技术信息占整个管理信息系统比例非常小，检察机关围绕具有同一性的技术信息的实质作用，充分论证这些技术信息均是理正公司管理信息系统的核心且系主要组成部分。检察机关通过申请鉴定人员、证人出庭，展示大量客观证据，形成了完整的证据链条，使被告人臧某某在庭审最后阶段认罪服法，最终被告人臧某某被法院判处了从业禁止令。案件成功办理后，被害单位送来锦旗感谢检察官的公正司法和专业敬业精神，实现了法律效果与社会效果的统一。

（二）“员工私制电表对外销售”侵犯商业秘密罪案[①]

案情简介：许某曾系北京福星晓程电子科技股份有限公司（以下简称晓程公司）外贸部主管，徐某原系晓程公司生产采购部采购员。2012—2014 年，许某违反晓程公司相关保密要求，将其所掌握的含有四个核心程序源代码的技术信息提供给他人，并伙同徐某等人使用上述核心程序源代码制作电表，通过其所实际控制的北京海马兴旺科贸有限公司（以下简称海马公司）向平壤合营公司出口销售相关电表，非法获利。其中，许某负责出口及销售电表，徐某负责采购电表元器件、加工及后续焊接等。经查，根据立项、研发等材料、非公知性鉴定、劳动合同、保密协议及相关证人证言等在案证据，足以证实晓程公司享有涉案四个核心程序源代码的电表程序技术秘密，且采取了严格保密措施。另查，晓程公司主张其涉案技术研发成本为 263 万余元；徐某自认海马公司向其进货单价是 155 元，出口单价为 26 美元，在最初与许某向朝鲜制售的 2 万套电表中其个人获利 10 万元，之后其与许某合作制造了三四十万个电表。2017 年 6 月，徐某、许某先后被抓获归案。公诉机关于 2018 年 1 月 25 日向一审法院提起公诉，认为许某、徐某的行为触犯了《刑法》第二百一十九条第一款第三项等相关规定，构成侵犯商业秘密罪，且后果特别严重，提请依法惩处。晓程公司当庭诉称二被告人非法获利巨大，仅出口退税就获利 700 余万元，给晓程公司造成巨额经济损失。

案件分析：本案系侵犯商业秘密罪的典型案例。随着市场竞争日益激烈，竞争对手、内部员工内外勾结获取、使用、披露权利人核心技术信息，侵犯商业秘密的情况屡见不鲜。因适用侵犯商业秘密罪的入罪要件非常严格，且受限于传统的刑事办案思维，在一定程度上影响了打击此类犯罪行为的成效。而针对侵犯商业秘密行为提起民事诉讼也有诸多局限。本

① 2019 年度北京市法院知识产权司法保护十大案例之十。

案裁判适当借鉴了民事审判规则和理论，综合考虑与“秘密性”特点相关的证据认定商业秘密；在判断技术秘密权属时，不仅限于权利证书等传统刑事认定依据，还结合立项、研发材料、成本投入及市场开发等相关证据，排除了存在权属争议的合理怀疑后作出认定，增强了裁判说服力。本案适当借鉴民事审判规则，充分论证被告人行为满足侵犯商业秘密罪的各项构成要件，既体现了知识产权“三合一”审判机制的优势，对严重侵犯商业秘密的行为给予有力打击，也加大了对商业秘密的保护力度。

四、企业商业秘密刑事合规的建议

（一）企业获取商业秘密时的注意事项

上文提到，与知识产权相比，商业秘密无法对抗善意的第三人，如果第三人通过合法的手段获得商业秘密，其便不构成侵犯商业秘密罪；相反，如果第三人通过违法手段获得商业秘密的，将会构成侵犯商业秘密罪，轻则会受到行政处罚，严重的还会构成刑事犯罪，为此，区分获得商业秘密手段的合法性就十分关键。

1. 盗窃、贿赂、欺诈、胁迫、利诱、电子侵入等形式均属于非法手段

需要提醒企业的是，采取非法复制、未经授权或者超越授权使用计算机信息系统等方式获取商业秘密的也属于盗窃商业秘密的行为。即使企业没有采取非法手段获取商业秘密，但是披露、使用或者允许他人使用通过非法手段获取的商业秘密，也会构成犯罪。

2. 可以采用独立开发、反向工程等合法手段获取商业秘密

独立开发，即企业通过自身科研部门的努力，经过独立的技术开发，获得与权利人近似或者相同的商业秘密。反向工程，是指对权利人商业秘密生产的商品，通过合法渠道获得后，会对该商品进行剖析与研究，最终

获得该产品的配方或者技术方案。当然如果企业本身科研能力有限，最直接的方法是可以向权利人支付一定的对价，获得该商业秘密的授权，也可以有效避免侵犯商业秘密的法律风险。

（二）企业签署保密协议的注意事项

很多企业在开展商业合作时，难免会接触对方的保密信息或者商业秘密，经常会签署相关的保密协议。对于企业而言，违反保密协议不仅会面临民事责任，还可能面临刑事责任。为此，企业如果作为保密义务方，在签署保密协议时，应该注意以下几点：

1. 注意保密协议的期限

商业秘密权利人，在签署保密协议的过程中往往会将保密期限尽可能地延长，有的甚至会约定无限期保密的条款。但对于义务方而言，期限越长，承担的法律风险可能会越高，为此约定合理的协议保密期限就十分必要。一般而言，保密期限约定为3～5年较为适宜，或者以合作项目的终止日为保密义务截止日。

2. 注意保密义务的范围

很多保密协议中约定的保密信息范围，不局限于商业秘密范畴，开发计划、技术方案、工程设计、技术指标、计算机软件，乃至财务信息等，都会成为保密协议中的对象，对于作为保密义务方的企业而言，范围越大，面临的法律风险越高，为此需要尽可能地缩小保密义务的范围。

3. 注意保密义务的免责

对于保密义务方企业而言，一定要明确免责条款，避免自身的一些客观原因而承担法律责任，如可以约定经过合法途径公开的信息、独立开发的信息等将不属于保密信息的范畴，义务方可以不再对此履行保密义务。

（三）企业商业秘密被侵犯后的救济途径

1. 直接去法院起诉，要求侵权方承担赔偿责任

根据我国《民法典》第五百零一条的规定，当事人在订立合同过程中知悉的商业秘密或者其他应当保密的信息，无论合同是否成立，不得泄露或者不正当地使用；泄露、不正当地使用该商业秘密或者信息，造成对方损失的，应当承担赔偿责任。为此，如果商业秘密遭受第三方侵权的，企业可以直接去法院起诉，要求侵权方承担赔偿责任。

2. 去市场监督管理部门举报，要求对其进行行政处罚

根据《反不正当竞争法》的规定，经营者以及其他自然人、法人和非法人组织违反本法第九条规定侵犯商业秘密的，由监督检查部门责令停止违法行为，没收违法所得，处10万元以上100万元以下的罚款；情节严重的，处50万元以上500万元以下的罚款。这里的监督检查部门，即市场监督管理局。

3. 去公安机关报案，依法追究其刑事责任

根据我国《刑法》的规定，侵犯商业秘密，情节严重的，处3年以下有期徒刑，并处或者单处罚金；情节特别严重的，处3年以上10年以下有期徒刑，并处罚金。这里的情节严重是指：①给商业秘密权利人造成损失数额在50万元以上的；③因侵犯商业秘密违法所得数额在50万元以上的；③致使商业秘密权利人破产的。如果侵权人造成上述严重后果的，公安机关将立案侦查。

CHAPTER 4
第四章

企业合规管理的实务与经验

1

第一节　检察机关刑事合规制度实务探索

一、检察机关探索实践刑事合规制度的历程

近几年，在社会公众对“刑事合规”的认识还处在理念认知的时候，检察机关已经率先在办理涉企刑事案件过程中对刑事合规问题作出了较为理性的探索和实践，积累了较为丰富的经验，不仅受到企业欢迎，也得到了党委政府和社会各界的认可、支持。

2020 年 1 月，最高检检察长张军在全国检察长会议上指出：“一方面，以更大的力度保护民营企业和企业家合法权益，切实做到依法能不捕的不捕、能不诉的不诉、能不判实刑的就提出适用缓刑建议；另一方面，也要有力推动民营企业筑牢守法合规经营底线。”

2020 年 3 月，最高检启动对涉嫌违法犯罪依法不捕、不诉、不判处实刑的企业合规改革试点工作，在上海市浦东新区、金山区人民检察院，广东省深圳市南山区、宝安区人民检察院，江苏省张家港市人民检察院，山东省郯城县人民检察院 6 家基层检察机关率先部署了企业刑事合规不起诉改革的试点工作。

2020 年 4 月，深圳市龙华区人民检察院印发《关于对涉民营经济刑事案件实行法益修复考察期的意见（试行）》。同年 8 月，深圳市率先制定了企业刑事合规的相关制度。深圳市宝安区人民检察院与深圳市宝安区司法

局联合制定《企业刑事合规协作暂行办法》，选取 11 家律师事务所进入第一批企业刑事合规独立监控人名录库，强化对独立监控人的动态管理，以优惠的市场价格为企业提供优质的合规服务。同月，深圳市宝安区司法局制定了《关于企业刑事合规独立监控人选任及管理规定（试行）》，明确规定由律师事务所担任刑事合规独立监控人，协助涉刑企业完善刑事合规工作。

2020 年 9 月，浙江省岱山县人民检察院出台了《涉企案件刑事合规办理规程（试行）》，探索实施包括涉企案件附条件不起诉工作在内的刑事合规办理业务，规定对于涉刑企业，经过刑事合规整改后，检察机关可以作出不捕、不诉等处理决定；同时提出继续探索实施包括涉企案件附条件不起诉工作在内的刑事合规办理业务。

同月，浙江省宁波市检察机关建立了《涉罪企业合规考察制度》，对涉嫌犯罪的企业，在审查起诉过程中设立一定的考察期，要求涉罪企业出具合规建设与接受考察承诺书。此外要求在考察期内根据合规计划，完善企业治理结构，健全管理规章制度，规范生产经营方式，进而在考察期结束后综合其合规建设情况、犯罪情节等决定是否起诉。

2020 年 9 月 10 日，最高检在深圳市宝安区召开企业刑事合规与司法环境优化研讨会，副检察长童建明在会上发表重要讲话，指出："检察机关在做好指控证明犯罪的同时，要积极参与社会治理，助力依法开展刑事合规管理。准确把握涉企案件司法政策界限、改进办案方式方法。要把民法典中蕴含的产权保护理念贯彻到刑事司法中，尽量把对企业正常生产经营活动的负面影响降到最低。"

2020 年 10 月，上海市长宁区检察机关对一批涉嫌虚开发票的企业及经营者采用"相对不起诉 + 检察建议"的方式，在对涉刑企业不起诉的同时，帮助企业开展刑事合规管理。

2020 年 12 月，辽宁省人民检察院等十机关制定了《关于建立涉罪企业合规考察制度的意见》，规定：在企业涉嫌犯罪案件审查起诉过程中，设立考察期。在考察期内检察机关会同行政监管机关，指导涉罪企业制订合规计划，通过健全管理规章制度，规范生产经营方式，以完善企业治理结构。在考察期结束后，检察机关将综合考虑犯罪事实、犯罪情节、合规计划完成情况、行政机关意见等因素，决定是否提起公诉。从而达到检察机关和有关行政监管机关通过协同开展涉罪企业合规考察，形成工作合力，切实保障民营企业的平等权利，尽力减少和消除刑事诉讼对涉罪企业的负面影响，促进企业健康发展的总体目标。

2021 年 1 月 10 日，最高检检察长张军在第十五次全国检察工作会议上提出，依法推进企业合规管理试点，在实践中取得经验后，向立法机关请求，建议修改相关法律。

2021 年 3 月，最高检检察长张军在十三届全国人大四次会议工作报告上明确提出："平等保护国企民企、内资外资、大中小微企业，积极、稳慎试点。对民营企业负责人涉经营类犯罪，依法能不捕的不捕、能不诉的不诉、能不判实刑的提出适用缓刑建议；督促涉案企业合规管理，做好依法不捕、不诉、不判实刑的'后半篇文章'。"同时，张军检察长还专门报告了刑事合规试点工作，得到了全国人大代表、全国政协委员的充分肯定。为进一步巩固工作成果以及下一步出台立法积累实践经验，最高检于同月发布《关于开展企业合规改革试点工作的方案》，启动了第二期企业刑事合规不起诉改革试点。第二期改革试点范围较第一期有所扩大，涉及北京、辽宁、上海、江苏、浙江、福建、山东、湖北、湖南、广东 10 个省（市）。目前，10 个省级人民检察院共选取确定 27 个市级人民检察院和 165 个基层人民检察院作为试点开展改革，各项相关工作正在稳步推进。

针对当前企业合规改革试点工作中发现并亟待解决的涉案企业治理过程如何监督、治理效果如何评价等合规监督考察程序有待进一步规范，特别是第三方监督评估机制需要建立和完善的问题，2021 年 6 月 3 日，最高检会同司法部、财政部、生态环境部、国务院国资委会、国家税务总局、国家市场监管总局、全国工商联、中国贸促会九部门联合印发《关于建立涉案企业合规第三方监督评估机制的指导意见（试行）》，对第三方机制的适用对象、适用条件、相关主体的组成和职责、启动和运行程序作出了具体规定，同时提出对涉案企业的合规承诺进行调查、评估、监督和考察。随后的考察结果作为检察院办理案件的重要参考，为刑事涉案企业通过建立、完善合规制度以争取不起诉处理提供了重要依据。同日，最高检举办“依法督促涉案企业合规管理　将严管厚爱落到实处”新闻发布会，发布企业合规改革试点典型案例。

2021 年 6 月，福建省晋江市企业合规事务所举行揭牌仪式。企业合规事务所依法依规独立运行，将分散的律师、会计师、税务师等人才进行整合，发挥专业优势，以企业合规顾问的身份参与到合规工作中。企业可以自行聘请其中人员作为合规顾问，相关的执法司法部门不参与、不干涉事务所运行和企业对合规顾问的聘请。

二、最高检《关于开展企业合规改革试点工作的方案》的几个重点

习近平总书记指出：“民营企业家要讲正气、走正道，做到聚精会神办企业、遵纪守法搞经营，在合法合规中提高企业竞争能力。”这段话对新时期民营企业的健康成长提出希望、寄予厚望。与此同时，社会人士和专家学者也提出，治理企业犯罪不能以惩罚为目的，而应当对企业的违法犯罪行为依法追究并予以矫治，使企业改过自新、合规经营，更好地承担社会责任。为贯彻落实习近平总书记关于民营经济发展的重要指示精神，更好地推动民营企业依法、守规经营，并回应社会各界的期盼，2020 年 3 月，最高检决定在上海市浦东新区等 6 家基层检察院开展企业合规改革第

一期试点工作。试点检察机关对民营企业负责人涉经营类犯罪，依法能不捕的不捕、能不诉的不诉、能不判实刑的提出适用缓刑的量刑建议。同时，探索督促涉案企业合规管理，促进“严管”制度化，防范“厚爱”被滥用。

为进一步充分发挥检察职能，充分夯实企业合规改革试点工作的基础，最高检于 2021 年正式发布《关于开展企业合规改革试点工作的方案》。根据这一方案，企业合规改革试点工作是指检察机关对于办理的涉企刑事案件，依法作出不批准逮捕、不起诉决定或者根据认罪认罚从宽制度提出轻缓量刑建议等。此外，还针对企业涉嫌具体犯罪，结合办案实际，督促涉案企业作出合规承诺并积极整改落实，以促进企业合规守法经营，减少和预防企业犯罪，实现司法办案政治效果、法律效果、社会效果的有机统一。主要内容包括：

（一）试点目标

强调检察机关开展企业合规改革试点的主要目标是加大对民营经济的平等保护力度，更好地落实依法不捕、不诉、不提出判实刑量刑建议等司法政策。既给涉案企业以深刻警醒和教育，防范今后可能再发生违法犯罪，也给相关行业企业合规经营提供样板和借鉴。在此基础上，为服务“六稳”“六保”，促进市场主体健康发展，营造良好的法治化营商环境，推动形成新的发展格局，促进经济社会高质量发展，助推国家治理体系和治理能力现代化，提供新的检察产品，贡献更大的检察力量。

（二）适用范围

明确企业合规改革适用的企业范围和案件类型。企业范围包括各类市场主体，主要是指涉案企业以及与涉案企业相关联企业。国企民企、内资外资、大中小微企业，均可列入试点范围。案件类型包括企业经济活动涉及的各种经济犯罪、职务犯罪。

（三）工作结合

要求开展企业合规改革试点要与依法适用认罪认罚从宽制度和检察建议、依法清理“挂案”、依法适用不起诉相结合。对涉企案件，在依法贯彻不捕、不诉、不建议判处实刑的检察政策的同时，督促企业建立合规制度，履行合规承诺；提出企业合规建设意见和建议，包括整改方向和意见，以促进“挂案”清理工作，依法平等保护企业合法权益；对符合《刑事诉讼法》规定的不起诉案件，做到应听证尽听证。

（四）联系实际

提出各试点单位应当结合本地实际，探索建立企业合规第三方监管机制。通过第三方监管，监督、促进企业践行合规承诺。检察机关要定期检查合规建设情况，并根据案件具体情况依法作出相应处理。

（五）工作步骤

规范企业合规试点工作步骤。纠正前期试点工作的不规范做法，适当扩大试点范围；总结试点经验，申请全国人大常委会授权开展涉企业犯罪附条件不起诉试点，并在此基础上提出建立涉企业犯罪附条件不起诉制度的立法建议，推动相关立法修改。

（六）组织领导

要求各试点单位加强组织领导，成立以检察长为组长、有关院领导和业务部门负责人为成员的试点工作领导小组，一把手亲自抓，其他院领导负起应有的领导责任。上级检察机关要加强对下督促检查。要严格按照现行法律规定和该方案确定的试点范围开展试点工作，及时向地方党委、党委政法委报告；注重与相关单位沟通协调，共同推进试点工作有序稳妥开展。

三、最高检等九部门《关于建立涉案企业合规第三方监督评估机制的指导意见（试行）》的要点

在开展企业合规改革第二期试点工作前后，最高检更加注重合规改革的“有序”和“规范”，针对试点工作中发现的如何监督治理过程、如何评价治理效果等问题，牵头会同相关部门加快推动建立相关工作机制。2021 年 2 月，最高检在全面总结梳理前期试点工作经验做法、深入调研论证，广泛听取各方意见建议的基础上，组织专门人员，起草了建立涉案企业合规第三方监督评估机制的指导意见的征求意见稿。同年 3—4 月，最高检的负责同志走访相关中央单位，介绍试点工作情况、当面听取意见建议，沟通会商共同建立涉案企业合规第三方监督评估机制，事后得到国务院国资委、全国工商联、中国贸促会等部门的充分肯定。同年 6 月 3 日，最高检、司法部、财政部、生态环境部、国务院国资委、国家税务总局、国家市场监管总局、全国工商联、中国贸促会九部门联合印发《关于建立涉案企业合规第三方监督评估机制的指导意见（试行）》（以下简称《指导意见》）。这份文件的出台是我国企业合规制度自提出以来，从政策性文件向制度性规范落实转变的关键一步，为刑事涉案企业通过建立、完善合规制度争取不起诉处理提供了重要依据。主要内容包括：

（一）涉案企业合规第三方监督评估机制（以下简称第三方机制）的含义

根据《指导意见》，第三方机制是指人民检察院在办理涉企犯罪案件时，对符合企业合规改革试点适用条件的，交由第三方监督评估机制管理委员会（以下简称第三方机制管委会）选任组成的第三方组织（以下简称第三方组织），对涉案企业的合规承诺进行调查、评估、监督和考察。考察结果作为人民检察院依法处理案件的重要参考。

（二）第三方机制的适用范围

1. 适用对象

《指导意见》第三条规定了第三方机制的适用对象，即公司、企业等市场主体在生产经营活动中涉及的经济犯罪、职务犯罪等案件。既包括公司、企业等实施的单位犯罪案件，也包括公司、企业实际控制人、经营管理人员、关键技术人员等实施的与生产经营活动密切相关的犯罪案件。

2. 适用条件

只有同时符合以下三个条件的涉企犯罪案件，试点地区人民检察院才可以根据案件情况适用第三方机制：①涉案企业、个人认罪认罚；②涉案企业能够正常生产经营，承诺建立或者完善企业合规制度，具备启动第三方机制的基本条件；③涉案企业自愿适用第三方机制。

3. 适用罪名

第三方机制适用于公司、企业等市场主体在生产经营活动中涉及的经济犯罪、职务犯罪等案件。这些案件类型主要包括：①涉及企业商业模式的案件；②涉及企业网络安全、大数据的案件；③涉及企业腐败及商业贿赂的案件；④涉及企业财务及税收征管的案件；⑤涉及企业融资的案件；⑥涉及企业安全生产的案件；⑦涉及企业环保的案件；⑧涉及企业侵犯知识产权的案件；⑨涉及企业销售领域的案件；⑩涉及企业产品质量的案件；⑪涉及企业采矿、捕捞的案件；⑫涉及企业进出口的案件；⑬涉及企业建筑工程的案件；⑭涉及企业不正当竞争的案件；⑮涉及企业商业秘密的案件。

4. 例外规定

《指导意见》还规定，对于具有下列情形之一的涉企犯罪案件，不适用企业合规试点以及第三方机制：①个人为进行违法犯罪活动而设立公司、企业的；②公司、企业设立后以实施犯罪为主要活动的；③公司、企业人员盗用单位名义实施犯罪的；④涉嫌危害国家安全犯罪、恐怖活动犯罪的；⑤其他不宜适用的情形。

（三）第三方机制的监评主体

1. 第三方机制管委会

《指导意见》第六条规定，中央层面的第三方机制管委会由最高检、司法部、财政部、生态环境部、国务院国资委、国家税务总局、国家市场监管总局、全国工商联、中国贸促会九部门组成，负责统筹协调全国第三方机制相关工作。其中包括制定第三方机制相关制度规范、研究法律政策问题、专业人员名录库入库管理、制定考察标准，以及组建巡回检查小组对地方第三方机制管委会、第三方组织进行监督检查等；日常工作由全国工商联负责，涉国企部分由国务院国资委、财政部负责。

地方层面的第三方机制管委会由试点地区的人民检察院、国资委、财政部门和工商联组建；负责统筹协调本地区第三方机制的具体工作，建立本地区第三方机制专业人员名录库，对本地区第三方组织及其成员进行管理考核，组建巡回检查小组对第三方组织及其成员进行监督检查，并作出相应处理。

2. 联席会议

第三方机制管委会各成员单位建立联席会议机制，由同级人民检察院、国资委、财政部门、工商联负责同志担任召集人。根据工作需要定期或者不定期召开会议，研究有关重大事项和规范性文件，确定阶段性工作重点和措施。

3. 巡回检查小组

巡回检查小组由第三方机制管委会组建，负责对相关组织和人员在第三方机制相关工作中的履职情况开展不预先告知的现场抽查和跟踪监督。巡回检查小组成员可以由人大代表、政协委员、人民监督员、退休法官、检察官以及会计审计等相关领域的专家学者担任。

4. 第三方组织

第三方组织由地方第三方机制管委会选任，负责对涉案企业合规计划进行审查，提出修改完善的意见建议、确定合规考察期，并对涉案企业合规计划的履行和完成情况进行检查、评估和考核，制作合规考察书面报告。鉴于第三方组织需要对涉案企业合规计划进行全面审查，形成向第三方机制管委会和人民检察院报送的评估考核结果，其中的审查结论能够直接影响涉案企业利益，《指导意见》还对第三方组织规定了大量的义务性条例及惩罚措施，包括培训、考核、利害回避、违规处理及巡回监督等。

（四）第三方机制的运行方式

1. 企业合规和第三方机制的启动方式

根据《指导意见》，人民检察院在办理涉企犯罪案件时，应当注意审查是否符合企业合规试点以及第三方机制的适用条件，并及时征询涉案企业、个人的意见。涉案企业、个人及其辩护人、诉讼代理人或者其他相关单位、人员提出适用企业合规试点以及第三方机制申请的，人民检察院应当依法受理并进行审查。

2. 抽取第三方组织成员

人民检察院经审查认为涉企犯罪案件符合第三方机制适用条件的，可以商请本地区第三方机制管委会启动第三方机制。第三方机制管委会应当根据案件具体情况以及涉案企业类型，从专业人员名录库中分类随机抽取人员组成第三方组织，向社会公示，并报送负责办理案件的人民检察院备案。人民检察院或者涉案企业、个人、其他相关单位、人员对选任的第三方组织组成人员提出异议的，第三方机制管委会应当调查核实并视情况作出调整。

3. 企业提交合规计划

第三方组织应当要求涉案企业提交专项或者多项合规计划，并明确合规计划的承诺完成时限。涉案企业提交的合规计划，主要围绕与企业涉嫌犯罪有密切联系的企业内部治理结构、规章制度、人员管理等方面存在的问题，制定可行的合规管理规范、构建有效的合规组织体系、健全合规风险防范报告机制，从而逐步达到弥补企业制度建设和监督管理漏洞，防止再次发生相同或者类似的违法犯罪的目的。

4. 第三方组织审查合规计划，确定合规考察期限

第三方组织应当对涉案企业合规计划的可行性、有效性与全面性进行审查，提出修改完善的意见建议，并根据案件具体情况和涉案企业承诺履行的期限，确定合规考察期限。

在合规考察期内，第三方组织可以定期或者不定期对涉案企业合规计划履行情况进行检查和评估，可以要求涉案企业定期书面报告合规计划的执行情况，同时抄送负责办理案件的人民检察院。合规计划、定期书面报告应当全面展示涉案企业在合规整改过程中的主观态度、客观过程以及影响最终合规效果的现实因素等内容，以便人民检察院从整体上对涉案企业的合规整改工作作出评价。

负责办理案件的人民检察院应当对涉案企业合规计划、定期书面报告进行审查，向第三方组织提出意见建议。

5. 第三方组织制作合规考察书面报告并报送审查

合规考察期届满后，第三方组织应当对涉案企业的合规计划完成情况进行全面检查、评估和考核，并制作合规考察书面报告，报送负责选任第三方组织的第三方机制管委会和负责办理案件的人民检察院。人民检察院应当对第三方组织合规考察书面报告进行审查，向第三方机制管委会提出意见建议，必要时开展调查核实工作。

（五）人民检察院作出决定

人民检察院在办理涉企犯罪案件的过程中，应当将第三方组织合规考察书面报告、涉案企业合规计划、定期书面报告等合规材料，作为依法作出批准或者不批准逮捕、起诉或者不起诉以及是否变更强制措施等决定，提出量刑建议或者检察建议、检察意见的重要参考。

根据案件具体情况和企业合规整改情况，人民检察院对涉企犯罪案件作出的决定包括：

1. 关于强制措施

人民检察院可根据合规整改情况，对涉案的个人作出是否批准逮捕的决定，或者是否将羁押性强制措施变更为非羁押性强制措施。

2. 关于提起公诉

在审查起诉阶段，人民检察院还可以进一步判断涉案企业或人员是否符合《刑事诉讼法》第一百七十七条规定的法定不起诉或酌定不起诉的适用条件，决定提起公诉或不起诉。

3. 提出量刑建议

人民检察院经审查仍然决定提起公诉的，在向人民法院提起公诉的同时，也可以根据涉案企业合规整改的情况，适用认罪认罚程序，提出宽缓的量刑建议。

4. 提出检察建议

人民检察院发现涉案企业在预防违法犯罪方面制度不健全、不落实，管理不完善，存在违法犯罪隐患需要及时消除的，可以结合合规材料，向涉案企业提出检察建议。

5. 提出检察意见

人民检察院对涉案企业作出不起诉决定，认为需要给予行政处罚、处分或者没收其违法所得的，应当结合合规材料，依法向有关主管机关提出检察意见。

四、最高检刑事合规方面的典型案例

（一）张家港市L公司、张某甲等人污染环境案

1. 基本案情

江苏省张家港市L化机有限公司（以下简称L公司）系从事不锈钢产品研发和生产的省级高科技民营企业，张某甲、张某乙、陆某某分别系该公司的总经理、副总经理、行政主管。

2018年下半年，L公司在未取得生态环境部门环境评价的情况下建设酸洗池，并于2019年2月私设暗管，将含有镍、铬等重金属的酸洗废水排放至生活污水管，造成严重环境污染。苏州市张家港生态环境局现场检测，L公司排放井内积存水样中总镍浓度为29.4 mg/L、总铬浓度为29.2mg/L，分别超过《污水综合排放标准》的29.4倍和19.5倍。2020年6月，张某甲、张某乙、陆某某主动向张家港市公安局投案，如实供述犯罪事实，自愿认罪认罚。

2020年8月，张家港市公安局以L公司及张某甲等人涉嫌污染环境罪向张家港市人民检察院移送审查起诉。张家港市人民检察院在进行办案影响评估并听取L公司的合规意愿后，指导该公司开展合规建设。

2. 企业合规整改情况及处理结果

检察机关经审查认为，L公司及张某甲等人虽涉嫌污染环境罪，但排放污水量较小，尚未造成实质性危害后果，可以进行合规考察监督并参考考察情况依法决定是否适用不起诉。同时经调查，L公司系省级高科技民营企业，年均纳税400余万元、企业员工90余名，拥有专利20余件，部分产品突破国外垄断。如果公司及其主要经营管理人员被判处刑罚，对国

内相关技术领域将造成较大影响。鉴于此，2020 年 10 月，检察机关向 L 公司送达《企业刑事合规告知书》。该公司在第一时间提交了书面合规承诺以及行业地位、科研力量、纳税贡献、承担社会责任等证明材料。

检察机关在认真审查调查报告、听取行政机关意见以及综合审查企业书面承诺的基础上，对 L 公司作出合规考察决定。随后，L 公司聘请律师对合规建设进行初评，全面排查企业合规风险，制订详细的合规计划。检察机关委托税务、生态环境、应急管理等部门对合规计划进行专业评估。L 公司每月向检察机关书面汇报合规计划实施情况。2020 年 12 月，组建以生态环境部门专业人员为组长的评估小组，对 L 公司整改情况及合规建设情况进行评估，经评估合格，通过合规考察。同月，检察机关邀请人民监督员、相关行政主管部门、工商联等各界代表，召开公开听证会，参会人员一致建议对 L 公司作出不起诉处理。检察机关经审查认为，符合《刑事诉讼法》的相关规定，当场公开宣告不起诉决定，并依法向生态环境部门提出对该公司给予行政处罚的检察意见。2021 年 3 月，苏州市生态环境局根据《水污染防治法》的有关规定，对 L 公司作出行政处罚决定。

通过开展合规建设，L 公司实现了快速转型发展，逐步建立起完备的生产经营、财务管理、合规内控的管理体系，改变了野蛮粗放的发展运营模式；企业家和员工的责任感明显提高，企业抵御和防控经济风险的能力进一步增强。2021 年，L 公司一季度销售收入同比增长 275%，缴纳税收同比增长 333%，成为所在地区增幅最大的企业。

3. 典型意义

一是检察机关积极主动发挥合规主导责任。本案中，检察机关在办理涉企犯罪案件时，主动审查是否符合企业合规试点适用条件，并及时征询涉案企业、个人的意见，做好合规前期准备。在企业合规建设过程中，检察机关会同有关部门，对涉案企业合规计划及实施情况进行检查、评估、考察，引导涉案企业实质化合规整改，取得明显成效。

二是检察机关推动企业合规与检察听证、刑行衔接相结合。本案中，检察机关召开公开听证会，听取各方意见后对涉案企业依法作出不起诉决定，以公开促公正，提升司法公信力。同时，检察机关结合企业合规情况，主动做好刑行衔接工作，提出检察意见并移送有关主管机关处理，防止不起诉后一放了之。

（二）上海市 A 公司、B 公司、关某某虚开增值税专用发票案

1. 基本案情

被告单位上海 A 医疗科技股份有限公司（以下简称 A 公司）、上海 B 科技有限公司（以下简称 B 公司），被告人关某某系 A、B 两家公司实际控制人。

2016—2018 年，关某某在经营 A 公司、B 公司业务期间，在无真实货物交易的情况下，通过他人介绍，采用支付开票费的方式，让他人为两家公司虚开增值税专用发票共计 219 份、价税合计 2887 万余元，其中税款共计 419 万余元已申报抵扣。2019 年 10 月，关某某到案后如实供述上述犯罪事实并补缴涉案税款。

2020 年 6 月，公安机关以 A 公司、B 公司、关某某涉嫌虚开增值税专用发票罪移送检察机关审查起诉。上海市宝山区人民检察院受理案件后，走访涉案企业及有关方面了解情况，督促企业作出合规承诺并开展合规建设。

2. 企业合规整改情况及处理结果

检察机关走访涉案企业了解经营情况，并向当地政府了解其纳税及容纳就业情况。经调查，涉案企业系我国某技术领域的领军企业、上海市高新技术企业，科技实力雄厚，对地方经济发展和增进就业有很大贡献。公司管理人员及员工学历普遍较高，对合规管理的接受度高、执行力强，企业合规具有可行性，检察机关遂督促企业作出合规承诺并开展合规建设。

同时，检察机关先后赴多地税务机关对企业提供的纳税材料及涉案税额补缴情况进行核实，并针对关某某在审查起诉阶段提出的立功线索自行补充侦查，认为其具有立功情节。

2020年11月，检察机关以A公司、B公司、关某某涉嫌犯虚开增值税专用发票罪对其提起公诉并适用认罪认罚从宽制度。同年12月，上海市宝山区人民法院采纳检察机关全部量刑建议，以虚开增值税专用发票罪分别判处被告单位A公司罚金15万元，B公司罚金6万元，被告人关某某有期徒刑3年，缓刑5年。

法院判决后，检察机关联合税务机关上门回访，发现涉案企业的合规建设仍需进一步完善，遂向其制发检察建议并公开宣告，建议进一步强化合法合规经营意识，严格业务监督流程，提升税收筹划和控制成本能力。检察机关在收到涉案企业对检察建议的回复后，又及时组织合规建设回头看。经了解，涉案企业已经逐步建立合规审计、内部调查、合规举报等有效合规制度，聘请专业人士进行税收筹划，大幅节约生产经营成本，提高市场占有份额。

3. 典型意义

一是检察机关推动企业合规与适用认罪认罚从宽制度相结合。本案中，检察机关在督促企业作出合规承诺并开展合规建设的同时，通过适用认罪认罚从宽制度，坚持和落实能不判实刑的提出判缓刑的量刑建议等司法政策，努力让企业“活下来”“留得住”“经营得好”，取得更好的司法办案效果。

二是检察机关推动企业合规与检察建议相结合。本案中，检察机关会同税务机关在回访过程中，发现涉案企业在预防违法犯罪方面制度不健全、不落实，管理不完善，存在违法犯罪隐患，需要及时消除。结合合规整改情况，向涉案企业制发检察建议，推动其深化实化合规建设，避免合规整改走过场、流于形式。

（三）王某某、林某某、刘某乙对非国家工作人员行贿案

1. 基本案情

深圳 Y 科技股份有限公司（以下简称 Y 公司）系深圳 H 智能技术有限公司（以下简称 H 公司）的音响设备供货商。Y 公司业务员王某某，为了在 H 公司音响设备选型中获得照顾，向 H 公司采购员刘某甲陆续支付好处费 25 万元，并在刘某甲的暗示下向 H 公司技术总监陈某行贿 24 万余元。由王某某通过公司采购流程与深圳市 A 数码科技有限公司（以下简称 A 公司）签订采购合同，将资金转至 A 公司账户，A 公司将相关费用扣除后，将剩余的资金转至陈某指定的账户中。Y 公司副总裁刘某乙、财务总监林某某对相关款项进行审核后，王某某从公司领取行贿款项实施行贿。

2019 年 10 月，H 公司向深圳市公安局南山分局报案，王某某、林某某、刘某乙及刘某甲、陈某相继到案。2020 年 3 月，深圳市公安局南山分局以王某某、林某某、刘某乙涉嫌犯对非国家工作人员行贿罪，刘某甲、陈某涉嫌非国家工作人员受贿罪向深圳市南山区人民检察院移送审查起诉。

2020 年 4 月，检察机关对王某某依据《刑事诉讼法》第一百七十七条第二款的规定作出不起诉决定，对林某某、刘某乙依据《刑事诉讼法》第一百七十七条第一款的规定作出不起诉决定，以陈某、刘某甲涉嫌非国家工作人员受贿罪向深圳市南山区人民法院提起公诉。同月，深圳市南山区人民法院以非国家工作人员受贿罪判处被告人刘某甲有期徒刑 6 个月，判处被告人陈某拘役 5 个月。法院判决后，检察机关于 2020 年 7 月与 Y 公司签署合规监管协议，协助企业开展合规建设。

2. 企业合规整改情况及处理结果

检察机关在司法办案过程中了解到，Y 公司属于深圳市南山区拟上市的重点企业，该公司在专业音响领域处于国内领先地位，已经在开展上市前辅导，但本案暴露出 Y 公司在制度建设和日常管理中存在较大漏洞。检察机关

与 Y 公司签署合规监管协议后，围绕与商业贿赂犯罪有密切联系的企业内部治理结构、规章制度、人员管理等方面存在的问题，制定可行的合规管理规范、构建有效的合规组织体系、健全合规风险防范报告机制，用以弥补企业制度建设和监督管理漏洞，防止再次发生相同或者类似的违法犯罪行为。Y 公司对内部架构和人员进行了重整，着手制定企业内部反舞弊和防止商业贿赂指引等一系列规章制度，增加企业合规的专门人员。检察机关通过回访 Y 公司合规建设情况，针对企业可能涉及的知识产权等合规问题进一步提出指导意见，推动企业查漏补缺并重启了上市申报程序。

3. 典型意义

本案中，检察机关积极推动企业合规与依法适用不起诉相结合。依法对涉案企业负责人作出不起诉决定，不是简单一放了之，而是通过对企业提出整改建议，推动企业合规建设，进行合规考察等后续工作。通过让涉案企业既为违法犯罪付出代价，又吸取教训建立健全防范再犯的合规制度，维护正常经济秩序。

（四）新泰市 J 公司等建筑企业串通投标系列案

1. 基本案情

2013 年以来，山东省新泰市 J 工程有限公司（以下简称 J 公司）等 6 家建筑企业，迫于张某黑社会性质组织的影响力，被要挟参与该涉黑组织骨干成员李某某（新城建筑工程公司经理，犯串通投标罪被判处有期徒刑 1 年 6 个月）组织的串通投标。李某某暗箱操作统一制作标书、统一控制报价，导致新泰市涉及管道节能改造、道路维修、楼房建设等全市 13 个建设工程项目被新城建筑工程公司中标。由张某黑社会性质组织案带出的 5 起串通投标案，涉及该市 1 家民营企业、2 家国有企业、3 家集体企业，均为当地建筑业龙头企业，牵扯面大，社会关注度高。

2020 年 3—4 月，公安机关将上述 5 起串通投标案移送新泰市人民检察院审查起诉。检察机关受理案件后，通过自行补充侦查进一步查清案件事实，同时深入企业开展调查，于2020年5月召开公开听证会，对J公司等6家企业作出不起诉决定。

2. 企业合规整改情况及处理结果

检察机关通过自行补充侦查，查清J公司等6家企业被胁迫陪标的案件事实。6家企业在案发时均受到涉黑组织骨干成员李某某的要挟，处于张某黑社会性质组织控制范围内，被迫出借建筑资质参与陪标，且没有获得任何非法利益。同时，检察机关到6家企业实地走访调查，掌握企业新冠肺炎疫情防控常态化下复工复产情况及存在的困难问题；多次到住建部门座谈，了解到6家企业常年承接全市重点工程项目，年创税均达1000万元以上，其中1家企业年创税1亿余元，在繁荣地方经济、城乡建设、劳动力就业等方面作出了突出贡献。如作出起诉决定，6家企业3年内将无法参加任何招标投标工程，并被列入银行贷款黑名单，将对企业发展、劳动力就业和全市经济社会稳定造成一定的影响。

2020年5月，泰安市两级检察机关邀请人民监督员等各界代表召开公开听证会，参会人员一致同意对J公司等6家企业及其负责人作出不起诉处理。检察机关当场公开宣告不起诉决定，并依法向住建部门提出对6家企业给予行政处罚的检察意见，同时建议对近年来建筑行业的招标投标情况进行全面细致的摸排自查，净化建筑业招标投标环境。听证会结束后，检察机关组织当地10家建筑企业连同6家涉案企业负责人召开专题座谈会，宣讲企业合规知识，用身边案例警醒企业依法规范经营，从而实现了“办理一案、教育一片、治理社会面”的目的。

检察机关还向6家涉案企业发出检察建议，要求企业围绕所涉罪名及相关领域开展合规建设，并对合规建设情况进行跟踪监督。最后举办检察建议落实情况公开回复会，对合规建设情况进行验收，从源头上避免再发生类似违法犯罪问题。在合规建设过程中，6家涉案企业缴纳171万余元行政罚款，并对公司监事会作出人事调整，完善公司重大法务风险防控机制。此后 6 家被作出不起诉决定的企业积极扩大就业规模，安置就业人员 2000 余人，先后中标 20 余项重大民生工程，中标工程总造价达 20 余亿元。

3. 典型意义

本案中，检察机关充分履行自行补充侦查职权，全面查清案件事实，开展社会调查，为适用企业合规提供充分依据。同时，检察机关推动企业合规与不起诉决定、检察听证、检察意见、检察建议等相关工作紧密结合。既推动对企业违法犯罪行为依法处罚、教育、矫治，使企业改过自新、合规守法经营，又能减少和预防企业再犯罪，使企业更主动地承担社会责任，同时推动当地建筑行业深层次问题的解决，为企业合规建设提供了生动的检察实践。

2

第二节　企业如何开展反腐调查？

一、什么是企业刑事反腐调查？

企业刑事合规调查是指对企业的经营管理活动中可能出现的违规行为或者获得违规行为线索后进行的调查活动；而相对应地，企业反腐调查就是侧重反腐领域对贿赂、腐败问题获得相应行为线索之后进行的调查活动。企业反腐合规调查一是针对企业的内部人员，二是针对企业本身的潜在腐败、受贿等具体领域的法律风险；一项健全且周密的反腐制度的有效实施，可以产生与反馈出各类能够待以调查的“风险信号”与预警标志。通过反腐调查可以使企业相关负责人充分了解事实情况，掌握与反腐相关的证据和材料。在反腐调查中一旦确定了涉及反腐的法律风险或者发现了腐败等关联问题，企业应当及时采取合规整改措施甚至选择诉至法律程序，从而减少与避免损失的蔓延与扩散，保障企业经营管理活动在合法合规下顺利进行。

二、为什么要开展企业反腐合规调查？

（一）监察机关反腐力度不断增加——外部压力

自中共十八大会议成功召开后，中央政府加大了对大型国有企业内部决策层例如高级管理层的反腐败调查。从各路国有企业高管接连落马沦为“阶下囚”的现状不难看出，中央对反腐败的监管与整治力度不断加大，涉及的领域与行业也不断扩大。

从2022年11月开始，被调查的大型国企不仅限于关系国民经济命脉、曾经行业响当当的领军企业中国石油集团、中国移动集团、中国铝业、中国远洋集团、中国出口信用保险公司、南方航空、柳钢集团等，甚至红极一时的所谓“大厂”互联网巨头也难逃反腐“围剿”。其中高管涉贿而被刑拘也绝非个例，如阿里巴巴、美团、优酷视频等。随着互联网行业的快速崛起，在弱肉强食的竞争压力下存活下来的互联网企业也都是身经百战的幸存者。但各位“金主”“巨头”赢得了雄厚资本市场后，却并未将企业内部监管制度与合规体系逐步提升、健全完善，这也直接导致了内部腐败问题频发、易发，成为腐败现象的“重灾区”。

（二）企业自身反腐驱动力不断增强——内部动力

企业从初创到后续经营管理的各个阶段，如何防范、遏制企业中隐蔽性强且重大疑难的反腐败风险，是企业经营者经常忽视却无法回避的痛点。那么如何充分使用并发挥企业刑事合规调查这一“手术刀”，侧重于反腐败领域以期帮助企业经营者发现并根除此弊病就显得尤为重要。因此，企业在建立刑事合规体系的过程中更应加强对刑事反腐调查的重视，逐步完善内部反腐调查与刑事侦查等特定司法程序间的衔接，从而最大限度地维护自身合法权益。

随着经济不断发展，企业的管理模式和组织架构也呈现日益复杂的趋势，导致很多受贿、贪污等行为越来越隐蔽。先前的一般化、简单化预防机制已无法满足如今企业复杂发展形势下的合规要求，更别妄想借此来杜绝贪腐行为，因此反腐合规调查逐渐被很多企业青睐与接受。一方面，企业可以通过实时调查来了解企业经营各阶段、各流程下的企业自身是否存在腐败、贿赂等问题，及时识别和分析可能发生腐败领域内的法律风险并作出相应处置，避免其演化成严重的刑事犯罪。另一方面，企业也可以通过反腐调查的方式，及时发现企业管理体系、合规体系中的漏洞与问题，以便及时作出优化整改。结合上述两方面不难发现，企业通过实施反腐调查，可以总体提高企业自我监管、自我防范的意识和能力。

企业开展反腐调查的另一个目的在于，通过采取系列的调查方法，发现和确定犯罪事实，并对涉腐贪腐的行为人进行追责与处罚。处罚行为人与责任人，一方面可以使企业其他员工引以为戒，提高自身懂法、守法的意识；另一方面也可以树立企业的权威，确保企业的反腐廉政合规制度、管理制度能够更加有效地施行。反腐合规调查对于企业而言不仅是一种方法，更是打击企业内部腐败问题的态度和决心的体现。推行反腐调查的常态化建设，还可以帮助企业建立良好的合规文化和廉政文化。

三、如何开展企业反腐方面的刑事合规调查?

企业反腐调查的流程可以大致分为三个阶段，即准备阶段、实施阶段和处置阶段。

（一）准备阶段

准备阶段，是指企业在获得腐败问题的有关证据或线索后，安排合规调查人员、确定具体的合规调查范围的阶段。反腐调查人员可以是企业的合规工作人员，也可以是被任命、被指定的外部第三方机构，如律师事务所等。反腐调查的范围可以根据所涉及腐败事件的性质、特点进行确认，以商业贿赂为例，可以专门针对重点岗位、敏感岗位的企业销售人员开展合规调查。此外，企业在准备阶段还应该确认是否需要其他部门介入与相互协调配合。例如，因贿赂行为本身就涉及财务、资产的行为特点，实践中可以通过确认是否需要财务部门提供相应的台账、是否需要审计部门对相关数据进行核实等，以保障反腐调查结果的全面性与真实性。

（二）实施阶段

实施阶段，是指企业实际开展反腐调查的阶段。通过对涉腐行为背景信息的收集与梳理、财务账目的审计与核查、合同文件的认定与规范，从而以涉腐的某一线索为起点，围绕线索、事件进行扩展调查，丰富与补充证据，发现企业具体涉腐法律风险或实施的行为。实施阶段企业同样可以采取多种调查方法，以快速锁定与判定涉腐行为的犯罪实施与否，如文件审核、背景调查、人员访谈、银行账户查询、走访等。

（三）处置阶段

处置阶段，是指通过上述两个阶段的调查工作所得到的结果，及时采取制止、补救、惩处等措施的阶段。企业通过反腐调查确认与锁定相关事件的责任人后，企业应当及时对责任人作出处分、惩戒措施。对于尚未形成刑事犯罪的员工，企业可以采取警告、降薪、调岗、开除等处罚手段进行惩戒；如果员工的行为已经构成刑事犯罪，企业应该依法移送司法机关处置，以减少对企业责任的不必要牵连。三个阶段所涉及的具体步骤如图4－1所示。

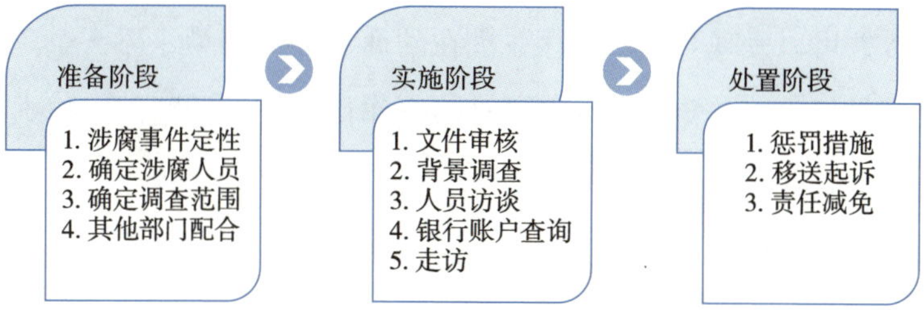

图4－1　企业反腐调查的三个阶段

四、企业反腐调查可以采用哪些方法？

企业在反腐调查过程中可以通过采用不同的调查方法来提高调查的效用与结果价值的“含金量”。此外，不同企业面临的涉腐行为特点、涉腐部门等都不尽相同，最终所采取的调查方法也应有所区别。常见的反腐调查方法主要包括文件审核、背景调查、人员访谈、银行账户查询、走访等。

（一）文件审核

文件审核，是指通过对企业的内部决议、业务合同、规章制度等相关材料进行审核，评估和分析涉腐行为或具体涉腐行为实施过程中暴露出法律风险的方法。此方法通常用于企业进行重大事项合作或者需要作出重大决定时，需要对所涉及的关键文本材料进行审核以锁定与识别已出现或将要出现的涉腐法律风险。

（二）背景调查

背景调查，是指通过对企业合作伙伴进行尽职调查，审核合作伙伴是否存在涉腐的法律风险的一种方法。此方法是为了减少未来因合作伙伴方涉嫌腐败行为，而使企业自身承担非过错方的法律责任的隐患。以企业犯罪“高发地”常见的商业贿赂为例，商业贿赂行为主体多涉及服务、货物的提供方，即多以企业合作伙伴的身份存在。如果企业事先完成应尽的背景调查，并可以发现合作伙伴存在潜在的商业贿赂行为，那么企业就应该对其提高警惕，以避免在后续交易时因合作伙伴收受贿赂而承担本不应该承担的刑事责任。

（三）人员访谈

首先是企业内部访谈，在腐败事件发生前对可能存在腐败风险的重点岗位、重点领域开展调查，以提前识别法律风险。也可以在腐败事件发生后对相关责任人员进行访谈，通过对访谈结果的分析，快速实现“责任到人、责任到岗”。其次是企业外部访谈，可以通过业内专家、学者等第三方外部人士来了解企业涉腐的最新行业动态，企业的社会形象是否在事前、事后产生变化等情况；同时可以借此获得更多线索与证据，进而深入推进后续调查工作。

（四）银行账户查询

企业可以通过监测自身银行账户的流水情况，发现企业内部是否存在大额的资金钱款活动、异常支出、违规操作等重点涉腐的违法违规行为。此外对于银行流水的支出，企业应该关注交易金额与往常相比是否存在过高情况，如果存在，则需要进一步调查完成此笔交易的员工是否存在收受商业贿赂的情况。对于银行流水中的收入，要与合同金额进行对比，如果低于合同金额，则员工可能存在挪用公司资金或者侵占公司财产的问题。

（五）走访

企业针对内部的腐败事件也可以开展实地走访，通过对员工的朋友、先前所在的公司与同事等相关情况进行走访，以确认该员工有无涉腐前科、有无因此被公司处分或开除的记录，以帮助企业筛查与预防发生此项刑事风险的可能性。

除上述列举的反腐调查方法外，反腐调查也可以采取实地勘察、外部调查等其他类型的调查方法。但无论企业采取何种调查方法，对企业本身而言调查只是“工具”，最重要、最核心的环节是需要对调查结果进行识别、分析、研究、判定，最终帮助企业规避法律风险、减轻法律责任。

五、企业腐败调查的边界

从我国现有法律规定来看，只有少数公权力机关具有调查的权力，目前我国法律并未赋予单位调查员工的权力。反腐调查属于企业合规调查的专项领域的调查。单位对员工进行反腐调查，其权力来源于企业对员工的管理权；由于缺少公权力的支持，就要求企业反腐调查一定要有明确的边界性与原则性，不得以侵犯员工的基本权利为代价。

（一）调查手段的边界

无论是企业刑事合规调查还是反腐调查，甚至是刑事侦查活动的实质目的均相同，即都是为了“证明”刑事犯罪活动的真实性。但是由于双方权力来源不同，采取的调查手段也不同。由于现存法律依据的强有力支持，公安机关在进行刑事调查时可以采取限制人身自由、搜查、勘验、检查等强制性手段。反观企业合规调查与反腐调查就缺少公权力的支持和法律的支持，所以在采用非交互性的调查方法时多应采用隐秘的调查手段。如果需要采用交互性的调查方法时，相关责任部门需要事先征得调查对象的同意，否则调查对象有权随时终止调查活动。

其原因在于非交互性的手段往往虽然不需要征得被调查人的同意，但是一旦被发现或暴露可能会影响所获得的证据的效力、真实性与客观性，如拍照、录音、录像等形式，所以企业在采用非交互的调查手段时需要注重保障隐秘性。另外，如果企业需要采用交互性的调查手段，则事先需获得调查对象的同意，如访谈、谈话等。同时调查对象在此阶段中有权随时终止谈话，企业不得采用威胁、暴力等手段强制或强迫员工接受调查，否则企业可能会因限制他人的人身自由而受到行政处罚，严重的还可能承担刑事责任。

因此，对于企业而言，在实行反腐调查过程中一定要明确企业自身与司法机关调查手段的区别与边界性。不能打着反腐与合规调查的幌子，侵犯员工的合法权益。

（二）证据材料的局限

企业在进行反腐调查时，往往会形成调查笔录、调查录音等相关证据，这些证据在民事案件中可能会被法院采纳，但是在刑事案件中可能仅仅作为侦查机关的办案线索，而无法直接被采纳为证据。因此，对于企业而言，在调查过程中收集的证据，能否得到侦查机关的认可也是一个亟待解决的难题。由于目前侦查手段的局限性，企业收集的很多证据无法对案件事实起到重要的补充作用，所以在此种情况下企业收集证据时，应该与其他人员的证词、电子数据等其他材料相互印证，以增加证据的证明力。

（三）员工权利的保护

鉴于腐败本身实施手段和行为方式都相对隐秘，难以发现和查处，被调查人员也往往不会配合企业的侦查工作，虽然增加了企业调查的难度，但也不能因此牺牲员工的合法权利。企业在进行反腐调查时，应该注重保护员工的以下权利：

（1）员工的人身权利。虽然调查对象拒不配合调查的情况时有发生，但是企业不得强制员工接受调查，更不能限制员工的人身自由。只有公安机关才能够采取限制人身自由的调查方式。此外，调查的时间地点、调查人员都应该合法合规，不得采用限制被调查人员休息、饮食等手段变相侵害被调查人员的人身权利。

（2）员工的财产权。企业在调查时不得侵犯员工的财产权，企业要严格遵守《刑法》《民法典》和《劳动法》的相关规定，不得因为不配合调查而降低或变相降低员工薪资、扣押员工个人物品甚至搜查员工身体等。

综上所述，企业反腐调查的目的是帮助企业识别涉腐行为，揪出涉腐责任人，及时止损、减轻法律责任，但是调查过程中要注意以合法合规的方式开展工作，不能为达成反腐调查的目的以侵害、牺牲其他法益为代价，否则最终会酿成“舍本逐末”的惨剧。

3

第三节　快速识别企业合规风险的几个方法

合规风险识别是合规风险管理的首要步骤、前提和基础。合规风险识别是指在企业运行、发展过程中通过发现、收集合规风险，并对合规风险进行识别、分类及整理，对企业合规风险进行分析、评价并及时采取应对措施的过程。合规风险识别是企业研判刑事风险类别、判定刑事风险等级的前提，也是企业对可能面临的法律风险采取针对性应对措施的基础。

要想快速识别合规风险，就要根据企业的合规风险管理的范围和目标，并结合不同行业的具体特点，使用与该行业特点相匹配的识别方法。常见的风险识别方法有识别访谈法、问卷调查法、案例分析法、权力识别法等。

一、识别访谈法

所谓识别访谈法，是指通过访谈员和受访人面对面地交谈来了解受访人的心理和行为的心理学基本研究方法，是指通过对可能存在法律风险的对象进行访谈，了解其潜在的观点和认知，确定其是否真的存在法律风险的一种识别方法。识别访谈法的主要步骤如下：

（一）筛选访谈对象

即找出可能存在合规风险的重要部门或者重点岗位。在采用识别访谈法时，不建议企业对所有部门、所有员工都进行访谈，这样不但费时、费力，访谈效果也会大打折扣。建议企业结合既往的合规处置经验，通过调查之前容易出现合规风险的关键岗位、部门，来确定访谈对象。以医疗行业为例，医药企业可以针对医药的销售岗位开展识别访谈，对商业贿赂等相关刑事风险进行重点筛查。

（二）制作访谈提纲

因不同行业和岗位的特点不一，可能产生的法律风险也不尽相同，如销售部门容易出现商业贿赂的合规风险、财务部门容易出现税务的合规风险、生产部门容易出现产品质量的风险，要根据不同的访谈对象制作不同的访谈提纲，访谈提纲应以该岗位高发的合规风险为核心，尽可能地完整、准确。

（三）做好访谈记录

如果有条件的，尽量要录音、录像，访谈的目的是识别风险和预防风险，但是一旦风险预防失败，就需要确认责任承担主体，届时访谈记录就可以作为判断责任主体的相关证据。除录音、录像外，还建议企业在访谈结束后制作访谈笔录，并要求访谈对象在笔录上签字确认。

（四）进行访谈分析

最后要根据访谈情况，结合合规风险的管理内容，进行全面的系统化分析，判断访谈对象是否存在合规风险，如果存在，应该立即启动调查程序，并及时做好应对措施。如果当次访谈没有识别出合规风险，也应当继续追踪，定期进行访谈，如情况发生变化，应立即启动调查程序。

二、问卷调查法

问卷调查法是指对企业可能存在的法律风险，通过制作一系列的问题进行度量，从而收集可靠资料并进行研判的一种方法。问卷调查法标准化程度高，效率高且匿名性强，能在短时间内获取大量资料，相较于识别访谈法更适合在企业内部大范围内进行。

（1）要确定问卷调查的范围，企业可以针对全体员工设计调查问卷，以识别常规的合规风险，也可以针对部分岗位、个别部门制作专门的调查问卷，以识别一些特殊的法律风险。例如银行业可以针对资金安全问题，对全体员工开展问卷调查。

（2）合规风险问卷调查要具备以下基本内容：①确认被调查人员的身份、岗位和职责；②让员工列明自身的合规义务、自己所在的岗位和企业可能存在的合规风险等；③可以让员工就企业的合规体系建设提出建议。

（3）在调查问卷全部收回后对调查问卷进行分析筛查，找出存在潜在合规风险的岗位或者员工。在筛查过程中，需要加强关键岗位的分析和追踪，关注合规风险的分布和变化，最后制作相应合规的《公司合规风险调查报告》。

三、案例分析法

案例分析法是指企业根据自身以往的合规风险案例或者其他企业相同或类似的合规风险案例，通过研究、分析、总结提升企业合规风险识别和预防能力的方法。

（一）案例的挑选

企业可以挑选企业先前发生的合规风险案例，如果企业是初创企业或者先前没有发生过类似的合规风险案例，可以参考其他企业或相同行业、业务领域等的案例。

（二）案例的分析

选定适宜的案例后，要对案例进行系统的汇总和分析，结合案例的争议焦点和核心合规风险，分析在该案例中企业作出的有效应对措施以及未来仍需改进和补充的部分。最后通过提炼案例中与本企业相同或类似的合规风险内容及合规风险应对措施，不断更新、健全本企业的合规风险管理体系。

（三）对员工的培训

对案例分析得出的结论，不仅可以用于企业合规风险的识别和预防，也可以作为未来员工合规风险培训的重要内容，使员工了解和规避其违规行为可能带来的不利后果，从而降低因企业员工的违规行为导致合规风险的发生概率。

四、权力识别法

所谓权力识别法，是指通过识别不同岗位上不同的权力内容，再通过权力内容来定位合规风险的一种方法。权力识别法是一种基于岗位的识别方法，即围绕岗位的职责内容、工作特点、人数规模等信息来判断其存在合规风险的可能性。

（1）要列出岗位清单。即采用权力识别法之前要把不同部门的岗位数量、岗位职责、业务目标和合规目标进行汇总和归纳，制作各类岗位清单。

（2）识别不同岗位之间的权力。每一个企业的正常运行，都离不开权力的划分与施行，通过总结，我们可以把企业的权力基本划分为以下几个类别：

①审核权，即对重大事项的审批权、决策权，一般由企业的领导、部门负责人来行使；

②销售权，负责与客户对接，推介各类服务、产品、优惠政策，主要由企业的销售员工或者客服行使；

③人事权，负责企业的招聘、任免、考核、奖励、处罚等事项，主要

由企业的 HR 来行使；

④采购权，负责企业的采购、招标、确定供应商等活动，由企业的采购人员行使；

⑤监督权，负责对企业的质量检测、安全管理、技术审核、专业评审等活动，由企业的质量监督等部门行使；

⑥财务权，主要负责企业收款、付款、费用开支、费用报销等事项，一般由企业的财务人员行使。

（3）基于不同类型权力的特点，识别每个权力类型中最可能发生合规风险的领域及风险的类型。

①审核权，由于权限较大，甚至可能会影响整个企业的发展方向，因此行使该权力的岗位最容易发生不正当竞争、贪污腐败等合规风险。

②销售权，由于销售人员主要负责对接客户，有的销售人员为了提高销售业绩，增加产品销量，可能会采取一些违法违规的手段，从而导致商业贿赂、侵犯个人信息等合规风险的发生。

③人事权，人事权主要集中在对员工的日常管理，因此该岗位容易发生劳动用工的合规风险，如工资、奖金、补偿金、赔偿金、年休假、加班费等相关的合规风险。

④采购权，采购人员和企业的供应商往往联系密切，他们有可能会和供应商勾结起来侵犯企业的合法权益，如串通投标、吃回扣等。

⑤监督权，监督人员主要负责监督企业的产品质量和生产安全，因此监督权在行使过程中容易出现产品质量、安全事故等合规风险。

⑥财务权，财务权对于企业的安全至关重要，尤其是初创型企业，由于财务制度不健全，导致财务原始凭证丢失、公司与个人之间账目混乱、资产混同等情况频频出现，极易出现挪用资金、职务侵占、偷税、漏税等合规风险。

企业可以结合自己的行业特点和合规需求，选择不同的识别方法。例如金融行业可以针对关键岗位采用识别访谈法，互联网行业可以通过网络的形式开展问卷调查，医疗行业可以采取权力识别法。此外，上述几种识别方法并不是非此即彼的，企业可以同时采取多种识别方法，这样往往会事半功倍。例如在采用识别访谈法时，可以通过问卷调查法筛选访谈对象；也可以在使用权力识别法之后，针对个别权力的行使，采用问卷调查法或者识别访谈法找出具体的合规风险。

为保证企业合规风险识别的客观性、全面性和系统性，在运用上述识别方法时，可同时从多个角度对合规风险进行分析、梳理，确定合规风险等级，并根据合规风险等级采取对应的风险化解、应对措施。

其违规行为不仅限于：跨境刑事犯罪；侵犯人权；违反反垄断和竞争法；洗钱和为恐怖分子筹集资金；违反产品安全和技术要求法规；严重违反数据保护法；高级经理及更高级别管理层的违规行为，其未能起到《行为准则》规定的合规和诚信模范作用；公司面临被制裁的高风险（如惩罚和征税、商业交易禁令、吊销营业执照）；有预谋且涉及多人的违法行为；系统地利用公司结违反法律。以下情形将始终被视为严重违规行为来进行处理：违反禁止歧视举报人的规定；经理未履行举报义务；以蓄意提出虚假指控的方式滥用举报系统；违反

有效信息是指有实际具体证据支持的信息。如果报告中只包含随意指控或怀疑违规的信息，而不包含任何可用于启动调查的具体事实，则该信息会被认定为无效。公司相关办公室每收到一份举报，应当如实记录和复核，其间包含有效信息的举报必须得到及时调查。负责处理或调查举报信息的员工应对相关信息保密，不向任何人泄露。这尤其适用于对个人数据进行处理时，负责处理或调查举报的员工只能在必要的情况下通知其他人员。处理举报案件时，必须遵守适用的法律法规和内部规定，特别是数据保护与《中华人民共和国网络安全法》的规定。

本腐败合规政策严格禁止公司及其高管、董事、员工和代理人向有影

响力的外部人士或任何其他人实体提供、允诺、授权或给予金钱或有价物，谋取任何不正当利益或获取、指导或保留业务。本腐败合规政策也禁止向有影响力的外部人员提供、允诺、授权或给予金钱或有价物，以影响该人或实体的官方行为或决定，谋取任何不正当利益，或获取、指导或保留业务。

根据本反腐败合规政策，“有价物”具有宽泛的定义，不局限于金钱，可包括差旅、宴请、礼品、服务、赞助、工作机会和其他有形或无形利益。在确定价值时，无最低标准，即使是小额款项或利益，若旨在贿赂或构成贿赂，一律禁止。此外，本腐败合规政策禁止直接或间接传递有价物。因此，本腐败合规政策禁止通过经销商、代理人、承包商、中介机构或第三方向有影响力的外部人士传递有价物。同样禁止向有影响力的外部人士的家属提供利益。若有影响力的外部人士要求或暗示付款，也不能例外。此外，本腐败合规政策要求公司保存准确的账簿和记录，以公允地反映所有涉及公司资产的交易，且说明所有交易均已获得适当授权。

认识到违规行为可能会导致重大罚款和处罚，如触犯《刑法》，甚至可能会导致包括但不限于监禁等处罚，这点尤其重要。员工不会因为在相关情况表明可能发生违反本腐败合规政策的行为时故意视而不见，就能逃避承担责任。若任何员工对其行为是否符合本反腐合规政策存在任何疑问。

无论何时向“有影响力的外部人士”允诺、提供或给予“有价物”，均适用本反腐败合规政策，根据本腐败合规政策，“有影响力的外部人士”具有宽泛的定义，包括政府官员或其家属或与政府官员有密切关系的任何其他人，以及任何有权决定或影响公司活动或工作成败的个人或实体。在本腐败合规政策中，“政府官员”是指任何在政府机构履行公务的人员，根据本腐败合规政策，包括任何级别的政府，任何已当选或已任命的官员或员工，且包括立法机构、行政机构和司法机构的成员，以及政府机构的低级别员工，如办公室工作人员；在商业领域运营的国有企业等由政府所有的或由政府控制的实体之高管或员工，如国有企业员工；公共国际组织（如联合国、世界银行或国际货币基金组织）的高管或员工；为政府、政府机构或国有企业以官方身份行事的人（如经政府机构授权履行官方职责的人）及任何政党、政党的官员和任何政治职位的候选人。本反腐败合规政策禁止出于贿赂目的，向“有影响力的外部人士”或任何其他个人或实体提供“有价物”。

4

第四节　企业面临刑事调查时应该做些什么？

《史记·鹖冠子》记载，扁鹊言："长兄於病视神，未有形而除之，故名不出於家。中兄治病，其在毫毛，故名不出於闾。若扁鹊者，镵血脉，投毒药，副肌肤，闲而名出闻於诸侯。"这段话虽有讽刺意义，但也可以用来阐释刑事合规在企业刑事风险防控中的作用。企业通过建立刑事合规体系，实现对刑事风险的预防和预警，就像扁鹊大哥一样在风险发作之前就发现，或者像扁鹊二哥一样在风险轻微的时候就解决。但是，企业在生产经营的过程中，如果不注意相关风险，甚至抱有侥幸心理"铤而走险"，就极易踏入"雷区"，一旦涉及刑事犯罪，轻则"伤筋动骨"，重则"倾家荡产"。此时诚如扁鹊所言，在病人病发的时候需要利用各种手段进行治疗，这也是刑事合规最后的作用。

一、企业受到刑事调查的原因

（一）经营行为涉及刑事犯罪

《刑法》中规定了近百个单位犯罪的罪名。此外，还有些罪名，虽然不构成单位犯罪，也涉及企业的生产经营，由企业的负责人和直接责任人以自然人身份受到刑事处罚。如果企业只关注如何创造财富，而忽视了内部外部的法律风险，甚至一些企业的领导人还不注重学习法律知识，法律意识淡薄，就容易导致企业出现违法违规行为。

（二）受到其他刑事案件的牵连

前文我们提到，企业在建立刑事合规体系时，要注重对合作方的尽职调查。这是因为即使企业本身完全合法合规经营，但如果合作方涉嫌刑事犯罪，企业也很容易受到牵连，成为调查对象。例如企业合法购买的产品是他人犯罪所得，此时企业可能会被以涉嫌掩饰隐瞒犯罪所得，甚至共同犯罪而被刑事调查。又如企业从金融平台正常借款用于生产，但该金融平台因涉嫌非法吸收公众存款被立案侦查，企业也可能会因使用非法吸收的资金而被刑事调查。即使侦查机关或监察机关（以下简称办案机关）通过侦查、调查，证实了企业的“清白”，但这种程序也会给企业或企业家带来严重的影响。

二、企业面临刑事调查的“高危”因素

一般而言，办案机关进行刑事调查都是秘密进行的。尤其在刑事案件的初查阶段，办案机关往往会围绕企业涉嫌违法犯罪行为的外围收集调取证据。如果企业在这个阶段能够尽早察觉自己正在被侦查、调查，可以尽快制定应对措施，及时收集证据，咨询专业人士。一般而言，在以下节点，企业可能会面临刑事调查。

（一）相关的事被侦查、调查

企业涉案被侦查、调查的一个比较明显的信号是资产被查询、冻结、扣划。如果企业在银行、房地产、土地管理部门办理业务时被告知相关资产正在被查询或已经被冻结、扣划，往往说明企业正在面临行政执法检查或刑事侦查、调查。此时企业需要咨询查询、冻结、扣划的主体，查阅法律手续和法律文书，进一步明确自身涉及的案件性质和种类。为了能更早地得知上述情况，企业可以与自己合作的银行约定，在其资金被查询、冻结或扣划时，银行在履行配合义务后，及时通知企业。

（二）涉及的人被询问

司法机关对案件的刑事调查分为两个阶段，一是初查，二是立案后的侦查、调查。办案机关进行初查时，一般都是秘密进行的，以防涉案单位或个人规避侦查、调查。在初查过程中，办案机关一般不直接询问被调查人，而是对群众报案、举报、控告或有关机关移送的线索、材料进行初步审查、甄别，先从外围调取证据，如查询银行账户、询问其他了解案件情况的人。如果根据初查结果，办案机关能够认定举报、控告的线索涉嫌刑事犯罪，就会立案侦查、调查。此外，刑事案件立案侦查、调查的另一个证据来源是行政执法机关移送的案件。由于行政执法机关可以通过检查方式取证，具体包括询问、现场检查、抽样取证、先行登记保存、录音、录像等，甚至可以直接询问被调查人，所以，行政执法案件收集的证据往往比较全面。但无论是刑事办案机关的初查，还是行政执法机关的检查，都会对相关的人员进行询问。企业的工作人员被刑事办案机关或行政执法机关询问也是企业面临刑事调查的一个节点，涉案企业应当予以高度重视，及时做好应对方案，避免错过完整、准确说明问题的时机。

（三）企业的重要合作方被刑事调查

办案机关在对企业展开侦查、调查时，有时会直接向涉案企业调取证据，询问相关人员，但更多的时候是先从外围展开初查，收集涉案企业违法违规的线索。这样做，一方面可以保证收集线索的客观性，另一方面也可以避免打草惊蛇。办案机关从外围展开初查的一个重要手段就是对企业的合作方进行调查。因为企业的合作方可以说是最了解涉案企业情况的单位，甚至有些合作方还和企业一起实施了违法违规活动。鉴于企业与合作方的亲密度，一旦企业的合作方受到侦查、调查，企业会很快获得相关信息。此时，企业要及时梳理合作方对自身的了解程度以及双方共同实施的项目等，做好应对刑事调查的准备。

（四）政府对特定行业进行整治

政府一旦对某些特定行业展开整治，通常会采取行政执法检查和刑事侦查、调查双管齐下的方式。通过刑事侦查、调查，找出违法犯罪的典型案例，可以起到更突出的震慑作用。因此，一旦政府开展整治活动，平时在经营过程中存在明显违法违规行为或者在行业中业绩突出、利润超出平均水平的企业，往往会进入执法机关和办案机关的视线。例如，深房理事件就是深圳市政府在整治房地产行业过程中确立的反面典型。该公司曾是深圳市大型的房地产中介机构。目前的侦查、调查结果显示，该企业涉嫌违规套取信贷资金进入房地产市场、虚假广告宣传、隐瞒收入偷税漏税，伪造国家机关公文、非法集资等多项违法违规问题，部分人员已被采取刑事强制措施。

（五）出现涉及企业经营的重大舆情

由于互联网信息具有传播速度快、覆盖面广、社会热点持续发酵等特点，目前执法机关和司法机关都会密切监控关注舆情。一旦企业的负面信息在网络上发酵，特别是其中包含违法违规的线索，办案机关大概率会以相关新闻报道为线索展开刑事调查。例如食品安全、矿难、火灾等容易引起社会关注的事件，一旦引起舆情，办案机关会立即介入，查明事故原因，处理责任主体。

三、企业面临刑事调查的应对措施

一个完整的刑事合规计划，应包括一般刑事合规、特定问题刑事合规和刑事调查的应对三部分内容。在前文中，我们详细介绍了企业的一般刑事合规和一些具体问题的刑事合规。而企业刑事合规的最后一步就是刑事调查的应对，帮助企业提前制定刑事风险应急处置预案、及时申请适用企业合规第三方监督评估机制、有效开展刑事辩护，以达到免除或减轻刑事责任的目的。

（一）提前制作应对刑事调查的预案

经实践检验，预案工作是及时应对突发情况的前提和有效措施。企业在正常经营过程中，一方面要时刻保持警惕，严格按照刑事合规的内容约束管理工作人员和业务方式；另一方面更要根据企业自身特点和风险点，提前制作应对刑事调查的预案，保证企业一旦发生突发事件，可以及时应对，减免处罚、有序经营。

1. 设立刑事调查监控和报告制度

企业应提前梳理掌握自身经营活动的刑事风险点，然后设立专门的部门或人员对这些风险点以及可能引发的刑事调查保持跟踪、监测；特别在“高危”节点出现后，要密切关注事态发展，并对监测到的可能导致刑事调查的迹象进行分析判断。一是尽快制作刑事调查风险报告，全面、准确地陈述危机事件的时间、地点、原因，并预判可能导致的后果和受到的损失。二是及时将刑事风险报告上报管理层和企业最高负责人，并随时向管理层和负责人书面或口头报告最新的事态发展情况。三是尽可能地防止信息向企业一般员工和媒体泄露，避免引起企业内部恐慌和外部舆论炒作，导致事态进一步恶化。

2. 建立刑事调查预警机制

企业刑事调查的预警机制是和监控、报告制度相衔接的管理制度。企业应指派一个日常管理部门或人员负责突发刑事调查的议事、决策、协调、处理事务。当企业监控到可能导致刑事调查的事件或者出现受到刑事调查的迹象后，应立即启动预警机制：一是尽可能全面收集危机事件的情况和资料；二是汇总有关突发事件的各种重要信息，分析判断企业受到刑事调查的可能性，可能被侦查、调查的内容，对企业的后续影响等；三是及时向管理层或负责人报送突发事件的信息汇总、分析结论、意见建议等，与管理层或负责人研究决策应对方案；四是如果分析判断企业已经或较大可能面临刑事调查，要立即终止具有刑事风险的项目，暂停相关人员的工作，同时启动刑事调查应对方案。

3. 制定刑事调查应对方案

企业在受到刑事调查时，应对方案启动是否及时、内容是否得当、措施是否有效，都会对违法违规行为的处罚方式和幅度产生巨大影响。例如，企业收集的证明自身不具有刑事责任的证据是否客观、全面，企业能否及时向检察机关申请企业合规第三方监督评估，都会直接影响刑事责任的减免。可以说，企业能否适当处理经营危机只会影响企业的利润和收益，但企业能否及时有效处理刑事危机，则关系到企业的生死存亡。因此，企业的管理层和负责人对刑事调查的迹象要高度重视，在启动刑事调查预警机制后，应迅速组织专门部门和人员（通常是法务部门）制定应对方案，实施相应措施。

（二）企业应对刑事调查的具体措施

1. 查明受到刑事调查的原因

只有查明刑事风险的原因，才能判断刑事调查的内容和方向，进而采取有效措施。企业在启动预案的同时，就要组织人员排查风险点，询问关键人员，核查发生风险的原因，识别有可能涉嫌违法的业务单位和人员；同时梳理企业的经营业务，全面掌握违法事项或风险操作。

2. 立即停止风险事项

企业在经过排查，发现可能违法、违纪、违规的事项后，应立即停止相关业务。对涉及工作人员进行初步访谈，必要时暂停相关人员的工作，避免违法行为进一步升级给企业带来更大的损失。

3. 了解刑事调查的机关

根据我国《刑事诉讼法》的规定，享有刑事侦查权或调查权的机关包括公安机关、检察机关、监察委员会、国家安全机关、海关、监狱、军队保卫机关。涉及对企业侦查、调查的机关主要有公安机关、监察委员会和海关。其中公安机关负责对经济犯罪案件和其他普通刑事犯罪案件进行侦查，涉及企业的案件管辖范围包括《刑法》第三章规定的破坏社会主义市场经济秩序罪、第五章规定的侵犯财产罪、第六章规定的妨害社会管理秩序罪等；主要涵盖生产、销售假冒伪劣商品罪，妨害对公司、企业管理秩序罪，破坏金融管理秩序罪，危害税收征管罪，侵犯知识产权罪，以及破坏环境资源保护罪、重大安全事故罪等多个类型。监察委员会负责对企业贪腐案件和商业贿赂案件进行调查，包括《刑法》第八章规定的贪污贿赂罪以及其他部分规定的非国家工作人员受贿罪、挪用资金罪、职务侵占罪等。海关主要侦查走私罪。

通过了解办案机关的名称，企业可以初步判断刑事调查事项的类型、范围以及办案机关的目的，从而进一步做好应对准备。如果是公安机关，侦查事项主要涉及企业的经营范围或经营方式；如果是监察机关，调查事项则可能是企业员工的贪腐或商业贿赂；如果是海关，侦查事项只能是走私方面。

4. 积极配合刑事调查

企业面对刑事调查时，应积极主动地予以配合，切忌弄虚作假、推诿拖延，甚至暴力抗法。在办案机关对企业自身进行侦查、调查的情况下，企业如果藏匿、销毁相关资料，作虚假陈述、提供伪造或变造的证据材料，不但会丧失从轻、减轻、免除刑事责任的机会，还会因涉嫌伪证罪，包庇罪，隐匿、销毁财务会计凭证罪而被进一步追究刑事责任；此外如果采取暴力对抗，还有可能构成妨害公务罪，进而加重刑责。若办案机关要求企业配合调查他人，但企业或工作人员拒不配合，可能导致办案机关把企业和工作人员纳入犯罪嫌疑人范围进行刑事调查，进而招惹更大的麻烦。

5. 收集、保存相关的证据

企业在确定违法违规的事项、范围和责任人后，要着手收集、保存对企业有利的证据。一是对能够证明企业无责、免责、减责的人员进行访谈，并做好访谈记录；二是确定文件、合同等书证以及物证的去向、保存地和保管人；三是及时封存责任人员留存的电子数据、书证，尤其防止责任人员删除、销毁涉案的文件、单据、记录等；四是在必要的情况下委托鉴定机构对涉案事项进行司法鉴定。

6. 及时与行政执法机关沟通

对于企业而言，大多数刑事调查都是由行政执法机关移交。因此，企业对行政执法检查要高度警惕，争取将案件消化在行政监管环节，避免将案件移交司法机关进入刑事诉讼程序。企业负责处置刑事调查的部门要积极与行政执法机关沟通协调，通过定期沟通、交流、汇报等方式，充分说明情况，了解行政执法检查的原因、范围和监管部门的态度，取得行政执法机关的信任。同时，要将收集到的有利于企业的证据及时提交监管部门，争取有利的处理结果。

7. 切割企业责任和个人责任

刑事合规的目的在于如果企业制订和实施了充分的合规计划，尽到了监督义务，可以据此对员工的个人行为提出免责抗辩，即便企业因存在过错而不能免责，也可以因其实施合规计划的情况，得到减免处罚。如果企业因为员工违法违规开展业务受到侦查、调查，企业在已经开展充分有效刑事合规的前提下，要主动向办案机关说明开展刑事合规的情况以及员工在未经企业授权情况下实施违法违规活动系个人行为的抗辩；必要时及时将涉嫌违法犯罪的员工交给司法机关依法追究刑事责任，从而避免企业进入刑事调查程序。

8. 向检察机关申请企业合规第三方监督评估

检察机关关于刑事合规的改革试点工作为涉案企业免除或减轻刑事责

任提供了新的契机。如果企业已经开展了有效的刑事合规，或者在刑事危机发生后立即全面开展刑事合规，应及时与检察机关沟通，说明合规计划的实施情况，争取签署合规监管协议。围绕与涉案事实有密切联系的企业内部治理结构、规章制度、人员管理等方面存在的问题，对内部架构和人员进行重整，制定企业内部防范违法违规事项的规章制度，增加企业刑事合规的专门人员，进而争取检察机关对企业作出不起诉处理。

9. 委托专业律师准备刑事辩护

常言道“术业有专攻”，意思就是让专业的人做专业的事。企业面临刑事调查时，如何在短时间内了解刑事调查的政策法规以及程序，如何维护自身的合法权利，如何有效收集有利证据，如何申请合规监管、特别是如何对诉讼风险进行评估，如何争取最有利结果等，都需要专业刑事律师的指导和帮助。在企业出现危机时，一名专业的刑事辩护律师可以在以下方面为企业和负责人提供更准确、更有效的法律帮助：

一是详细介绍刑事调查和刑事诉讼的法定程序。

办案机关的刑事调查和司法机关的刑事诉讼都有法定的程序。根据司法实践和《刑事诉讼法》的规定，我国刑事诉讼的程序基本包括初查、立案、侦查（调查）、审查起诉、审判、执行。其中，最为关键的是侦查（调查）、审查起诉和审判三个环节。在侦查（调查）程序中，办案机关可以采取讯问犯罪嫌疑人、询问证人和被害人、检查和勘验、搜查、查封和扣押、查询和冻结、司法鉴定、组织辨认、技术侦查以及通缉犯罪嫌疑人等措施，还可以对犯罪嫌疑人采取拘传、拘留、逮捕、取保候审、监视居住等刑事强制措施或留置等监察措施。在审查起诉阶段，检察机关可以对涉案企业适用企业合规第三方监督评估机制，与企业签订合规监管协议，对企业决定起诉或不起诉，与企业签订认罪认罚协议等。在审判程序中，法院根据案件的事实和证据决定企业或负责人是否构成犯罪，构成何种犯罪，是否从轻、减轻或免除处罚等。无论是侦查机关、监察机关、检察机关还是法院，在进行上述刑事诉讼活动时，都要遵循严格的程序。企业在委托刑事辩护律师后，需要向律师详细了解自身涉及的问题需要经过何种程序、有何程序要求，一方面可以更有效地配合刑事调查，另一方面也可以更好地维护自身的合法权益。

二是准确评估司法风险。

企业在刑事诉讼程序中，需要对一系列法律后果作出判断。刑事律师有责任帮助企业评估法律后果和法律风险。例如判断企业的违法违规行为涉及的罪名，有无从轻、减轻、免除或从重处罚的情节，退赃退赔的数额，认罪认罚的后果等。企业只有充分了解上述问题的法律后果，才能作出准确的判断，进而获得最有利的诉讼结果。

三是指导委托人审查法律文书。

法律文书是办案机关开展侦查、调查活动的形式要件。如果形式要件不合法，调取的证据也就不具有法律效力。虽然证据不合法而不被法庭采纳的法律后果大部分由侦查机关、监察机关或检察机关承担，但如果有一些对企业有利的证据不合法或错误，将会对企业的抗辩产生影响。例如办案机关传唤证、拘留证、逮捕证的日期错误，可能导致被调查人的羁押日期延长；又如办案机关搜查证、搜查笔录、扣押笔录对有利于被调查人的证据名称、种类、数量记载错误，可能导致这些证据的效力丧失，进而导致企业的抗辩得不到有利证据的支持。因此，专业律师可以向委托人讲解法律文书的种类及适用范围，并帮助委托人审查法律文书，特别要关注对企业有利或者影响诉讼权利的法律文书，避免承担法律文书不合法而导致的不利后果。

四是帮助委托人和相关人员合法合规接受询问。

根据《刑事诉讼法》的规定，办案机关要严格按照法定程序讯问犯罪嫌疑人、询问证人。例如办案人员询问证人或被害人时，应向被询问人出示有效证件、询问证人通知书，并告知诉讼权利；讯问犯罪嫌疑人的地点应当是犯罪嫌疑人所在市、县的指定地点或他的住处，询问证人应当到证人所在单位、住处或者证人提出的地点，只有在必要的时候，才能在人民检察院或公安机关进行询问。此外，《刑事诉讼法》及其司法解释明确规定了办案机关不得采用刑讯逼供等非法方法收集犯罪嫌疑人的供述或采用暴力、威胁等非法方法收集证人证言、被害人陈述。律师可以向企业负责人员、其他工作人员介绍说明讯问询问的法定程序，以免被询问人的有利陈述因为侦查、调查程序不合法而无法作为证据使用或者落入“调查陷阱”，导致权利受损。律师介绍或帮助分析的主要问题包括：第一，如何应对刑讯逼供。《人民检察院刑事诉讼规则》第六十七条规定：“刑讯逼供是指使用肉刑或者变相肉刑，使犯罪嫌疑人在肉体或者精神上受到剧烈疼痛或者痛苦以逼取供述的行为。”第二，如何判断疲劳审讯。疲劳审讯一般有两种情形：长时间不让睡眠、长时间固定审讯椅。第三，如何判断非法限制人身自由。非法限制人身自由包括无法律手续羁押和超时限羁押。第四，分析办案人员的讯问策略。实践中，办案人员常用的讯问策略包括出示同案被告人“供述”；出示“公司转交”劝告积极配合的信件；出示“家人转交”的书信；“制造”矛盾，分化瓦解涉案人员；出示将其家人“采取强制措施”的法律文书等。

五是对收集、提供证据提供法律意见。

《刑事诉讼法》对证据规定了合法性、客观性和关联性三个要求。企业为了证明自己无责或者申请减轻罪责，需要收集对自己有利的证据，及时向办案机关提交。此时，企业应及时征求律师的意见，由律师对证据的三个要件进行审查。首先可以避免企业误将涉及自己其他违法违规行为的证据提交给办案机关，加重自己的罪责。其次可以及时弥补合法性和客观性的缺陷，避免有利证据无法被法庭采纳。再次可以对提交的证据作出有利的说明，增加提交证据的针对性，避免有利的证据被办案机关错误解读。最后可以提高收集、提交证据的效率，以便在侦查和调查的前期能够及时提交有利证据，做到重心前移，争取撤销案件。此外，在刑事调查过程中，企业还会应办案机关的要求提供证据，需要一并征求律师的意见，核查调取证据通知书及所附清单的内容，避免少提供或者多提供材料；对于扣押的重要证据材料、贵重物品，还需在律师的见证下和办案人员一起清点，并要求办案机关出具扣押手续。

10. 其他方面

企业在应对刑事调查时，为了防止最坏结果的发生，还需要对其他一些方面提前作出安排，包括：第一，紧急情况下的事务处置。企业负责人要对企业重要事项的决策作出授权，避免企业因为自己被限制人身自由无法正常经营。第二，妥善安置人财物。企业负责人要及时调整对管理人员的授权；对家属的后续生活作出安排；对公司资产和个人财产的使用作出交代，预留应对侦查、调查必要的经费，包括缴纳罚金、退赃退赔等；依法、合情合理向侦查、调查机关提出解除扣押、查封申请，以维持企业正常运转；运用资产买卖、股权交易、引入投资第三方、债权债务谈判、协商还款等多种方式，积极化解债权债务，处置资产，避免企业因为被刑事调查引起低价贱卖资产。第三，安排紧急事务公关。有效的紧急事务公关，可以起到避免媒体舆论炒作，安抚投资人、客户和公司员工情绪，稳定经营状况的作用。企业在遭遇困境时，应及时安排紧急事务公关，兼顾刑事调查与企业后续经营发展，以防事态进一步严重，境遇进一步恶化。

四、企业有效应对刑事调查的积极成果

通过以上有效的刑事调查应对方案，企业可以争取达到以下三个方面的积极成果。

（一）在案件性质上，力争从有罪到无罪

企业涉及的经济案件通常都有刑民交叉问题，一些民事纠纷行为虽然

会被认定为刑事犯罪，但通过积极的补救措施，可以将刑民交叉的复杂案件转化为单纯的民事行为；也可以通过对案件的分析，提出有力的证据和意见，将涉嫌刑事犯罪的案件转化为刑法上可以不作为犯罪处理的行为。例如，企业涉嫌合同诈骗，可以通过刑事调查的预警机制及时察觉对方当事人准备报案，从而在立案前退还赃款；或者通过相应的补救措施，尽力促成合同的履行，这些都可以避免被刑事处理。又如，企业涉嫌非法吸收公众存款，通过提交充分的证据证明吸收的资金主要用于正常的生产经营活动，并及时清退吸收资金，同样可以免予刑事处罚，情节显著轻微的，还可能不作为犯罪处理。

（二）在涉嫌罪名上，实现从重罪到轻罪

在企业没有及时有效防范刑事风险时，应在专业刑事律师的帮助下，考虑如何提出有理有据的抗辩，将较重的罪名转变为较轻的罪名。例如，企业以涉嫌集资诈骗被侦查时，可以通过证明自身没有虚构事实、隐瞒真相，也没有非法占有资金等方式，将涉嫌罪名转化为非法吸收公众存款。

（三）在量刑情节上，争取从严重到从轻微

企业在专业律师的帮助下，经过充分的评估，如果确定需要承担刑事责任，无论是否可以转变为轻罪，都需要为罪轻辩护充分准备，尽可能争取从轻、减轻、免除处罚的一切有利情节。例如企业负责人和直接责任人可以选择投案自首，在一些涉及经济责任的案件中还可以补缴税款、退赔违法所得、获得被害人谅解等。这些情节在审判环节都可以为企业或相关人员争取最有利的判决结果。

5

第五节　举报机制，企业健康合规的钥匙

一、企业设置举报机制的原因

合规举报属于合规管理的一个重要部分与必要机制，是加强公司内部治理与内部控制，保障公司经营管理活动的合规有序，促进公司员工廉洁履职，并依据国家相关法律法规和公司规章，结合公司实际与特殊情况而制定的机制。同时也是公司员工或外部人员检举揭发违法违规行为，维护自身权益和公司利益的正当权利和重要手段。

合规举报通常是举报人用书信、电子邮件、电话、当面投诉等形式，向合规管理部门反映情况，提出意见、建议，或者举报违反合规义务事项的行为。为了保持合规举报渠道的畅通，企业应提供必要的举报设施和手段，采取相应的技术措施，建立安全的令员工放心的举报渠道与举报环境，这是保证合规举报体系有效运行的必要前提。

二、企业设置举报机制的方法

（一）举报方式：实名、隐名、匿名多方式

举报可以采取实名、隐名、匿名的多方式。实名举报是指举报人提供真实姓名或名称以及真实有效联系方式的举报。隐名举报，是指举报人不

提供真实姓名或名称，但提供了其他能够辨别身份的信息或有效联系方式的举报。而最常见的匿名举报，通常指举报人不署名或不提供其真实姓名或名称，也未提供其他能够辨别其身份的信息和有效联系方式的举报。

举报人在举报违法违规事实时，应附有相应证据材料，包括但不限于书证、物证、证人证言、视听资料等，其他可以证明违法违规事实线索的，应一并提供。实名举报或隐名举报的举报人如果举报内容或提供的材料不清，应当建议举报人补充内容或有关材料。此外从举报人数而言，对于三人以上联合举报或群体举报事件，应建议或推举一个举报人代表。

（二）举报渠道：内部与外部相结合

企业欢迎员工或外部人员以任何有效方式通过相关渠道积极参与举报，如设置举报电话、举报邮箱，鼓励员工和利益相关方举报，同时要保护举报人。企业内部负责的部门或机构应该向员工和外部人员主动公布举报渠道，并保障举报渠道的畅通。关于内部举报的渠道公司可以设置举报窗口，除了企业内部和外部合规部两个渠道，企业还应设置多语言和多语种的应对窗口，通过提高全球化水平和匿名性及保密性，对内部举报体系不断完善，以便对各种形式的腐败行为和人权侵权行为进行举报和咨询。此外，为了确保举报制度的独立性，免受企业内部高级管理人员的干扰，还应该规定所有内部举报必须直接通知监事，并对其处理情况进行汇报。

对采用电话形式举报的，负责机构或组织应该准确、完整地记录举报人的姓名、地址、电话和举报内容，下有条件的情况下可以对通话内容进行电话录音，并保存原有音频资料。举报人不愿提供姓名等个人信息或单位名称的，应当尊重举报人的意愿，但应当建议举报人提供可以保持沟通反馈的联系方式。

对通过电邮、公司官网或公司微信公众号等网络方式进行举报的，相关负责人应当及时下载或截屏举报内容并做好受理登记记录。举报内容应当保持原始状态，不得做任何文字处理。

对采用信函形式举报的，相关负责人应做好受理登记并妥善保管，应保证信封内材料的完整，同时保持邮票、邮戳、邮编、地址等信息的清晰完整。

对以来访形式举报的和违法违规投案自首的，负责部门或机构应当指派两名以上工作人员专门接待，详细询问并制作笔录，经核对无误后，由举报人、自首人签名，必要时，经举报人同意，可以对询问过程进行录音、录像；对举报人、自首人提供的有关证据材料、物品等应当登记在册，制作接收清单并由举报人、自首人签名，必要时予以拍照，并妥善保管。特殊情况下，举报人如若提出到除部门或机构所在地之外面谈避嫌，经负责人批准，可以指派两名以上的工作人员到举报人提出的地点接受举报。

（三）举报内容

对于可举报的行为主体，不限于企业董事、高级管理人员、员工、顾问、代理人、承包商、供应商、投标人或者与公司有业务关系的其他人士。

根据企业先前涉及的相关规章制度，可举报行为的范围应包括但不限于：利用职务便利，索取或收受他人财物或不当利益；为谋取不正当利益，向他人行贿；非法侵占或挪用公司资金或资产；滥用职权或玩忽职守导致公司利益受到损害；违背对公司的忠实义务，损害公司利益；不诚信、欺诈或腐败；胁迫、骚扰、迫害或歧视；公司出具的或者对公司有影响的误导性或欺骗性（包括有问题的）会计、财务报告或审计工作；可能损害公司、公司员工或商业伙伴，包括工作方式不安全、环境破坏、健康风险或浪费公司资源；可能给公司造成经济损失、名誉损失，或者给其他公司造成其他损害；涉及任何其他类型的严重不当行为；以及其他损害或可能损害公司利益的违法违规行为。

（四）举报负责人：企业廉政、监督部门等

企业内容设置的有关合规机构与部门，例如廉政督查部等负责举报线索的受理、管理、审查、移送、调查，同时也对举报人的答复、保护、奖励负责。此外还肩负举报宣传的重任，应当采取多种形式，充分利用各种媒介与技术，拓展举报渠道，开展举报宣传。对举报信息系统的建设应该逐步完善，规范举报工作的流程，通过指定专人将举报人和被举报人的基本情况、举报线索的主要内容以及办理情况等逐项录入数据库，提高举报工作效率和管理水平。

例如作为搜索引擎巨头的360，在其“诚信合规举报”官网上载明企业内部为打造阳光透明的营商环境，建立互信、共赢的交易基础，设立专职的调查部门“道德委员会”，其直接向CEO（首席执行官）汇报。同时360制定了包括《360反舞弊管理规定》《360举报人保护和奖励规定》在内的反舞弊制度体系，对内明确红线规定，对外保护举报人的相关权益。为了与举报用户建立联系，360还开设了多项举报渠道，如通过邮箱、电话、公众平台等方式都可以参与举报。

（五）举报受理

合规管理部门接到举报后，应积极调查、核实举报信息，并把核实结果及处理结果向实名举报人适当反馈。对举报信息应进行保密管理，如需分享，则需按分享渠道和范围分送给“需要知道的人”，获得信息分享的人应承担保密义务。因此，企业还应建立配套的规避制度，严格限定或监督企业领导及具有相应权利的人员调取举报信息。

例如，为了确保举报信息得到严格保密，小米所采用的诚信合规平台由独立专业的第三方运营商Convercent运营，从而基于小米员工及第三方利益相关建立一个安全又机密的统一渠道举报任何涉嫌舞弊的不合规行为。所涉及的所有个人资料与举报信息的服务器与信息存储都是由Convercent 管理，各举报者所提交的举报信息由独立平台接收并及时传送给小米内部负责机构来进行进一步核实与调查。Convercent 是提供全天候、全时段的安全保密服务，同时要求各层级员工与举报机制的参与者都秉承诚信善意的原则来使用其合规举报平台。

（六）举报审查

合规举报负责部门在收到举报线索后，应及时进行审查与评估，根据举报线索的具体情况和拥有的权限及时作出处理。对举报同一违法违规行为或同一对象的多个举报线索，可以并案处理。审查应该定期进行，例如每周进行审查举报，并妥善记录对各举报采取的所有行动。按照章程或先前通过的表决规章，相关负责人应每月或定期向上级董事会或审计委员会提交跟踪报告以及相关审查或调查结果。对不属于本负责部门管辖或授权管理的事项，应及时对举报内容和相关证据材料进行初步核实与评估，根据初核与评估结果，及时作出处理。根据各举报内容与特点进行如下分类：对具备立案调查条件的，应予以立案调查；对暂时不具备立案调查条件的，可以暂缓调查；对举报内容不清、指向不明的匿名举报，可以存档待查，必要时再跟进，后续如果发现新线索或证据，可以重新评估并作出进一步处理；对举报内容严重失实，或无进一步调查必要的，应审查终结；对涉及下属成员企业的，经评估认为由成员企业处理更为适宜的，可以移交成员相关负责部门处理。必要时，可以督办形式移交，下属成员企业应及时向企业相关负责部门反馈处理情况和处理结果。负责的部门工作人员应严格保密举报内容与举报人的相关信息。相关调查工作在不暴露举报人身份的情况下进行。除非举报人同意，否则不得公开举报人的姓名、工作单位、联系方式等信息。对于违反保密规定的工作人员，应根据公司相关规定予以相应的纪律处分。

（七）举报处理

部门相关负责人应评估被举报行为的性质和严重性，并决定要采取的适当行为，包括但不限于分析所有指控及提供的证据、决定调查方法和步骤、进行调查、起草调查报告，以及提出补救措施。若举报行为涉及公司高管（副总裁及以上级别者，如 CEO、CFO、CDO），则委员会应将此事上报董事会或审计委员会，并与董事会或审计委员会协商决定适当的行动与采取的措施。若举报的行为牵涉相关负责部门成员，则该负责人成员将会被撤换，不得参与举报行为的讨论，并且董事会或审计委员会应任命一名临时替代的负责成员，协助处理该举报。调查小组根据举报事项的实际情况，可采取直接或间接的调查方法；举报项目负责人根据具体情况决定是否将初步调查日期知会举报人，是否需要征求举报人的帮助，以及是否需要举报人提供额外信息等。必要时，举报项目负责人可会同监察部、人力资源部、法务部等部门协同进行调查取证或跟进。

一旦调查结束，且董事会或负责部门认为适当的，则牵涉的部门成员可复职。在决定作出适当的行动时，该负责部门应酌情考虑所有适当的因素。需要进行的任何调查活动均应以合法、保密、公正和客观的方式进行，不考虑被指控存在不当行为者的职位、服务年限或者与公司的关联。当被举报的行为牵扯到委派处理该事项的调查人员时，委员会应当委派一名独立的调查人员或调查团队来接管此案件。

（八）举报回复

举报人享有不限于知情权、合法权益保护、获得奖励等相关权利，具体而言，知情权要求实名或隐名举报人在举报后有权向相关部门询问举报处理情况，相关部门应及时给予答复。合法权益保护，是指企业员工或外部人员举报后，如果合法权益受到侵害、受到打击报复或不公正对待，有权请求负责部门根据企业举报人保护机制及相关制度采取相应的保护措施。而对于员工或任何举报者而言，对其采取相应的奖励措施是能够达到最大限度激励作用的重要环节，对举报线索进行调查，经查证属实后，对适格举报人按照有关举报人奖励办法给予不同程度的奖励。对于实名举报或隐名举报，应当及时将处理情况和处理结果答复举报人。答复可以采取口头、书面或其他适当方式，包括但不限于面谈、电邮、书信、电话、社交软件等。口头方式答复的，也应该做好工作记录备案保存。

对于负责部门的举报档案管理，应妥善保管有关举报线索的受理、登记、调查和报告的所有资料，包括但不限于文本资料、试听资料、电子文档以及其他形式的一切资料。举报线索审查终结或调查终结后，举报调查项目承办人或负责人应将举报相关资料整理归档，所有举报档案列入秘密文件管理。

三、企业举报机制应该注意的问题

（一）负责部门履职应尽责

合规举报负责部门工作人员在行使举报管理职能时，应当勤勉尽责，廉洁履职，尤其禁止的行为包括但不限于：利用举报线索进行敲诈勒索、索贿受贿；滥用职权，擅自处理举报线索；徇私舞弊、玩忽职守，造成重大损失；私存、扣压、隐匿或遗失举报线索；为打击报复和不公正对待举报人提供便利；违反举报人保护规定，故意泄露举报人姓名、地址、电话或举报内容等，或者违规将举报材料转给被举报人、被举报成员企业；违反举报人保护规定，消极对待或不予理会举报人因受到打击报复或不公正对待而提出的合理保护请求。如若相关工作人员违反前款规定的，举报人可直接向企业董事会或监事会举报，企业将视情节轻重给予违规者相应的纪律处分；情节严重的，涉嫌刑事犯罪的，应该移交司法机关处理。怀疑有可举报行为的员工或第三方，以及接到举报的人员，不得企图自行对可举报行为进行调查、访谈或审问。

企业应制定激励政策，鼓励员工和利益相关方举报。对举报者给予奖金、职务升迁等奖励；对打击报复举报人的报复者予以严厉惩处，对于触犯法律的，坚决移送司法机关处理。

此外，在公司经营管理过程中，企业保障利益相关方（包括但不限于客户、供应商、合作伙伴等）合法权益，承诺妥善处理利益相关方的投诉。利益相关方认为自身的合法权利受到侵害，有权向公司有关部门投诉和反映情况，请求解决问题。有关投诉的管辖、受理、管理、审查、移送、调查、答复，应参照举报的相关规定办理。

（二）反报复保障应落实

企业应禁止管理层或者任何他人或其他实体直接或间接打击报复善意举报道德或合规问题、已知或潜在不当行为或者协助审查或调查的任何人士。打击报复包括但不限于骚扰、恐吓、胁迫、对工作时间或计划作出不利调整、降职、调岗、暂停或解雇提起申请或举报之人。除因合法需要了解的人以外，企业应避免任何他人企图确定善意匿名举报之人的身份，同时应对任何报复的指控进行调查与惩治。报复行为包括但不限于企图找出举报者、证人、信息载体的身份，可导致纪律处罚，重者可被终止雇佣关系或若为第三者身份可选择终止业务关系。